太空时代的英雄

[美] 罗德·派尔 著

余慧明 译

那些把人类带往星际的人们的奇妙故事

上海科学技术文献出版社
Shanghai Scientific and Technological Literature Press

图书在版编目（CIP）数据

太空时代的英雄 /（美）罗德 • 派尔著； 余慧明译 . —上海：上海科学技术文献出版社，2024
 ISBN 978-7-5439-9010-4

Ⅰ.①太… Ⅱ.①罗…②余… Ⅲ.①航天科技—工程技术人员—生平事迹—世界 Ⅳ.① K816.16

中国国家版本馆 CIP 数据核字（2024）第 092344 号

Heroes of the Space Age: Incredible Stories of the Famous and Forgotten Men and Women Who Took Humanity to the Stars © 2019 by Rod Pyle. All rights reserved.
Published by agreement with the Rowman & Littlefield Publishing Group through the Chinese Connection Agency, a division of Beijing XinGuangCanLan ShuKan Distribution Company Ltd., a. k. a Sino-Star
Copyright in the Chinese language translation (simplified character rights only) © 2024 Shanghai Scientific & Technological Literature Press
All Rights Reserved
版权所有，翻印必究
图字：09-2020-1194

责任编辑：张雪儿　黄婉清　　封面设计：留白文化

太空时代的英雄

TAIKONGSHIDAI DE YINGXIONG

[美] 罗德 • 派尔　著　余慧明　译
出 版 发 行：上海科学技术文献出版社
地　　　址：上海市淮海中路 1329 号 4 楼
邮 政 编 码：200031
经　　　销：全国新华书店
印　　　刷：商务印书馆上海印刷有限公司
开　　　本：650mm×900mm　1/16
印　　　张：22
字　　　数：232 000
版　　　次：2024 年 6 月第 1 版　2024 年 6 月第 1 次印刷
书　　　号：ISBN 978-7-5439-9010-4
定　　　价：68.00 元
http://www.sstlp.com

献给格洛丽娅·卢姆,一位让本书得以完成的美好伴侣

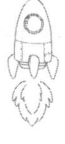 引 言

    写一本关于太空时代那些杰出人物的书真是一个美好的任务,挑选哪些了不起的灵魂来进行刻画则是一种折磨。那场伟大的探险中有这么多励志人士,只能拾取其中几位纳入本书实在让人头疼。有些读者会在本书中找到他们钟爱之人,还有一些读者可能会发现那个时代中他们最为珍视的人被忽视了。我先表示抱歉,因为我只能提供这些:我选择了一些我所了解的最奇妙的人物,我尽力让他们在这本书里栩栩如生。

    "英雄"是一个含糊的词。辞典里通常会把"英雄"定义为"一个因为勇气、杰出成就或优秀品质而被赞美

或理想化的人"。但英雄也有任何人都有的缺陷、局限或毛病,无论他们有多么伟大,这并不让人意外,毕竟我们都是人。但是,抛开缺陷不谈,本书中刻画的人物所代表的事情之伟大超越了他们本身(在这本书里,这些"事情"指的是太空探索)。每个人都以同样非凡的不同方式做到了这一点。可能有些人与他人相比是更好的妻子和丈夫,有些人和同辈相比更频繁地为家长教师协会担任志愿者,但书中的这些人都以某种卓著方式贡献了惊人的探索精神。这种精神定义了1957—1973年之间的岁月,也正是太空竞赛的大致年限。

如果我漏掉了那个时代你最钟爱的人物,还请原谅。这种遗漏就像是编辑分类。我肯定不是有意怠慢在太空竞赛前沿奋斗的数百位天才式人物中的任何一位,他们都为了抵达星际而孜孜不倦地劳作。在书写太空探索的黄金年代时,挑选具有差异的人物来进行刻画是一大挑战——可供选择的女性和非欧洲裔人士实在太少了。然而,我很高兴地告诉大家:尽管为太空飞行事业带来真正的多元化依旧任重道远,可NASA不再是这样了。多元化和包容性的进步正在发生,而它们会加强我们集体性、全球化的努力。

我们在书中重现的故事只是太空时代的第一幕,私营企业家、政府官员以及无数工程师、科学家、技师正在努力创造太空探索的下一幕——这是一个正在我们眼前展开的新时代。它所带来的机会实在激动人心,无数不同性别、种族、文化和国别背景的人正在加入这场大冒险。

十年后,当有其他人准备为第二个太空时代的英雄们著书的时候,他们必须为重点写谁、忽略谁做出自己的选择。不过，无论他们的选择如何，他们的书都将比本书更能反映组成我们这个世界的恢宏而多样的文化。如果顺利的话，他们将书写来自许多国家的十数个种族的人，这些人制造火箭、在另一个世界设立前哨站、带来科学和技术上的突破，并前往我们这个脆弱星球之外的广袤地域居住。他们所做之事将继续增强和拓展使我们这个物种变得伟大的那些要素，改善这个长久以来一直养育着我们的星球上的生活，并让太空成为人类的新家。我期待着阅读人类最伟大事业——太空探索的下一章。

我尤为感谢马修·T. 波洛米克对本书进行的全面技术编辑。我还要感谢詹姆斯·汉森、弗朗西斯·弗伦奇、科林·伯吉斯、尼克·泰勒、詹姆斯·奥伯格、亚当·法比奥、马修·麦康奈尔、斯蒂芬·安布罗斯、道格拉斯·布林克利、埃里克·琼斯、肯·格洛弗、南希·康拉德、霍华德·克劳斯纳、马克·韦德、安德鲁·柴金以及NASA历史部门的职员们，还有无数其他对生活在太空时代的生动人物进行了娴熟而又深刻的描写的作家。

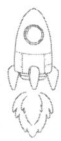

目 录

001 / 引 言
001 / 第一章　尤里·加加林：第一位太空侠
023 / 第二章　约翰·格伦：一尘不染的海军陆战队士兵
079 / 第三章　瓦莲京娜·捷列什科娃：飞翔的海鸥
105 / 第四章　吉恩·克兰兹：永不言败
171 / 第五章　玛格丽特·汉密尔顿：第一位软件工程师
191 / 第六章　尼尔·阿姆斯特朗与巴兹·奥尔德林："第一人"
275 / 第七章　皮特·康拉德：飞上天的粗鲁水手
323 / 第八章　太空新时代的英雄们
329 / 注释

第一章

尤里·加加林：
第一位太空侠

谁会愿意被人推来搡去，将近窒息到像是淹了个半死，然后像要被压扁似的被人塞进一个金属球体里，放在火箭头上猛地被甩到太空去？以前只有小狗被这么发射上去过（死亡率可不低啊）。

腼腆；说点略微不雅的玩笑话就会感到不好意思；尤里的智力显然得到了高度开发；不可思议的记忆力；拥有对周围事物敏锐而广泛的注意力让他从同伴当中脱颖而出；想象力丰富；反应迅速；坚韧不拔，努力准备行动和训练活动，能轻松应付天体力学和数学方程，高等数学成绩优秀；只要他觉得自己是对的，在必须捍卫自己的观点时就毫不怯场；他对生活的理解看起来比许多朋友更为透彻。[1]

这是一位苏联空军医生在1960年所描述的尤里·加加林——第一个进入太空的人类。严格而紧张的遴选过程正接近尾声，这个年轻而容易害羞的飞行员仍旧在二十名候选人中领先。这并不完全是出于那些易于量化的原因。他显然具有驾驶当时自动化程度最高的"东方"

图1.1 尤里·加加林：宇航员式的坚强，电影明星般的英俊。

号飞船的资质，身体素质也合适。他个子不高，有助于挤进狭窄的太空舱。有足够的经验表明他具有不久后进入地球轨道进行短途飞行所需要的毅力。他还经受住了前文所述的苏联式宇航员训练。不过，对他的描述中还隐含着其他一些特质，那是一些更类似于西方资本主义世界的记者惯用的形容：

尤里·加加林具有明星魅力。

明星魅力到底是什么？我们都大概知道它看起来是怎样的：安吉

第一章
尤里·加加林：第一位太空侠

丽娜·朱丽、Lady Gaga 和布拉德·皮特都有明星魅力。反之，也有大量好看的名人并不具备这种特质，所以这并不仅仅是外表。它也不单是指智力——看看"小甜甜"布兰妮·斯皮尔斯臭名昭著的事迹：她笑着说自己并不想访问日本是因为那里的人鱼吃得太多，她甚至以为日本是在非洲。[2] 不，明星魅力指的是那种奇特的光芒，是只有某些人才具备的风度。这种风度似乎会把他们所到的每个房间里的空气都吸走一些，代之以一种低调而活跃的能量。年轻的尤里·加加林就拥有这种风度，这也是他被送上太空轨道的部分原因。

然而，从加加林的出身并看不出他会成为苏联历史上最知名的人物之一——简直差了十万八千里。正如苏维埃社会主义共和国联盟的许多人一样，在1941年德国入侵苏联之前，他家已经是勉强度日，而第二次世界大战更是让他的家庭情况雪上加霜。

尤里·阿列克谢耶维奇·加加林，1934年出生于克卢希诺的一个小村子，位于莫斯科以西大约100英里（160.93千米）。尽管临近首都，加加林一家却都是农民，不过他的母亲安娜有大都市的渊源。安娜在圣彼得堡长大，是个博览群书的女性，她把这份热爱传给了年幼的尤里、他的两个兄弟和一个姐姐。尤里后来这样说起他的母亲："我这辈子所取得的任何成就都归功于她。"[3] 尤里的父亲是个再普通不过的人，出身贫寒，沉默寡言，手艺精湛，希望自己的儿子能在木匠活上子承父业。

第二次世界大战爆发前，他们一家人在集体农庄劳动。到战争结束时，这个国家已经屡遭德国军队蹂躏。加加林一家所在的村庄遭到的第一次冲击始于向东逃亡而来的俄族难民。德国人在 1942 年尾随而至,这家人本就穷困的生活更加艰苦。加加林一家被赶出了他们的简陋居所,在余下的战争岁月中都住在一个从土堆里挖出来的狭小庇护所——一个 10 英尺(3.05 米)长、10 英尺宽的用草皮和废木料搭建的小屋里。德国人把他的哥哥和姐姐送去了波兰的奴工营,他们在那里一直待到战争结束之后才得以回家。

显然,在这样的环境下,没有一个孩子能接受教育。安娜只能在艰苦的条件下提供一些基本的指导。不过,尤里还保持着少年人的冲

图 1.2 位于格扎茨克(如今改称加加林)的加加林故居,现已改建成加加林博物馆。(Wikimedia Creative Commons 提供,作者 Kastey,根据 CC BY-SA 3.0 协议授权)

劲。当一家人在1946年搬到一个名为格扎茨克的村庄后，尤里重新开始上学，哪怕条件再简陋不过：一名志愿者老师指导孩子们用几乎被摧毁的城镇中残留的废纸和炭笔学习。

可是，父亲对让尤里继续上学的想法兴味索然，他想让自己的儿子从事实用的行业。但尤里不为所动。十五岁那年，他离家去了莫斯科，和一位叔叔同住。不久，他在城市附近的一家钢铁厂里当上了学徒。虽然他胜任这份工作，但和同事们相比，他还有着鸿鹄之志。在战争期间，一架苏联战斗机坠毁在村子不远处。当另一架飞机降落下来营救被击落的飞行员时，尤里第一次看到了未来。他的好奇心让飞行员们印象深刻。他们和他在一起时，甚至允许他坐进飞机的驾驶舱里。尤里永远忘不了这些经历。从那时起，他对飞行的热爱就已萌发。

中学毕业后，尤里进了一所技术学校，学习拖拉机修理等技能。每到周末，他就会沉醉于自己对飞行的热爱，去当地一家飞行俱乐部训练，并学会了驾驶双翼飞机和单翼教练机。1955年，尤里从技术学校毕业并参军，最终被送往契卡洛夫第一空军飞行员学校。到1957年毕业的时候，他做出了两个人生的重大决策：其一，他选择了北方舰队在挪威附近一个飞行单位的职位；其二，他结了婚。

他的新婚妻子是瓦莲京娜·戈里亚切娃。两人在一次学校舞会上相遇。瓦莲京娜本想找一个年纪更大、更成熟的丈夫，不过她发现尤里富有魅力，好奇心强，很迷人。他的自信也让她钦佩不已。尤里则很快坠入爱河，不久就被她的家人所接纳。他们的款待带给他很多欢

图1.3 尤里·加加林和他的妻子瓦莲京娜（左），拍摄于1966年。（Wikimedia Creative Commons 提供，用户名：Eivag333，根据GNU免费文档许可证授权）

第一章
尤里·加加林：第一位太空侠

乐时光，直到他为了获得飞行岗位带着这家人的女儿去了严寒的北极。

尤里一边和妻子在新住所安顿下来（那是一间狭小的单身军官公寓，因为那里没有给已婚夫妇准备的住房），一边着迷于全世界第一颗人造卫星"斯普特尼克"号的发射——那可是在苏联升空的。让尤里自豪的是，满目疮痍的苏联从战争的灰烬中崛起，在仅仅十来年的时间内就完成了这一壮举。此外，离太空飞行似乎近了一大步，这也让他神往。对他来说，这是飞行的自然延伸。但在当时，他并没有预见到自己会置身其中，毕竟人类坐进飞船是至少十年以后的事情。

1959年，在缓慢消退的北极冬天的一片昏暗中，这对夫妻的第一个女儿叶莲娜出生了。二女儿加林娜也随后在1961年出生。在这两年中，加加林夫妇的生活发生了巨变，大大超过了为人父母这件事。

1959年晚些时候，在全国各地的多个空军基地，成群的苏联官员不告而来。飞行员们被带进小房间里，他们会在那里被问一些问题，却没有人回答他们的提问。有特别的事情要发生，不过没有人知道那是什么。至少有三千人接受了面试，很快人数就缩减到几百人，然后只剩下一百五十人。入选者被送到莫斯科接受体检和进一步考察，最后被筛到只剩下二十人。

这些测验和大西洋对岸的美国测试飞行员所经历的那些相似，都是为了同一个目的：为人类的首次太空之旅找到体能和精神方面的最佳人选。这个过程并不让人愉悦，看过电影《太空先锋》（读过托马斯·沃尔夫的同名原著更好）的人都知道这一点。候选人经受了一连串的心理测试、频繁的抽血以及全面的饮食限制。他们的视力也被全面检测——色盲、对焦、夜视以及医生所能想到的其他任何方面都被彻底检查。这些年轻人被放进密封舱里经受各种气压和温度（模仿高海拔地区）考验，每次的时间都越来越长。在这些测试之后，挑选出一批人数更少的入围者。

尤里和他那些入选的同伴最终被告知了这个秘密——他们正被打造为苏联的第一批宇航员，但他们被禁止告诉包括配偶在内的任何人。在这一点上，苏联和美国的做法大相径庭。美国的首批宇航员很快就在新闻中名声大噪，被称为"水星七杰"。

在20世纪60年代初，这些新晋宇航员及其家人被转移到莫斯科。训练中要求最高的那部分将在这里开始。他们已经在遴选过程中经受了严格的测试，如今则要进行严酷的训练，以便更好地适应太空飞行所预期的考验。体能训练最为要紧，跳伞和飞行模拟等程序性训练也同样重要。他们的日程中还加入了太空飞行理论方面的课程，以及自然科学和一些医学教育。这远远超过了他们完成任务所需要做的准备。但在当时，没有人能确定到底需要什么。在美国也一样，最初的宇航员都被过度地训练了。他们的上级官员甚至过分到把一座高楼里的电梯改装成能够高速下降以模拟片刻的失重和急促减速。这是苏联人为模拟零重力所采取的一种实用（而又节约）的做法。相比之下，美国使用了一架经过改装的喷气式客机"呕吐彗星"号。它以陡峭的角度向上飞，然后俯冲大约半分钟，来提供一种更为逼真的模拟失重状态。

此外，还有离心训练、模拟发射和再入大气层时的极端重力，以

第一章
尤里·加加林：第一位太空侠

图 1.4　身着训练服的加加林在其史诗性飞行的前一年。（俄罗斯塔斯社供图）

及为了保持强健而在运动场所花费的无数时间。所有这些对受训者来说似乎过头了，但这些努力被认为是值得的，因为有些医生担心，即使是这些在体能和精神方面超常的人选，也会在飞往太空时失去意识或陷入短时错乱。没人想看到第一批太空人回到地球的时候成了语无伦次的疯子（或者直接丧命）。整个事业就是向未知世界的飞跃。

训练严酷而又短促，苏联需要为首次太空飞行迅速挑选出两名宇航员，包括一名主宇航员和一名替补飞行员，势必要抢在美国人之前把人类送进太空。

后来还有更多天文学、火箭与太空飞行理论和技术、地球物理、特种医学等课程内容。学习中有很多都是全新的、在当时是高度理论化的内容。加加林后来说这是"一个问道于盲的典型"。[4]

在二十名候选人中，两名最终入围者是加加林和格尔曼·季托夫。他们因为在测试和训练中的表现以及身材被选中。"东方"号太空舱很狭窄，加加林身高5英尺2英寸（1.57米），适合坐进狭小的弹射椅。在同僚投票中，加加林也是宇航员同志们眼里飞上太空的第一人选。虽然他只有二十多岁，但他在少年和青年时期的常年艰苦环境中磨炼了毅力和顽强的适应性，这让同辈宇航员们印象深刻。"东方"号的第一次飞行任务于是分配给了加加林。季托夫担任他的替补，并被选为"东方"号第二次飞行的宇航员。

1961年4月12日，"东方"1号预定在哈萨克斯坦南部的拜科努尔航天发射场一号发射台升空。加加林和季托夫在莫斯科时间早晨5时30分起床并着装。主管这次飞行的政要们不想有任何闪失，需要一名替补飞行员随时待命。两人乘坐巴士前往发射台，那里坐落着经过改装的苏联R-7洲际弹道导弹，顶部是新造的"东方"号飞船。它们被四条桁架结构上的长臂在垂直方向架住，长臂会在起飞的瞬间移开。火箭有127英尺（38.71米）高，指着它要飞去的苍穹。加加林觉得这画面美极了。

加加林站在火箭底部，那里已经加注好了燃料，散发出一股股液氧汽化雾。总设计师谢尔盖·科罗廖夫走过来，热情地为加加林送行，并说他希望看到这个年轻人几年之内在月球上行走。随后，加加林登上电梯，向列队的技术人员和官员挥手，送上他的灿烂笑容："待会儿见！"电梯升向等候在那里的"东方"号太空舱。他看上去完全就像是一个去逛街或是赴女友约会的男青年，而不是一个乘坐极其危险的火箭去尝试创造历史的人。

加加林进入太空舱后，把宇航服连接到生命维持系统，进行了通信检查。这次飞行的呼号是"雪松"，这种树在俄罗斯民间传说中有着悠久历史。虽然"东方"号是全自动操控的，但一旦发生紧急情况，飞行员要能够接管对飞船的控制。美国的"水星"太空舱在这个方面也类似。不过，大多数宇航员都很珍视他们作为飞行员的训练，在任何可能的时候都喜欢手动控制。在太空竞赛时期，这项操作传统贯穿了苏联的航天项目。

加加林通过无线电和指挥中心的人员聊着天，与此同时，技术人员在为飞船做着准备并处理舱口的一个可能的密封问题。科罗廖夫走进控制室，对马上就要点火的发射感到不安——R-7导弹的助推器（"东方"号的推进器就是由它而来）只有50%左右的成功率。巧合的是，后来把美国宇航员约翰·格伦送入轨道的美制"阿特拉斯"导弹的操作成功率也差不多。

当时可没有像美国火箭项目里那样激动人心的倒计时（这是那些为美国设计程序的德国人留下的传统）。相反，当指定时间来临（且没有出现任何会延误发射的问题），按下一个按钮，火箭就离地了。这和

图 1.5 "东方"1 号于 1961 年 4 月 12 日发射,由经改装的 R-7 洲际弹道导弹推进器携带升空。

他们半个地球之外的竞争对手相比简直是低调太多了,但其效率却毫不逊色。

莫斯科时间上午 9 时 07 分,火箭底部的二十台发动机点火(还得到一些可转向的小型火箭的助力),庞大的摇臂移开,在巨大的烟雾中,加加林出发了。火箭飞向天空,加加林在无线电中轻快地说了一句:"我们出发吧!"

发射后 2 分钟,四个侧助推器分离掉落。在主发动机的推动下,

第一章

尤里·加加林：第一位太空侠

"东方"1号继续沿着抛物曲线飞往轨道。

又过了1分钟，发射整流罩分离，从上面级脱落，露出"东方"号飞船，这让加加林可以从一个小窗口看到外面的景象。火箭上面级点火，完成了动力飞行，把加加林弹射入他将飞行一周的轨道。加加林通过无线电向地面报告："飞行进展良好。我能看到地球。能见度很好。我几乎能看到所有东西。积雨云层下面有一些空间。我继续飞行，一切都好极了。"[5]

火箭末级点火持续了大约3分钟。加加林说："'曙光'1号，'曙光'1号，我没法听清楚你说的话。我感觉良好。""曙光"1号是跟踪站的代号。"我精神很好。我在继续飞行。"[6]

他很快就离开了无线电范围。苏联尚未布置一个像美国所设计的那样、在不同国家以及海洋上布置蝶形天线的全球追踪系统。在"东方"号的早期飞行中，所有跟踪站都分布在苏联境内。不过，苏联国土横跨6 000英里（约9 656千米），大约占地球周长的四分之一，所以并没有听起来那么不堪。

莫斯科时间上午9时17分，"东方"号飞船从火箭上面级分离，加加林报告说一切都在按照计划进行。他还坚持不断地实时报告，以缓解医生们对太空中第一个人类可能发生不幸情况的担忧："我感觉棒极了。非常好，非常好，非常好。"[7]

大约半小时后，加加林报告说他飞进了地球夜晚的那一面。莫斯科时间上午10时，苏联新闻机构宣布了发射成功和轨道飞行的消息。加加林的母亲在家里听到新闻时热泪盈眶，这是她第一次听说这事，因为加加林的任务一直对她乃至他的妻子保密。

在加加林的回忆中，他在短暂的单周轨道飞行期间既不饿也不渴，不过由于这是他行动列表中指定的任务之一，所以他还是喝了一些液体——医生担心人类无法在零重力情况下进行吞咽。

在整个飞行过程中，都有一个摄像机镜头对着他，向地面传回低像素画面。苏联的科学家们，还有美国中央情报局的人员，都在仔细观看。每个人都想看看进入太空的第一个人类表现得怎么样。

发射后大约79分钟，"东方"号的自动系统将飞船校准，以便点火制动。启动小型火箭使飞船减速到足以让它在适当时间再入大气层并坠落在苏联境内。10时30分左右，制动火箭在"东方"号飞越非洲西海岸的时候点火。大约42秒之后，这些发动机关闭，加加林所在的返回舱基本上与动力和推进模块分离。然而，有一小股电线未能断开，当太空舱开始坠入大气层时，后面还拖着较大的二级模块。由于这些尾随部件的拖拽，返回舱慢慢打起转来。

这实在是很危险。尽管轨道舱是一个球体，而不像美国飞船那样是锥体，但它仍然需要准确地校准方向以安全返回。如果动力和推进模块还连接着的话，它就会被拖进错误的姿态，那可能会让加加林被烧成灰烬。加加林并不确定哪里出错了，但他知道自己出了状况。"等待是很艰难的，"他后来说，"似乎时间都停滞了。"[8]

随着拖力的增加、与越来越浓的大气进行摩擦导致的温度升高，连接的电线融化了，但此前它已经给加加林的太空舱带来一些令人疯狂作呕的旋转。当返回进行到第十分钟时，电线最终断离，加加林的

第一章

尤里·加加林：第一位太空侠

太空舱开始自由旋转，飞速翻腾，产生了大约十倍的重力。他几乎昏了过去。

不过，加加林还是设法保持了清醒，并继续努力把自己的状态发送给地面。在大约4英里（6.44千米）的高度，舱门从太空舱炸落，绑着加加林的弹射椅从"东方"号飞离。虽然苏联的设计师知道太空舱可能不会在触地时坠毁，但"东方"号是设计成在苏联境内进行硬着陆式返回的，冲击力会很大。加加林从飞船飞离后，靠自己的降落伞下降，在太空舱的2英里（3.22千米）外安全落地。在"东方"号飞行之后，这个系统被修改得更为传统，当然也就没那么吓人——以人在飞船内的方式着陆，由制动火箭进行缓冲。

加加林在莫斯科东南大约500英里（804.67千米）的农田里着陆。一个农夫和他的女儿看到了加加林的降落，跑过去看天上掉下的是什么东西。当他们看到一个身穿橙黄色宇航服、头上戴着球状物的男子时，都惊呆了。加加林朝他们挥了挥手，说："别害怕，我和你们一样是苏联人。我从太空降落下来，必须找个电话打给莫斯科。"[9]

与此同时，几个当地男孩也看到太空舱呼啸落地，他们小心翼翼地靠近这个从天而降的怪球并朝敞开的舱口张望。等到官员们赶到的时候，他们已经吃上了留在里面的一些没吃过的太空食品。看来哪里的男孩儿都差不多啊。

军方救援队找回了加加林，并把他送往附近的一个飞机场，季托夫等人在那里等着他。他在那里相对平静地待了两天，和季托夫闲聊，同时接受医生们的评估。之后，他回到莫斯科，克里姆林宫通过官方新闻渠道宣布:"这一成就证明了苏联人民的才干以及社会主义的强大力量。"[10]

在莫斯科,人们成群结队地等待他的归来。加加林带着一个秘密任务离开地球,回来后就成了国际名人——他一度是这个星球上最有名的人。似乎每个人都想要摸他一下,听他说个只言片语,分享他的成功。后来,他回忆道:"我准备好了应对外太空的考验,却没有准备好去面对人海。"[11]

图1.6 加加林的太空飞行成为全世界报纸的头条新闻,包括亚拉巴马州亨茨维尔的这份地方报纸。美国的航天项目就是在这里成形的。(NASA供图)

第一章
尤里·加加林：第一位太空侠

抵达莫斯科后不久，加加林就被送上车驶往红场。在那里，他的家人、赫鲁晓夫以及成千上万的民众正在翘首以待，想要一睹历史上第一个太空人的真容。这开始了他为苏联所进行的公关活动，也将在他短暂人生剩余的日子里以这样或那样的形式一直持续。

加加林还只有二十七岁，就突然在国际上名声大噪。虽然没有经过公关方面的正式训练，但他仍然表现得很出色，运用他与生俱来的阳光气质和俊朗相貌吸引着各地的观众。这并不是表演。虽然久而久之，他的确感到一些厌倦，但他还是觉得，在无休止的演说、宴会和官方典礼中呈现他最好的一面是他对国家应尽的义务。他自始至终保持着谦逊和幽默感。几年后声誉鹊起的美国宇航员中那些比他沉默寡言得多的几位，可能会嫉妒他的这些能力。

但是，加加林的确在那一年的晚些时候遭遇了一些变故，他有了压力。在一次俄罗斯度假胜地的休假中，他喝醉了酒，闯进了一个护士的房间。有点不妙的是，当他妻子找来的时候，他还在那个房间里。尽管他经历了长年累月的训练，并且以超常的冷静完成了全世界首次载人太空飞行，他还是惊慌失措，从二楼窗口跳了出去。他受了重伤，被送到医院的时候几乎神志不清。

虽然加加林得以康复，但他开始酗酒，脾气也变得糟糕。哪怕他还在履行自己的外联职责，可也没有以前那么热心了。到了1963年，他负责培训将来飞行任务的宇航员。可他真正想要的并不是帮助别人实现这个目标（虽然他自己对此得心应手），而是让自己准备好另一次飞行。

事与愿违。苏联领导人想让加加林成为国家英雄,再给他分配一次太空飞行会有风险。损失任何一名宇航员都足够糟糕,而失去加加林的后果则更加难以想象。加加林沦为了自己所取得的成就的牺牲品。

尽管如此,直到1964年,加加林都仍在学习工程学和科学,尽他最大的努力准备下一次可能的飞行,毕竟,有其他许多宇航员的知识要比他丰富得多。他最终还是设法恢复了现役宇航员的身份。

临近1966年底,苏联的太空计划即将发生重大转变。单人座的"东方"号已经被更大型的"上升"号飞船所替代,后者一共只飞行过两次。第一次携带三名乘员(创下机组人数纪录),第二次携带两名机组人员,其中一人进行了历史上首次太空行走(创下首次太空行走的纪录)。在1967年来临之际,有了飞行两次的"上升"号的经验,苏联准备着发射他们的最新成果——三人座的"联盟"号飞船,它将很快带着意气风发的宇航员飞往月球。

但是,新飞船有着严重的开发问题。原定于1967年4月的发射让很多人感到深深的忧虑,其中包括被安排驾驶飞船的宇航员弗拉基米尔·科马罗夫和他的密友加加林。这次飞行按照原计划进行,哪怕工程师们发现了飞船存在大约230处缺陷。

加加林对自己的朋友科马罗夫的生命以及太空计划感到担心。恢复了现役宇航员的身份之后,他着手于一些政治运作,想让自己被分配去进行这次飞行,将科马罗夫从潜在的死亡中搭救出来——加加林知道他们绝不会拿他的性命在"联盟"1号上冒险。那样的话,这次任务或许可以推迟,直到飞船被造得更安全些。可科马罗夫拒绝了他的

第一章
尤里·加加林：第一位太空侠

好意，他谢过了加加林。

科马罗夫驾驶的飞船在 4 月 23 日发射，科马罗夫在这一天牺牲。他死于这次麻烦不断的飞行，他的降落伞最后没能正确打开。这次灾难让"联盟"号的开发停滞，使苏联想要打败美国"阿波罗"登月计划的目标功败垂成，还彻底粉碎了加加林想要再执行一次飞行任务的机会——他被正式禁止参加以后的太空飞行。

无论如何，加加林还在继续进行训练。我们无法确定这是为了维持他所管理的那些宇航员对他的尊重，还是为了他有朝一日能重新获得在役飞行身份。可能两者兼而有之。

1968 年初，加加林在苏联的首要太空训练基地朱可夫空天防御学院完成了一个项目。随后，他决定重新获得驾驶现代喷气式战斗机的资格。自他早前在 20 世纪 50 年代末接受飞行训练以来，喷气式战斗机已经进步了很多。

1968 年 3 月 27 日，加加林和他的教练驾驶一架"米格"15 战斗机，作为他要获得飞行资格的部分。但在他们起飞后不久，天气开始变得恶劣。教练本人也是一名誉享苏联的飞行员，他中止了训练，仅仅五分钟之后就开始向机场返航。可他们没能成功。从远离着陆带的地方传来了一声沉闷的巨响，待命的营救人员后来在森林深处发现了坠毁的战斗机以及两位飞行员的遗体。其中一具遗体口袋中的驾驶执照确认了死者是加加林。和驾照一起被发现的还有一张谢尔盖·科罗廖夫的照片。他是老飞船的总设计师，早年和加加林交情颇深，但已经在 1966 年去世。关于加加林和科罗廖夫的关系，一位来自早期团队的宇航员同伴鲍里斯·沃雷诺夫说:"科罗廖夫待他就像待自己的亲儿子一样。"[12]

  随后的调查表明,加加林和他的教练在坠毁前试图从急降中拉起飞机。对这次突降的原因众说纷纭,有人认为是另一架经过的飞机和加加林的"米格"战斗机靠得太近,有人认为是错误放飞的气象气球,还有人说是政府阴谋,甚至有人说是 UFO 造成的。[13] 除了最后一个说法,其他说法都有可能,可现在不太可能确认是哪种原因了,但我们知道肯定是有什么情况迫使"米格"战斗机迅速失去高度,以至于飞行员无法把飞机从这次致命的俯冲中救起来。

  加加林去世的时候仅三十四岁,留下了瓦莲京娜和两个女儿。他的去世让苏联乃至全世界都感到震惊,甚至"水星"号的美国宇航员都为失去一名太空旅行者同伴而表达了真挚的哀悼。加加林在其短暂的一生中获得了无数荣誉,包括"苏联英雄""列宁勋章""社会主义劳动英雄"以及三十多项重大的国家级奖项。

  仅仅一年多后,尼尔·阿姆斯特朗和巴兹·奥尔德林登上了月球。1971 年,"阿波罗"15 号的宇航员将一个名为《倒下的宇航员》的小雕塑带到月球。在离开时,他们将它留在了着陆区附近。这个 3.3 英寸(8.38 厘米)高的铝制雕塑是为了纪念那些在他们的国家征服太空和抵达月球的努力中牺牲的宇航员。留在雕塑边上的一个小牌子上列出了在太空飞行事业中去世的十四个人,加加林的名字在名单上排在第六个。只要不发生灾难性事件,这个小物件将永远留在那里。

第二章

约翰·格伦：
一尘不染的海军陆战队士兵

约翰·格伦倾斜着沃特 F4U "海盗"战斗机的机翼，回头看了看身后他刚刚向其投下燃烧弹的那个太平洋小珊瑚岛。目标是马绍尔群岛贾卢伊特环礁上日军占据的一个小镇。小岛上升腾起向外翻滚的巨型橘红色火焰球，这种可怕的美让格伦感到震惊，他为自己的行为所造成的这种残酷的破坏性效果感到恐惧。凝固汽油弹是一种从汽油衍生出的胶状物，会粘在它所接触的任何物体上并猛烈燃烧。他心想：这真是一种可怕的死法。他后来写道："进行空战的时候，并不会看到你想要杀死的敌人的眼睛。但凝固汽油弹是一种可怕的武器……战争并不是我们挑起的，我们是在为祖国、家人和我们的自由而战……使用凝固汽油弹并不符合和平时期的感知，但我们进行战斗是为了实现和平，并回到和平时期所容许的感知。"[1] 那是 1944 年。格伦作为第二次世界大战太平洋战场的一名战斗机飞行员，正处于一年服役期中如火如荼的时刻。

格伦是一名有良知的战士。他是一个爱国者，也是一个现实主义者。他是个虔诚的教徒，却又有着浓厚的好奇心，生活节俭却待人慷慨，生性快乐而思想保守，从骨子里信奉人要为自己的行为承担全部

图2.1　第二次世界大战末期的太平洋战场上，约翰·格伦在一架F4U"海盗"战斗机中。（美国空军供图）

责任。他绝对是个好人，是早期宇航员团队中的代表人物。在他漫长的一生中，他一直在战争和太空飞行的艰险领域里跋涉，其间还要碰上最让人头疼的东西——政治。

格伦是仅有的两名曾在第二次世界大战中作战的美国宇航员之一（另一位是迪克·斯莱顿）。战后，他的兵役一直持续到朝鲜战争。他指挥过多个战斗机中队，不止一次被防空火力击中。他的表现让他获得了多枚奖章，包括五枚"飞行优异十字勋章"。不过，这些并不能衡量格伦的为人，只是表彰了他的英勇。他远不止一名"一尘不染的海

第二章
约翰·格伦：一尘不染的海军陆战队士兵

军陆战队士兵"。

小约翰·赫歇尔·格伦于 1921 年 7 月 18 日出生在俄亥俄州的剑桥，这里位于阿巴拉契亚山脉的西北麓。他的父亲是一名第一次世界大战老兵，从前线回来后不久就结了婚。老约翰·格伦受过的正规教育不多，小学六年级之后就离开了学校。他从事过多份工作，后来成了一名水管工，并举家迁移到俄亥俄州的新康科德，在那里成立了一家水暖设备供应公司。老格伦一直操持着拧扳手的行当，而他的妻子则经营一家商店。这就是小约翰·格伦成长的背景。

新康科德是那个年代典型的美国小镇。格伦后来说，这个小镇是"男孩们在它的理发店里或在丛林中打猎时学会与男人为伍，学会男人如何讲话、如何行事以及所关心的事"的地方。[2] 格伦回忆中的童年几乎是牧歌式的，而那种生活方式只存在于美国小镇。

到了八岁的时候，格伦已经体验够了小镇和乡村生活，努力给家里的生意帮忙并打零工，但还没有体验过上天的感觉。有一天，当他陪父亲去做一个水管活时，命运的转折来了。当他们从干活的地方驱车返回时，他的父亲看到镇子外面的草地上停着一架飞机。在那时候，这还是很罕见的。他决定停车，满足一下自己和儿子的好奇心。

这是一架韦科公司制造的敞开式座舱双翼老飞机，这种机型用于邮递等民用服务，一度很受欢迎。它的飞行员正载着客人观光——它也用于收费的短途载人飞行。这让格伦回想起他在报纸上的周日漫画中所看到的风度翩翩的飞行冒险家。老格伦想要坐一次飞机，就告诉他儿子："不管你想不想坐飞机，我反正是要去的，所以你最好一起来,除非你想干坐在这里看着。"³ 这正是年幼的格伦所需要的激励,于是他在副座舱里坐上父亲的膝盖,搭乘了飞机。这次经历改变了他。在开放式的座舱里,他体验到的不仅是新奇大胆的冒险、从高空俯瞰到的风景以及迎面吹风的快意,还在于这件事情的新奇给了他对未来的一瞥。格伦后来才意识到,他感受到了一些他和父亲共有的东西。格伦后来回忆说:"他对尝试的渴望是我年少时期最重要的一课。"⁴

很快,他的卧室里就到处都是飞机模型了。不是20世纪50年代以来占据年轻人房间的那种塑料模型,而是由木片和纸巾所制成的由橡皮筋驱动的螺旋桨提供动力的微缩模型。他自己制作并让几十架模型飞了起来。毕竟,他生长在俄亥俄州,这里也是莱特兄弟的故乡,他在整个青年时期都强烈地意识到这一点。

格伦很想学习怎样飞行,但生不逢时。美国历史上最大的金融灾难"大萧条"让整个国家举步维艰。他的家庭和大多数美国人一样经历着生活的拮据。格伦要帮衬家里赚钱糊口,飞行课这种显得有些轻浮的念头只得被搁置一边。他们家租了一些土地自己种植口粮,格伦把很多闲余时间都用来耕种一小片菜地。

时代的局限让格伦感到沮丧,他和其他男孩们建立了一个他们称为"俄亥俄骑兵"的团体,效仿还没在新康科德出现的男童子军。他们会越过小镇边缘,进入森林,先是去远足和探险,后来则是去打猎。他们在丛林里建起了自己的营地,在那里度过周末和暑期时光。他们露营、钓鱼和远足,并学会了独立自给。他们有露营点和帐篷,还搬来成堆的木屑造了一个"阅兵场"——那个年代的标准军事化配置。

第二章
约翰·格伦：一尘不染的海军陆战队士兵

在这个20世纪20年代美军基地的简陋翻版里，他们列队站立，向着在一棵高树上升起的美国国旗敬礼。格伦甚至还带了一个军号，在傍晚降旗的时候吹号。这是诺曼·洛克威尔①所描绘的美国的真实写照。

另外两个重要因素也在当时塑造了格伦的人生。第一个是州博览会，他的父亲一直乐此不疲地带他去参观，一些学校在那里布置的科学展让格伦着了迷。他忍受着在猪圈和母牛展之间的不断逡巡，以便能够有机会观看科学实验。这些展会中的最大亮点是1933年的芝加哥世界博览会。世界博览会是大型展会，世界各地的城市会为这个一年一度的活动专门建造巨大的建筑和广场。和往常一样，格伦的父亲带着他和三位成年友人挤进家里那辆老旧的雪佛兰敞篷车，前往芝加哥观看科学、技术和航空方面的最新成就。这次活动没让格伦失望，并给他留下了一个持久的影响：未来是光明的，而且大部分未来都会在天上实现。

第二个是他的一生所爱——安妮·卡斯托。就像童话故事里的情节一般，在两人都还是婴儿时，格伦就遇到安妮了。他们在整个童年时期都是挚友。安妮非常可爱，有着运动员的体格，在音乐方面有天赋，在格伦看来魅力十足。但她有严重的口吃，久而久之给她带来了很严重的社交焦虑。她在试图交流的时候，会张口结舌甚至难以成言，于是她就带着记事本和铅笔来和别人交流。格伦对此并不介意，并在

---

① 诺曼·洛克威尔（Norman Rockwell，1894—1978），20世纪美国画家，作品主要为商业宣传及宣扬美式爱国主义。——译者注

很小的时候就为之倾倒。他自己说,他从来就没认真看过其他女孩。[5]

格伦在高中念到一半的时候,已经对化学萌生了浓厚兴趣。他结识了本地大学一个叫朱利安·怀特的年轻人。朱利安是化学专业的大学生,格伦会在周末到大学实验室加入他,用煤气灯对实验用玻璃进行加热和塑形,并学着解决一些简单的化学问题。格伦家传的好奇心得到了发扬,这在未来也会让他获益。还有一位高中物理老师也激发了格伦的兴趣。

格伦在高一那年参加了橄榄球队,但没有如他所愿取得成功。他身材矮小、体格一般,注定只能打中锋,这个位置绝对会经常让他被痛打而最终对这项运动兴味索然。他转而加入了篮球队,后来又参加了网球社和合唱团。合唱团让他能够在学校里和安妮交往。尽管其他男孩偶尔会拿他开玩笑,但他永远不后悔这个决定。

"大萧条"还在继续。当格伦不参加运动的时候,要花很多闲余时间和他的父亲进行水管工程作业——挖出下水管道沟和厕所化粪坑。他并不享受这种劳动,但还是和父亲雇佣的其他成年工人一起干活并坚持了下来。

在格伦的回忆里,这一时期唯一让他非常生气的事情,是他听到学校里的一些女孩取笑安妮和她的说话障碍。"安妮的口吃在我看来并不是个问题,"他回忆说,"她生来如此,和有些人用左手写字而有的人是右撇子没什么不同。我觉得因为那种事情去笑话别人既残忍又愚蠢。我就是这么告诉她们的。"[6]那些嘲笑马上就偃旗息鼓了。

高中毕业之后,格伦知道自己想读大学。虽然家里条件有限,但

第二章
约翰·格伦：一尘不染的海军陆战队士兵

他的父母都支持这个想法。格伦已经感知到了前途的召唤：他想要拓展自己的视野。去外地读大学比读本地大学要贵得多，于是他决定申请附近的马斯金格姆学院（现在的马斯金格姆大学）。这并不是他的第一选择，但住在家里可以节省食宿开支。和领取助学金相比，它算是最佳选择。

高中阶段，格伦很喜欢他周末在大学里的工作，所以他决定读化学专业，觉得自己可以成为一名研究员或去上医学院。还有一个额外好处是安妮已经在那里上学，比他高一届。他享受自己的学业，但对上天飞行的想象仍然挥之不去，他也不想放弃——他需要找到自己上天的途径。

大学二年级时，欧洲的战事升级了。当英国人正奋力击退成群结队飞越英吉利海峡来犯的德国轰炸机时，格伦被温斯顿·丘吉尔的激情演讲所打动。圣诞节假期刚过，在新学期的头几天，格伦看到学校里张贴了一个告示，有关平民飞行员训练项目。格伦简直不敢相信自己所读到的东西。该项目将为合格者支付地面培训和空中指导的费用。对于一个在"大萧条"时期长大的孩子来说，这简直美好得让人难以置信。这个项目还会为特定的相关科目授予大学学分，项目完成后将授予私人飞机驾驶执照。

格伦飞奔到在校园里承办这个项目的物理系，并加入了项目。在那里，他又发现了另一个契机：报名意味着你向政府保证，"在需要的时候"会参加军事飞行训练。鉴于国际争端的进展，这不成问题，入伍可能还遥遥无期。于是，格伦报了名，几周内就被录取了。

几个月后，格伦开始前往附近的机场，飞行训练就在那里进行，使用的是一架小型单发动机泰勒飞机，最大动力只有65马力（约48千瓦）。不过它的的确确是一架飞机，这才是最重要的。

格伦在空中表现优异，他对细节有着近乎痴迷的关注，对周围发生的所有事情都小心翼翼，而两者都是飞行员的优秀品质。仅仅几周之后，他就能独自飞行；到7月，他就拿到了执照。

那个夏天，他想尽一切办法在飞机场上熟练技能。然而，当大三学年临近的时候，欧洲传来的坏消息给美国罩上了阴影。希特勒的闪电战毁灭了一个又一个国家，美国这边也变得日益焦虑。

几个月后，在1941年12月，命运永远改变了他的人生。

格伦当时正在去参加一场音乐会的路上，安妮将在其中演奏管风琴。就在这时，他听到了日本人袭击珍珠港的消息。他在音乐会开始前和她打了个招呼，打算欣赏她的表演，但演出一结束，他再也按捺不住这一新闻带来的情绪。美国遭到了偷袭，几千人丧生或垂死。已经宣战了。他知道他必须做些什么。她也明白。

不久后，他就去陆军航空队（美国空军的前身）报了名。之后几个月都没等来入伍的命令，他转而去了海军征兵处，两周内就被征募了。他只是大学三年级学生，还没有拿到学位——这几乎把他的宇航员事业扼杀在襁褓之中。

训练在距离新康科德大约600英里（965.61千米）的艾奥瓦城进行。格伦会利用一切机会去看望安妮，那段时间很繁忙，两人以前从来没有分开过这么长时间。三个月之后，他被派往得克萨斯州的科珀

第二章
约翰·格伦:一尘不染的海军陆战队士兵

斯克里斯蒂参加高级训练。分离变得几乎让人难以忍受,他每天都给她写信。

抵达得克萨斯后不久,他开始想变换军种。格伦加入的是海军,因为他听说海军航空兵更有挑战性(也因为陆军显然无视了他),但海军陆战队也让他心动不已。格伦听说过海军陆战队飞行员在太平洋岛屿战斗中的功绩,感觉那种飞行正是他想要的——为那些在地面上激战的陆战队伙伴提供低空支援。不久后,他就会奔赴太平洋战场,不过他在美国本土还有一项任务需要完成,那就是和他留在身后的女孩结婚。

格伦刚刚被任命为少尉,就跳上火车返回家中迎娶安妮。她依旧戴着他离开俄亥俄之前花了 125 美元给她买的戒指(她从来没有让他买一个更贵的戒指来替换)。婚礼举办得简单又迅速。短暂的蜜月之后,这对新婚夫妇前往北卡罗来纳州停留了一阵,然后去了加利福尼亚州南部。他们一度住在圣迭戈,然后是尘土飞扬的养牛小镇埃尔森特罗,紧邻一处海军陆战队航空站。格伦在这些地方接触了多发动机飞机,又换到单发动机战斗机,生活变得更加让人兴奋。接着,到 1944 年初,出征的日子到了。

格伦被送到夏威夷接受更多训练,然后被派往中途岛——一座美国防守力量薄弱的太平洋中部小岛。几个月之后,格伦被派往中太平洋,驻扎在马绍尔群岛中刚刚从日军手中夺取的马朱罗环礁。那是 1944 年的夏天。

飞行通常使人兴奋不已,有时候也会让人胆战心惊,偶尔甚至非常危险。所有的战斗飞行都有风险,而执飞近距离空中支援任务相对于高空投弹之类的任务来说,是最危险的。格伦的第一次任务就是执行"高射炮压制":低空飞进一个敌人据守的小岛上方,一路上用安装在机翼上的机关炮开火,打得敌人抬不起头来。这样能让高空的轰炸机或俯冲轰炸机得以相对安全地进行轰炸。但在"压制"防空火力的同时,他们自己往往是敌人的第一目标。参战的第一天,格伦就在这种战斗中失去了第一个朋友。他的僚机被击落,就此消失。

格伦在马绍尔群岛驻扎了一年,对附近岛屿执行直接攻击或支援性的飞行任务。日本人正在那里为挽救他们的帝国而作困兽之斗。在此期间,他第一次与死神擦肩而过:当他在日本占领的小岛瑙鲁进行低空投弹时,一枚防空炮弹洞穿了他的"海盗"战斗机的机翼。他毫发无损,驾机返回了基地,不过他非常清楚那次攻击有多么致命。

到了他在太平洋长达一年的服役期末,格伦开始接触燃烧弹轰炸。在首次试验中,他的飞行中队把贾卢伊特环礁上一个日本人占领的小镇烧成了焦土。"燃烧弹攻击有着可怕的美感……这是我所见过的最为怪异、可怕又发人深省的东西,"他后来如此说道,"在情报认为有许多人的地区,我们经常使用燃烧弹。站在这些火焰中的地面上会是什么感觉,想想就很可怕。"[7]

战斗任务结束之后,他回到美国,驻扎在帕图克森特河海军航空兵试验中心,作为一名作战经验丰富的老兵,在那里测试新型飞机的设计。格伦和他的战友们会开足马力,一连几个小时不停地试飞新型战斗机,找出任何他们所能发现的缺陷。他仍然在服役中,曾短暂转

第二章
约翰·格伦：一尘不染的海军陆战队士兵

入另一个"海盗"战斗机飞行中队，预备被派去支援对日本的战争，直到美国对广岛和长崎的原子弹攻击结束了战争。

格伦已经见过世界，体验过了战争的兴奋和可怕之处。不知不觉，新康科德对他而言已经太小了，他回不去了。他考虑了多种谋生途径，但在和安妮商量之后，他最终决定留在海军陆战队。

格伦和家人在关岛短暂团聚（现在他和安妮有了第二个孩子，是个女儿），然后返回美国。那儿有一系列任务在等着他，没有一件是特别有意思的事情。可随即，朝鲜战争爆发了。对于飞行员们来说，那场战争是坐在喷气式飞机中进行的。

这代表了一个全新的空战世界。新型喷气式战斗机不再像以往那样以300英里每小时（482.8千米每小时）的速度轻快地飞行，而是以600英里每小时（965.61千米每小时）的速度猛进。这时，格伦正在美国担任飞行教官，隔着太平洋跟进观察时局。在1953年2月，他又被派去参战了。

在朝鲜，格伦被防空火力和弹片击中了多次，以至于他飞行中队里的伙伴喜欢叫他"吸铁石"，因为他似乎把大量危险的敌方炮火碎片都吸到了他的飞机上。不过，他在战争期间安然无恙。当他轮岗回到美国的时候，再次被派往帕图克森特河参加更多的试飞，随后又被调去华盛顿特区的海军航空局，并在马里兰大学上课，学习工程学和航空学。

格伦还要再实现一个高风险的目标，才会迈出他飞行生涯的下一步。他要打破横跨美洲大陆的超声速飞行纪录，那时还是3小时

45分钟。格伦觉得沃特公司于1955年问世的高性能喷气式飞机——F8U"十字军战士"战斗机能够打破这项纪录。他把这次征途称为"子弹项目",因为喷气式飞机的空速比一颗0.45英寸(1.14厘米)口径(当时部队里随身武器的标准口径)的子弹射出的速度还要快。1957年7月16日,他把纪录缩短了20分钟。这在媒体上引起轰动,让他能在流行的电视智力竞赛节目《辨声识曲》中露面。他就是那种腰杆笔直、胡子刮得精光的海军陆战队战争英雄不折不扣的原型。

然后,苏联的人造卫星"斯普特尼克"号横空出世。

美国本已着手制造一颗名为"先锋"的轨道卫星,由海军设计和管理,原定在1958年升空,作为有67个国家参与的全球性地球科学行动"国际地球物理年"活动的一部分。但苏联在1957年10月发射"斯普特尼克"号上天,赶超了美国。西方大为震惊,美国尤甚,因为它一直以为自己比苏联占据了更为得天独厚的技术优势。时任苏联领导人尼基塔·赫鲁晓夫还奚落说:"美国如今是在苏联的月亮下睡觉。"美国人大为不快,对格伦来说这简直就是对他个人的侮辱。他后来说:"美国制造的电视机、晶体管收音机和带着尾翼的汽车,这些东西在富裕的战后岁月里对美国消费者来说意味着科技。但和在我们头顶运转着的苏联科学成就相比,它们都显得无足轻重。"[8]

到了1958年初,格伦参与了专注于载人航天飞行的研究。这是轨道卫星上天之后的下一个重要里程碑。得益于格伦的大量飞行经验,他获邀到美国国家航空航天局(NASA)的前身——美国国家航空咨询委员会(NACA)研究载人飞船的轨道轨迹。尤为特别的是,NACA

第二章
约翰·格伦：一尘不染的海军陆战队士兵

使用了新型数字计算机（按照现代标准来看显得庞大而又算力不足）来模拟再入大气层的程序。

NACA希望获得有可靠资历的飞行员，也如愿以偿。格伦的任务是坐在一个简单的控制台前模拟再入大气层的轨迹。"他们有一个控制杆，一个小型控制切换开关，类似这些东西……这是一项计算机研究，看你能到达哪些轨道以及到不了哪些轨道，还有在着陆的时候能采用哪种弹道。"他完成了这个项目，并为华盛顿特区的海军航空局准备了一份报告。这是他第一次体验航天飞行，虽然只是一次模拟。"当时有一些传言，说我们可能在某个时间点开始载人航天计划……我对这个很有兴趣。"

很快，他的任务发展为人体测试，以应对航天飞行的严酷。格伦被送到宾夕法尼亚州的海军航空发展中心，在离心机上花了不少时间。这是一台巨大的机器，模拟不同的极端重力情况。离心机一条50英尺（15.24米）长的摇臂末端悬挂了一艘小艇，把飞行员绑在里面，转动时会产生极大的压力。

格伦作为一名飞行员，在大角度投弹俯冲拉起或喷气式战斗机急转弯时已经体验过四到六倍重力，但海军的新式离心机能制造出可以压碎骨头的二十五倍重力。这个极限还没有用人体试验过。格伦在不同位置被旋转到八到九倍重力，以测试他在超重力情况下操作模拟控制器的能力。这将是未来航天飞行在发射和再入大气层时预计的最大重力。

格伦被送到密苏里州圣路易斯的麦克唐纳飞机制造厂，以海军方面代表的身份参与该公司方兴未艾的美国首架载人飞船的设计工作。

这是在"阿波罗"时代始终采用的钝体太空舱中的第一款。它是一种圆锥体飞船,可由火箭搭载飞入太空,并以钝面朝向大气层再入。这是美国载人航天计划的肇始,但格伦当时并没有被告知这一点。如他所说:"这基本上由研究和谣言组成。"[9]

到了1958年,根据一项总统令,美国国家航空航天局成立,载人航天活动现在是官方层面的事业了。此前美国空军和海军为了获得这类项目的控制权而竞争。时任美国总统艾森豪威尔却大笔一挥,创立了一个民用航天机构来执行这个项目。尘埃落定。

格伦此时三十七岁,还没有获得大学学位。早年的大学学分以及他在其他多所大学所修的额外课程,加上他的飞行经验,让他估计自己有硕士学位的同等学力,但没有正式文凭来证明。要想参与美国的最新太空计划,肯定需要文凭。不管怎样,他决心千方百计也要成为其中一分子。

格伦预料到这项新的使命所带来的机遇,研究了有哪些要求。由于他有和麦克唐纳飞机制造厂工程师共事的经验,知道太空舱会又小又挤,宇航员也需要是小个子。他对自己5英尺11英寸(1.8米)的身高无能为力,但可以将体重减轻。这时候,他已经从事了好一阵案头工作,缺乏剧烈运动、没有节制的饮食以及从不间断的零食使他的体重显著增加。他的体重有208磅(94.3千克),于是他决心让自己瘦下来并加强锻炼。格伦开始自觉地在健身房和户外锻炼身体——跑步、游泳、跳绳和举重,好将目标体重降到178磅(80.7千克)以下。他还恢复了简单饮食,减少卡路里的摄入。

第二章
约翰·格伦：一尘不染的海军陆战队士兵

那时，NASA 尚未确定哪类人会是宇航员的最佳人选。NASA 考虑了擅长各种技能的人士，从体操运动员到走钢丝的杂技演员以及其他有胆量的人，只要能在极端环境下表现优秀的人都有可能。经过大量评选之后，到了 1958 年底，他们已经默默认定试飞员——尤其是那些具有战斗经验的试飞员，是最佳人选。

与苏联的选拔程序类似（虽然当时在苏联境外无人知晓），NASA 筛选了一份 508 名试飞员的名单，然后缩减到 110 名候选人。1958 年 12 月，NASA 发布了官方声明：美国正在启动载人航天计划，代号"水星"，他们需要最优秀的人员操控航天器。

图 2.2　格伦在佛罗里达州一处海滩跑步以保持身材。（NASA 供图）

1959年的头几个月里，格伦收到一个来自海军的指令包，上面有点诱人地标注着"顶级机密"，指示他到五角大楼参加一次简报会。他到了那里，同NASA官员和其他试飞员会面，得知了官方有计划招募表现顶尖的人成为"宇航员"——以前没有任何飞行员听说过这个词。

格伦马上志愿报名参加。"我觉得这件事美妙极了。在我看来，这有点像是继续我在帕图克森特做的那些事情。"这里说的是他作为试飞员的日子，"我一直驾驶我们最高性能的飞机，而他们正在寻找有大量试飞经历……在高速飞机的狭小座舱里操作的人。另一个因素是我从朝鲜回来，有战斗经历。那是另一个加分项。"但他并不能独自做出决定。"我不是头脑一热。我先和安妮说了这事，因为这意味着……我们的家庭生活会有很大变化。我会更经常地不在家……"[10]

而他还有别的动机：上帝和国家。"（这）是我觉得对国家有着重大意义之事，如果我能在那个领域有所贡献，我的飞行才能还会有比这更好的用处吗？"[11]多年以后，他在自传中详细阐述了自己的信仰："我强烈认为，我们每个人都有上帝赋予的独特性格、才华和能力。这种契约关系在我们这头所要做的，就是在我们存在时最大化地发挥这些能力并用于好的目的。"[12]他感觉只要自己足够努力地工作，航天计划将会调动起一些他最深层的天赋和能力。

他后来把这些想法传达给了自己的妻子："安妮，和我交谈过的科学家说我们拥有实现这件事的技术。如果我们能做到，我们就应该去做。如果可以的话，应该赶在苏联前面去到那里……全世界都会看着我们。如果我们打算把宇航员送进太空，那么我希望自己是其中

第二章
约翰·格伦：一尘不染的海军陆战队士兵

一员。"[13]

她的回答很简单："只要你想要做成这件事，你就能做成。"

候选宇航员的数量正在减少。格伦最大的担心挥之不去：他没有大学学位，这一点让他如芒在背。但是，格伦不知道的是，他在帕图克森特河的前指挥官已经悄然前往宇航员遴选委员会为他争取入选资格，还带去了他的学业记录以及他在军队的试飞经历详情。他的话一定很有说服力：其时名单已经缩小到32人，而格伦仍名列其中。

几周之后，他就收到一封信，祝贺他进入下一轮选拔，并通知他前往新墨西哥州的一个航天医疗机构报到，接受进一步评估。其他仅有的细节就是指示他要秘密前往，穿平民服装，不要跟其他人谈及这个项目或他去那里的原因。他和其他候选人收到的都是识别代号，以确保秘密行事。

这个机构是位于阿尔伯克基的洛夫莱斯诊所。这个地方将因汤姆·沃尔夫的畅销书《太空先锋》而在几十年后名声大噪。洛夫莱斯诊所的医疗检测是历来所进行过的最全面的，甚至包括一些自宗教裁判所以来最具侵入性的操作。

在一份NASA口述历史中，格伦描述了他在洛夫莱斯的体验："兰迪·洛夫莱斯是一名空军航空医官。他在宇航员遴选过程中贡献卓著。他在那里有个诊所模样的地方，是研究飞行员身体特征的最先进的场所……所以，我们去了那里，他们对我们进行了所有的检测，每个你所知道的检测，任何他们能对人体做的事情。"[14]

你要脱下鞋子,把脚放进一桶冰水里。当时曾让人对我们进行了一项大型研究,看你对此的反应、你的血压和脉搏的反应,由此得出推论,你是不是容易在以后的人生中出现心脏问题……而平衡测试则是把你放到椅子上转个不停……还有视力检查。每一种他们所知道的如何在人体上进行的测试,他们都做了。[15]

试飞员是一群坚强的人。但当他们被转移到另一家机构进行心理测试的时候,有些人发现这个程序更加难对付:

我们接着去了赖特-帕特森空军基地,那里有一套完全不同的检测。我们在那里接受了所有的心理测试……他们进行了一项我在此之前和后来再没经历过的隔离测试。有一个被称为"回声室"的房间,他们会让你待在里面,你只是坐在一张桌子边,他们会把灯关掉。那里一片漆黑,而且是隔音的。事实上,房间就是设计成让里面鸦雀无声的。这就是这项测试的回声部分。你在里面处于黑暗之中,完全被隔绝;没有声音,也没有光线,他们想看你在里面的反应如何。他们在你身上连着(传感器)导线,这样他们就能看到你的反应。他们不会告诉你会在里面待多久。[16]

格伦坐在这个房间的桌边,当灯光被熄灭之后,他四处摸索着找到一叠纸,在地狱般的黑暗中消磨时间。虽然他看不到自己在做什么,但他写了一首诗,后来献给了安妮。她一直保留着它。

接着是心理评估,其中很大一部分是罗夏墨迹测验(我们会在下文中看到另一名原本有希望的候选人是如何在这一步失去资格的)。随后是心理分析测试,包含560多个问题,是一些看似无伤大雅的主题被一遍又一遍地提问。一些样题如下:

- 我喜欢机械杂志。是 / 否。
- 我喜欢阅读关于犯罪的报纸文章。是 / 否。
- 我极少有便秘的困扰。是 / 否。
- 似乎没有人理解我。是 / 否。
- 要是没有人跟我过不去的话,我可以成功得多。是 / 否。
- 有时候我的灵魂会离开身体。是 / 否。
- 我会看到周围有其他人看不到的事情、人或动物。是 / 否。[17]

(有人怀疑如果对最后一个问题回答"是",可能会吓到做评估的精神病专家。)

另外还有一些填空题,其中至少有二十个"我是 ____"(需要在空白处填写)。格伦的关注点都在诸如"我是个男人""我是个飞行员""我是个父亲"这样的答案上。你只能猜想那些较为可疑的被测试人对一些问题填写了什么答案。

格伦有条不紊地参加了这些程序和测试。其他一些有抱负的候选宇航员则反对某些程序。医生和试飞员(或者说所有的飞行员)是天生的敌人。从飞行员的角度来看,他们能指望从一位医生那里获得的

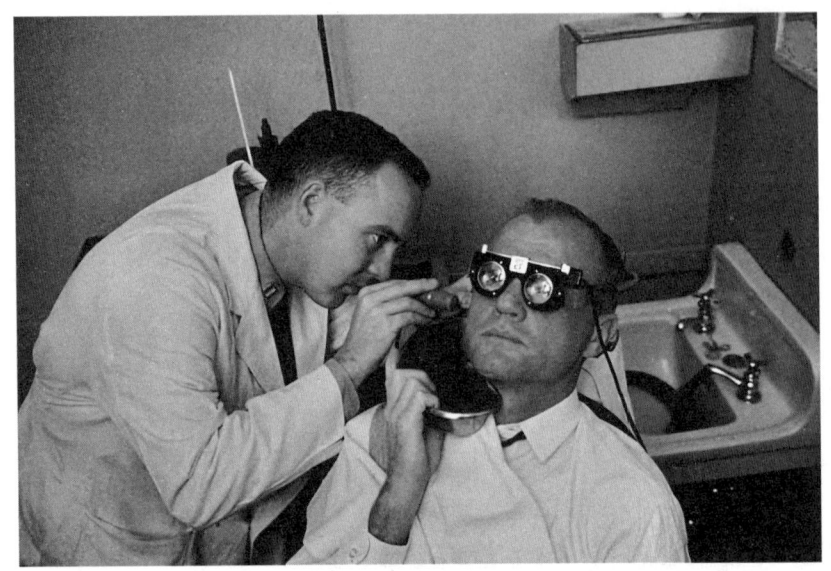

图 2.3　早期宇航员所经受的众多医学检测中有一项是把冰水注入他们耳朵里以评估其平衡感。（NASA 供图）

最好结果是不要让他们停飞，而精神病学家就更加靠不住了。

两周后，所有测试都有了结果，格伦接到了电话："格伦上校，你已经通过了所有测试。你还有兴趣参加这个项目吗？"

他有兴趣吗？当然！"是的，我有兴趣，非常有兴趣。"[18]

七名入选者（他们很快被称为"水星"宇航员，或"水星七杰"）于 1959 年 4 月初在兰利空军基地集合。其中三人来自美国空军，三人来自美国海军，格伦则是海军陆战队的唯一代表。七人分别是艾伦·谢泼德、沃尔特·斯基拉、戈登·库珀、迪克·斯莱顿、弗吉尔·格里索姆、斯科特·卡彭特以及格伦。这是一个大男子主义阵容，

第二章
约翰·格伦：一尘不染的海军陆战队士兵

如果可以这么说的话：自信，近乎傲慢；能干、有建树，并且身体十分健康。斯莱顿是除格伦外唯一的二战老兵，不过其他几人曾在朝鲜当过飞行员。

大约两周后，NASA在4月19日举办了新闻发布会，把"水星"号宇航员介绍给全世界。这是NASA短暂问世以来所举办过的最大型而又全面的类似活动，不仅其管理层应接不暇，宇航员们也是。格伦回忆说："没有人能对我们因为这件事情而受到的关注做好充分准备，仿佛浪潮吞没了你。"[19]他又补充道："我不觉得自己像其他人那样守口如瓶，这既好，也不好。"

实际上，其他人一开始表现得高傲而沉默寡言，反而让格伦很快成为媒体青睐的对象，因为他言谈出众、笑口常开、热情洋溢，还有他那忠诚的爱国主义。早些时候，当被问到家人对他们入选宇航员感觉如何时，其他人都有些拘谨，卡彭特呆板简单地说："他们都像我一样对项目充满热情。"[20]接下来是库珀发言，同样平淡单调："我的家人们也充满热情，我同样如此。"

接着轮到格伦了。他露出了标志性的男童子军的笑容，带着向媒体发言的渴望，口若悬河："如果没有得到家人的全力支持的话，我不觉得我们中任何人真的可以做到这样的事情，真的。我妻子对此的态度和她对我整个飞行生涯的态度始终如一。如果这是我想要做的，她就会是我的后盾。孩子们也是，百分百支持。"[21]

剩下的人也活跃起来，可能是被格伦的表现所带动的（毕竟这是一个竞争激烈的团体），于是发布会顺利了一些。他们一个接一个侃侃而谈，坐在格伦左边的格里索姆和坐在格伦右边的斯科特·卡彭特还逗得媒体人士笑了场。

其他六人回答了更多提问之后，格伦以他活泼而带点虔诚的方式说道："我觉得我们非常幸运，拥有这些才能，被选中来做这样的事情……"其他六人要么盯着前方，要么看着格伦，"我觉得，如果我们在志愿参加这样的事情时没有充分发挥自己的才能，我们每个人都会感到内疚。现在，这对我们国家和对全世界都同样重要。"22

这次新闻发布会只是媒体兴趣迅速发酵的开端。此前，这些宇航员中还没有任何人的飞行高度曾超过喷气式战斗机，却已经被吹捧得仿佛太空飞行只是探囊取物。随着首次发射时间的临近，媒体的兴趣更是爆棚，以至于NASA安排了一位拥有媒体经验的华盛顿知名律师利奥·德奥西来代表这个宇航员团队应付媒体。德奥西同意无偿进行代理——能够在这项紧迫的事业中和这些人共事本身就是一项特权。最终，当媒体等着采访所有七名宇航员和他们的家人时，有关方面决定和《生活》杂志达成独家协议。这份当年杰出的摄影周刊向七人小组支付了50万美元，获准在三年中报道他们的故事。这在当时可是一笔不小的财富。虽然这让其他媒体很恼火，但为时已晚。最后，虽然其他媒体机构的很多信息都是二手的，这多少让人感到沮丧，但《生活》杂志对宇航员们的全面报道让公众的好奇心得到了极大满足。"水星七杰"的家庭从《生活》杂志收到的钱比军队给他们的年薪还要多。

尽管有了这笔额外收入，格伦还是一个朴素的顾家男人。哪怕其他宇航员可能有些张扬，他还是保持沉稳。从他们开的车子就可以看

第二章
约翰·格伦：一尘不染的海军陆战队士兵

出。谢泼德有一辆雪佛兰科尔维特，这是当时在美国速度最快的汽车。斯基拉开一辆奥斯汀-希利3000，是排在捷豹之后最花哨快速的英国进口车。而格伦买了一辆几乎不知名的德国进口车奥迪NSU Prinz。这辆车很小、很吵、很危险，动力不足，只有两个气缸和35马力（约26千瓦）的发动机。奥斯汀-希利有150马力（约112千瓦），科尔维特则有300马力（约224千瓦）。如果你不那么担心能否活着抵达目的地，倒是可以在高速公路上驾驶NSU Prinz。格伦因为这辆车而惹来一些嘲笑，不过他咧嘴一笑，置之不理。他并不需要一辆华丽的汽车来向世界证明自己。

不久后，宇航员们回到赖特-帕特森空军基地。那里的训练是为了让他们准备好适应飞行各个阶段将会产生的强大重力，训练的核心部分在离心机上进行。他们钻进狭小的金属壳里，以越来越快的速度旋转，压力越来越大，方向感迷失的程度越来越高。当重力慢慢提高到正常水平的八倍时，每位宇航员都被指示尝试去操作他们面前的控制板，结果发现他们的手臂这时候沉得像铅块一样。虽然他们都在喷气式战斗机中体验过高倍重力，但这次不一样：它更加持久，更有挑战性，可能最糟糕的是，还有医生在那里观察他们。这并不是一个狭窄的战斗机驾驶舱，在那里成败只有老天知道；他们在这里的训练毫无隐私可言，医生会悄悄做着笔记。

接着，为了测试宇航员在任务中止（可以点燃小型的强力火箭使"水星"太空舱脱离出现故障的火箭助推器）时对可能会产生的超高重力的反应，他们让格伦和库珀接受了多次十六倍重力的离心机测试。

在那种负载下，170 磅（77.1 千克）重的宇航员实际上会重达 2 800 磅（1 270.1 千克）。随后的几周里，他们的背部满是淤青和血管破裂的痕迹。

1959 年 12 月，NASA 开始发射放置了猴子、接着是黑猩猩的"水星"太空舱，来观察灵长类动物对太空飞行会有什么反应。有些医生担心人类在失重条件下会丧失生理功能：他们可能无法吞咽或呼吸，或者心脏可能会停止有效供血。一次又一次的飞行中，灵长类动物上去了又下来，除了受到些惊吓，毫发无损。

接下来，宇航员们被送到位于俄亥俄州克利夫兰的 NASA 刘易斯研究中心，登上历史上所设计出来的最邪恶的机器之一——"多轴空间惯性训练设施"（MASTIF）。这个机器看起来像是从电视剧《星际之门》里搬出来的，在一系列大套环里面放了一把椅子。每个套环都可以沿着不同轴线晃动坐在椅子里的人。这么做是为了把宇航员训练成能操控翻滚的太空舱（后来在"双子座"计划的一次紧急情况中确实发生了这样的事情），而这个邪恶的设施将它做到了极致。

宇航员们要进入驾驶舱，紧紧扣上带子。操作人员会沿着一个轴线让这个可怜虫旋转起来，比如会让宇航员向前转。宇航员有一个手柄控制器，可以尝试控制旋转。当他熟悉了对抗这种运动（毕竟每个人都曾是试飞员），操作人员会加入另一条旋转轴线，直到让他们同时沿着三个不同方向旋转，让旋转变得完全不可预测，从一条轴线急剧转换到另一条轴线。当他们快要完成的时候，他们旋转的速度可达到大约 30 转每分钟。

第二章
约翰·格伦:一尘不染的海军陆战队士兵

之后,工作人员还很贴心地给他们提供了一个小床,让他们可以躺下来休息半小时,或是直到他们不再头晕目眩。边上还放了一个呕吐桶,使用频率很高。

随着体能训练取得进展,课堂学习也齐头并进。天文学对于加深对航天飞行的理解是必不可少的,宇航员们还在北卡罗来纳州的一个天文馆里练习。正如格伦后来回忆说:

> 他们居然在那里造了一个飞船模型。这样一来,这个天文馆里就有了和我们在轨道上飞行时会看到的一模一样的星图。你从小窗口看出去,会看到同样的星图。这个主意是考虑到你在天上完全失去无线电联络的时候,你该怎么下来,你要怎么精确地知道什么时候(给火箭)点火。于是,我们就有了这个玩意儿。我们在这个模型上进行了充足的练习。如果我们失去联络,却能看到经过的星星,我们就会大概知道我们的窗口里出现的会是什么样的星图,我们就能知道在哪里点火,下来回到哪个区域——那将是至少3 000英里(4 828.03千米)以外的地方。[23]

万一飞船上安装的主导航系统失灵,宇航员们要有让自己再入大气层的控制能力。他们还要了解如何在野外生存,以防他们着陆于荒野地带。这使得生存训练变得必不可少。他们所有人都已经在军队里接受过某种形式的此类训练,可NASA又将其推到了新的难度。这不是某一特定地区的战斗生存训练,他们中的任何人都可能降落在从热带到寒带、从广袤沙漠到崎岖山区的各种地点。

"他们想要训练无论降落在哪里我们都需要的生存技能,以防紧急返回时我们不得不降落在什么(预料不到的)地方。"格伦回忆说,"所以我们有沙漠训练、海上训练、丛林生存训练……训练我们怎样在丛林里活下来,怎样活72小时。他们保证会在72小时内到达全世界的任何地方接回我们。72小时是最大期限。"[24]

不过,格伦并不满足于仅仅经受沙漠生存的标准考验。他那永远爱刨根问底的性子对人体的脱水效应充满着好奇。他和主管训练的医生中的一位进行了交谈,志愿进行一次大多数人唯恐避之不及的试验:

> 我问比尔·道格拉斯——他是我们的飞行医生……他是否允许我故意让自己脱水,在外面的头24个小时不喝一滴水。我只是有点想看看那会是什么样。比尔说:"好的。"他会额外多过来几次,确保我没出什么问题。于是我就那么做了。我在外面的头24个小时没有喝一滴水。在那种高温环境下,如果不喝一滴水,身体衰退的速度之快,在我看来实在惊人。[25]

格伦在沙漠的高温中坚持了一天一夜。

> 在那次试验的最后时刻,比尔让我尽情喝水。如果我没把数字记错的话,在接下去的9个小时里,我喝了15品脱(约8.5升)的水,没有任何后遗症的迹象。所以人的确能让自己马上变憔悴,

这给我的印象很深。²⁶

在宇航员们准备飞行的同时，NASA 的工作团队也在准备设施。他们已经让猴子飞行过了，但现在要上去的是人类，安全性更是重要得多。"水星"太空舱将搭载两型不同的火箭飞行。头两次载人飞行会由"红石"火箭携带升空，这是一种军方几年前部署在欧洲的中程核导弹，已经在测试中证明非常可靠。问题是"红石"火箭只能产生 70 000 磅（约 31 751 千克）的推力（还不到单个波音 747 发动机所产生推力的两倍），无法将重达 3 000 磅（约 1 361 千克）的"水星"太空舱送进轨道。这个任务将由更大型的"阿特拉斯"火箭完成，这是另一种经改装的核导弹。

"阿特拉斯"火箭是一种完全不同的存在。"红石"火箭源自第二次世界大战时期罪恶的德国 V-2 火箭，而"阿特拉斯"是由美国设计师从头开始自行制造的。它是一头奇特的猛兽，由超薄的不锈钢制成：基本上就是在一个脆弱的金属罐顶上放了一个整流罩。箭体很薄，如果不加压，火箭连自身重量都无法承受；处置不当的话，它会像一堆湿纸袋一样皱成一团。虽然它是一种有效的早期核弹头载具，但这型脆弱的火箭并不能让人有足够信心用它把宇航员们送入轨道。然而，美国方面已经了解到苏联正借助更大型、更结实的火箭，积极地想要把宇航员送进太空，而"阿特拉斯"火箭是美国唯一可以使用的。只能赶鸭子上架了。

在训练早期，"水星"宇航员获邀观看他们升天坐骑的发射试验。

他们聚集在卡纳维拉尔角的发射台观看区，期待着见证火箭发射，而他们以前都没看过。到了预定发射的时间，"阿特拉斯"火箭的三个发动机点火，它的底部被橘红色火焰吞没。倒计时结束的时候，它腾空而起，壮观极了。接着，起飞后一分钟，"咔——嘭"。在格伦看来，空中好像有一个核弹爆炸了。目睹"阿特拉斯"火箭陨落的体验如同当头棒喝，七名宇航员转身就喝酒去了。

"阿特拉斯"火箭自20世纪50年代中期以来就一直在研发中，不过一直未攻克难关，失败率超过50%。这不免让人担心。不过由于两个超级大国在为第一个"进入太空的人"进行角逐，宇航员们无论如何也要坐上它升空。唯一的区别在于负责精密火箭研发的NASA和美国空军能在短时间内让它变得多可靠。

尽管"阿特拉斯"火箭持续出状况，项目还是迅速地进行着，看起来美国对第一个把人类送进太空胜券在握……直到1961年4月12日。那一天，在半个地球之外，尤里·加加林乘坐"东方"1号绕着地球轨道飞行了一圈，这让美国人对本国载人航天计划的自信一落千丈。西方媒体在报纸、电视和电台中向全世界宣告苏联的成就：苏联已经把第一个人类送进了太空。

尤其让美国人痛心疾首的是"水星"飞船和"红石"火箭已经整装待发有一段时间了。宇航员们也都做好了准备，艾伦·谢泼德和作为他替补的格伦一直在为第一次飞行进行训练。但是，负责美国火箭的韦恩赫尔·冯·布劳恩想要对"水星-红石"的组合做更多测试，拖延了时间。"我们原本可以是第一的。"他们心里想。现在，任务成了

第二章
约翰·格伦：一尘不染的海军陆战队士兵

怎样赶上苏联。

仅仅几周之后的 5 月 5 日，谢泼德乘坐"水星"飞船升空。这是一次短暂的亚轨道飞行：从开始到结束只有大约 15 分钟，而苏联飞船则飞行了 108 分钟。不过这已经足够了，美国也已经实现首次载人进入太空，虽然尚未进入地球轨道。

时任美国总统肯尼迪在除了对 NASA 的高层和小范围政府顾问之外几乎没有提及的情况下，忽然语惊四座。5 月 25 日，距离谢泼德的飞行仅仅过去几周，他站在国会里，在一次面对议员们的常规演讲快要结束时，他通告全国：

> 我认为这个国家应该承诺在这个十年结束前，实现人类登上月球并安全返回地球的目标。[27]

他接着又用几分钟讲如何来实现这一目标，不过他的意图很明显：虽然第一次载人航天飞行只有 15 分钟，但美国将向月球进军。这是个让人振奋的时刻。

随后在 1961 年 7 月 21 日，"水星"飞船又进行了一次亚轨道飞行，由格里索姆操控。格伦变得不安起来：他原以为自己至少有一次能成为早期飞行中的第一人选，却给谢泼德和格里索姆当了几个月的陪衬。这很折磨人——他知道他们七个人都非常合适，但他又觉得他的"一尘不染的海军陆战队式"倾向多少有点拖他的后腿。几个月之前，他曾经批评过其他六名宇航员，训斥他们中的一些人在训练后经常光顾酒吧，还

图2.4　格伦（左）和弗吉尔·格里索姆（中）、艾伦·谢泼德（右）。他们是美国航天计划中飞上天的头三位宇航员。（NASA 供图）

第二章
约翰·格伦：一尘不染的海军陆战队士兵

和在那里逗留的单身女郎调情，并表示这会让美国的航天计划蒙羞。他由此遭到其他人的排斥，他们认为自己在下班时间做什么不关他的事。格伦觉得就是这个行为让他失去了成为第一人的机会：飞行员的兄弟情很重要，而他的古板并不受人欢迎。由于冯·布劳恩等人想要再多进行几次亚轨道飞行以进一步测试硬件，格伦认定自己会在重大行动——美国首次轨道飞行——之前的又一次亚轨道飞行中飞上天空。

他大错特错。

8月6日，苏联把另一名宇航员格尔曼·季托夫送入太空，这一次，"东方"号绕轨道飞行了十七圈。这下美国人忍不了了。即使是NASA内部的保守派工程师都同意"水星-红石"组合进行两次亚轨道飞行已经足够。NASA决定"水星"计划的下一次任务将是搭载仍然让人害怕的"阿特拉斯"火箭进入轨道，而格伦将会坐进驾驶舱。发射日期定于1962年1月16日。

格伦开始整天待在程序练习器上，确保自己把飞行的每个要点都弄明白。他经受了七十次全面模拟，二百多个问题朝他抛来，他太忙了，几乎没注意到NASA把发射推迟到了1月23日。他还有一个小小的心事，那就是拍照。他真心觉得自己应该为NASA宇航员的首次轨道飞行带一部照相机上去，但任务计划人员觉得照相机会造成干扰，可能会给任务带来负面影响。宇航员都已经被分配那么多职责了，额外增加一项照相的任务又能怎么样呢？格伦觉得很荒唐，秉性使然，他去上级那里进行了投诉。

格伦去见了罗伯特·吉尔鲁思——NASA的载人航天飞行负责人。

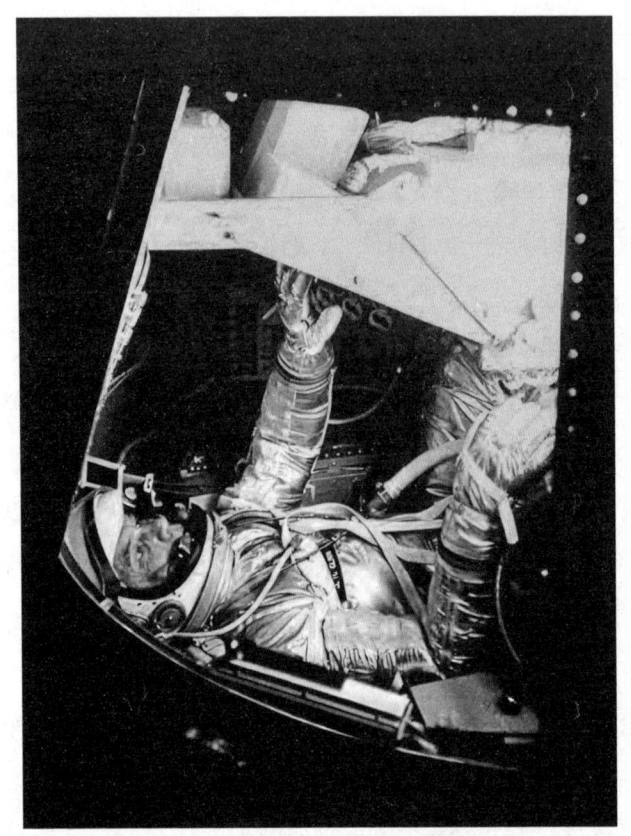

图 2.5　1962 年，格伦在"水星"号模拟器里。（NASA 供图）

他开门见山地说："这太荒唐了。我需要拍些照片，因为人们会想看看宇航员看到的是什么景色。我不会把自己的安全和驾驶飞船的任务放在次要地位。"[28] 吉尔鲁思同意了，格伦会得到照相机。

万事俱备，但糟糕的天气导致发射一再推迟。电视台已经在卡纳维拉尔角安排了人手进行电视直播，他们和所有人都迫不及待想看到

第二章
约翰·格伦：一尘不染的海军陆战队士兵

图 2.6　1962 年，格伦站在他的"水星"飞船"友谊"7 号前。（NASA 供图）

火箭升空。可新闻节目没东西可播的，连标题都从"今天是个好日子"换成了"今天会是个好日子吗？"。这几乎像媒体之间的赌博游戏，看谁能准确预计发射日期。

1 月 27 日，天气好转，格伦在天亮前就穿戴整齐。不久之后，他就乘电梯上了发射塔，并被密封进狭小的"水星"太空舱。舱门上栓关闭，剩余的空间只够他在里面活动自己的胳膊，控制面板就在他前面 2 英尺（60.96 厘米）的地方。接下来的六个小时他一直坐在那里，直到中午。显然，他们那天不会发射了。工作人员把舱门打开，让格伦离开。

格伦等了几周才等来再一次发射安排。终于，在 2 月 20 日，是出

图 2.7　格伦在 1962 年一次夭折的发射之后和发射台运行主管冈瑟·文特扮鬼脸。（NASA 供图）

发的时候了。这是第十一个"计划"发射日期，也许这次也一样？格伦在凌晨 1 时 30 分起床，去餐厅吃了早餐。这还仅仅是 NASA 的第三次载人飞行，不过发射日的早餐已经成为"传统"样式：挑选的食物能填饱肚子，能为接下来高要求的任务提供能量，还要"低残留"，也就是说，在此后几个小时里要比其他食物引起更少的肠蠕动。"水星"太空舱里没有如厕设施，里面甚至没有足够空间来容纳这些设施。格伦和几位 NASA 官员以及迪克·斯莱顿一起吃了牛排和鸡蛋。天气情

第二章
约翰·格伦：一尘不染的海军陆战队士兵

图 2.8　1962 年，约翰·格伦带着他的便携式空调设备整装待发，和技师们前往发射塔。（NASA 供图）

况还不确定,可能有 50% 的发射机会。无论如何,他们都会再次尝试。

很快他就穿戴整齐,登上转运车前往 34 号发射综合体。天还没亮,"阿特拉斯"火箭已经起竖,看上去像是一支银箭指向黑色的天幕。到太阳升起的时候,格伦已经乘坐电梯上升到离地面大约 85 英尺(25.91 米)的太空舱。技师很快将他在太空舱内安置好,舱门又一次用螺栓密封上了。

格伦一边等待,一边核对着检查清单。他又等待了一段时间。在发射延迟期间,他通过无线电和斯科特·卡彭特聊着天,然后又和家人说了一会儿话。最后他结束和妻子的通话,说:"嘿,宝贝儿,别害怕……我只是到街角商店买包口香糖。"[29] 这是他自战争年代起就和安妮说的。不必烦恼。没什么大不了的。到后来,她已经习惯了。每个人都向格伦表达了他们的爱意。接着,我们言归正传。

外壳轻薄的"阿特拉斯"火箭在他脚下咯吱作响。这是在加满极冷的液氧后,金属管道和配件发出的声响。发动机很快就要点火,每秒消耗 1 吨燃料,将以 341 000 磅(约 155 吨)的推力把整个薄薄的不锈钢箭身推起。格伦希望助推器不会像个可乐罐一样松松垮垮。自从早期那些失败发射之后,火箭已经得到了改进和加固(居然只用了两三年时间),格伦对它很有信心,但是当他一眼在黎明前的光亮中看到火箭矗立在那里时,还是不得不强迫自己别勾起以往"阿特拉斯"火箭发射失败的记忆。

现在,倒计时在继续,没有额外的耽搁。在还剩 18 秒点火的时候,控制权转到了火箭的机载程序器。这时候已经没有回头路了:他

第二章
约翰·格伦：一尘不染的海军陆战队士兵

终于要起飞了，而这次将进入轨道。

美国东部时间9时47分，发动机点火。几秒钟之后，固定臂松开，他出发了。火箭慢慢启动，随着燃料罐的排空，速度加快：重力最大的时候达到正常水平的大约八倍，但随着火箭接近轨道就降了下来。

任务开始仅5分钟，"阿特拉斯"火箭三台发动机中的最后一台关闭，"水星"太空舱脱离了助推器。约翰·格伦在轨道上了，他身上寄托着国家的希望。他通过无线电和地面通话时充满自豪："零重力，我感觉良好……"[30] 过了一会儿，他又欣喜地说："哦，景色太壮观了！"

稍过片刻，太空舱翻转到隔热罩朝前飞行，格伦可以看到"阿特拉斯"火箭在他身后缓慢翻腾，发动机已经停止工作，它的使命完成了。太空舱联络员艾伦·谢泼德告诉格伦，他要至少绕轨道飞行七圈，尽管任务原计划只飞三圈。当然，前提是一切都继续正常运转。

当他飞越大西洋、接近西班牙的时候，格伦测试了操控系统。虽然"水星"太空舱被设计为可以自动保持方向，但宇航员也能直接控制小型推进器，可以在需要的时候改变太空舱的朝向。系统通过了核验。

格伦随后取出了他极力争取才随任务带上天的照相机——一部小巧的美能达35毫米袖珍相机。NASA曾考虑昂贵的徕卡等品牌的相机，但它们都没法进行适当改装而用于飞行。格伦则在不久前逛到卡纳维拉尔角附近的一家杂货店，看到了它：一部美能达35毫米相机，带自动光圈控制。他当场支付了45美元，NASA从来没给他报销这笔钱。

这绝对是航天计划中最便宜的部件。"

格伦举着略微改装过的照相机,在 100 英里(160.93 千米)高度的轨道上飞向非洲的时候,拍了一些照片。

当他穿过非洲东海岸上空时,格伦(在狭小的飞船中可施展的范围内)稍许活动了一下筋骨,并为桑给巴尔的 NASA 跟踪站里的医生记录了医疗读数,之后被传回卡纳维拉尔角。"我们想试验一些运动设备,"格伦回忆道,"所以我们带去了弹力绳。我在量血压前用过几次,这样我们就能看到在太空中锻炼有什么效果。"[31] 他重复这些医疗测试,基本上是血压读数、视力检查以及其他一些没有被他体内外连接着的生理传感器所追踪的事项。NASA 想要尽可能多地了解宇航员在飞行中的生理状况。一切检查都很正常。

格伦继续飞行,此时任务已经进行了 45 分钟,他进入了地球暗面——夜间的轨道。快速的日落非常壮观,天空变黑后,他花了些时间识别星座。这对将使用天文导航来进行航向修正的后续任务来说非常重要,尤其是对"阿波罗"计划来说。

当他接近澳大利亚海岸的上空时,格伦能看到底下闪耀的灯火。他的宇航员伙伴戈登·库珀是那里的跟踪站的太空联络员,在格伦飞过时和他友好地闲聊。格伦回复道:"这会是我度过的最短一天。"库珀慢条斯理地说:"过得有点太快了,对吧?"

格伦找到了昴星团,也被称为七姐妹星团,对它的美丽惊叹不已。接着,他的目光转回地面的灯光。库珀提过格伦可能会留意到下面的灯火,他的确看到了。格伦说:"我能看到一个镇子的轮廓,它的南面

第二章
约翰·格伦：一尘不染的海军陆战队士兵

有一道非常亮的光。"

库珀说："你看到的是珀斯和罗金厄姆。"当地居民特意在夜晚开着灯，当格伦飞越时，许多人出来挥动手电筒。这样的举动让他深受感动。"收到，灯光看得很清楚，"他热切地说道，"请帮我谢谢每个开着灯的人，可以吗？"库珀回答说："一定照办，约翰。"

格伦飘向夏威夷，并吃了第一顿饭———一管苹果泥。这没什么特别的，它不过是牙膏壳里挤出来的普通苹果泥。医生希望确保他能在零重力的环境适当吞咽，哪怕有足够证据表明苏联宇航员在他们越来越久的飞行中没有这方面的问题。

格伦的任务刚过一个小时，他飘向了第一次轨道日出，一切都很顺利。他非常喜爱日出和日落，说他在自己的脑海里"收藏着它们"。对他来说，它们是上帝给人类的最伟大的礼物。接着，有其他东西引起了他的注意。

他和地面上位于坎顿岛的最近的跟踪站进行了无线电通话。坎顿岛是一座位于广袤的中太平洋上的小岛。"我正处于一大团成千上万细小的微粒中，它们很亮，好像在发光，"他说道，"它们是明亮的黄绿色，每一粒大概是一只萤火虫在漆黑夜里的大小和亮度。我从来没见过像这样的东西。"[32]

当他进入位于墨西哥瓜伊马斯的下一个跟踪站时，他继续尽可能详细地描述这个幻影：

它们围绕着太空舱，还到了窗前，它们明亮极了。它们可能平均相距七八英尺（2.13—2.44米），我能看到它们全都在我下方，而且……它们非常缓慢，以大概三四英里每小时（4.82—6.44千米每小时）甚至更低的速度离开我。它们的速度和我差不多，只是略微低于我的速度。完毕。但是，它们真的……真的和我的运动很不一样，因为它们绕着太空舱，然后离开了我看着的方向。[33]

格伦对地面的冷淡反应感到意外：太空舱联络员只是继续读取点火设置参数，为马上开始的再入大气层做准备。他不知道的是当他的汇报送达"水星"控制中心的时候，那里的人们开始担心。飞船出了什么问题吗？是什么东西掉落了，才留下发光的碎片漂浮在太空舱周围？有些人推测：隔热罩可能以某种未知的方式瓦解了，尽管它已经被全面检测过，但他们担心可能疏忽了什么。

但格伦没有太多时间来详述这些"萤火虫"。一个新的小问题又引起了他的注意：一个助推器开始点火。这很奇怪，因为飞船似乎正位于正确的方位，自动制导系统没有合理的原因让助推器点火。接着，另一个助推器点火以修正运动方向。他想，也许这只是一次性事件。但当这种情况再次发生时，格伦用电传飞行控制系统进行接管，用手柄操控航天器。然后他切换回自动模式，助推器又开始点火。格伦和"水星"控制中心进行了无线电通话，他们同意他暂时将系统置于手动控制之下，以免他的机动燃料储备耗尽。

进入轨道的第二圈时，他注意到一个助推器完全停止了工作。这不算紧急情况。每个轴心方向都有两个助推器，一大一小，但这肯定

第二章
约翰·格伦：一尘不染的海军陆战队士兵

是他要在飞行后的简报中指出的情况。

接着，当他飞越印度洋时，"水星"控制中心传来了一个让人不解的呼叫。他们说："把你的着陆袋开关放到'关'的位置。"他说它已经在那个位置了，并且他知道在飞行的这个节点，没有理由去改变它。着陆袋安放在隔热罩和飞船之间，会在溅落之前展开，在太空舱掉进大海时充当缓冲垫子。

当他正为这条消息迷惑不解时，注意到太空舱再次偏离了轴线。在自动设置下测试操控系统导致飞船在多个轴线方向俯仰和偏航。对陀螺仪系统（向飞船显示其指向方位的旋转设备）的目视检查显示：它以为自己处于正确方位。但格伦的眼睛告诉他的是另外一回事。

"我这儿的 ASCS（格伦的姿态控制系统）有一些问题。我的姿态和我从窗户看出去的并不匹配。"他的燃料降到了只剩大约 60%，而飞行才刚刚进行到原计划最少三圈轨道的一半。他再一次切换到手动控制以节省燃料。

当他再次飞临澳大利亚时，库珀回到无线电上来，要求确认着陆袋的开关位于"关"的位置。这实在让人恼火。

"我确定。着陆袋开关位于中间的'关'的位置。"

库珀接着问格伦是否在操控飞船时听到任何"咚咚"的响声。格伦回答说"没有"。"他们想要这个问题的答案。"库珀神秘兮兮地说。

格伦曾是一名飞行员、一名海军陆战队员，现在是一名宇航员。在前两个岗位上，他得无条件服从命令。不过作为一名宇航员，他感觉自己理应得到一些是什么情况让他们如此担心的提示。不过库珀没有再说什么。

随后，在下一个跟踪站上空，他终于收到了地面控制人员在担心什么的小小提示。"我们也没有任何迹象表明你的着陆袋可能打开了。"他们说道。啊哈！可能他们在担心他此前报告的"萤火虫"，它们几分钟之前又出现了。这是着陆袋提前打开的结果？不过格伦一直等到最后，都没更多信息传来。

格伦再次飞入白天，开始第三圈轨道飞行。他又回到自动姿态控制来测试系统，得到的还是同样的结果——姿态指示器认为没有偏差，但他却能看到航天器偏离了航向。他又回到了人工控制。

当他飞过夏威夷时，格伦终于得到了着陆袋神秘事件的答案。那儿的太空舱联络员说："我们一直在地面上解读51段的指标，那是着陆袋的配置。我们认为这是一个错误信号。但是，卡纳维拉尔角想要让你检查这个，把着陆袋开关调到'自动'位置，看看你是否会看到亮灯。"

现在，格伦理解了情况的严重性——他最糟糕的设想得到了确认。如果着陆袋已经展开，那意味着隔热罩松了，在几英尺的充气垫上翻来覆去。如果隔热罩在返回时滑到一侧，会使太空舱与大气层摩擦产生的炽热进入太空舱底部，这会把他烧成灰烬。同样，哪怕隔热罩只是略微偏离轴心，也可能导致太空舱翻滚，还会导致太空舱失去隔热罩保护。任何一种情况都会带来致命后果。

格伦后来说："我记得当时自己心里在想，如果隔热罩有些脱开而且没有正常工作，那么首先我会感到后背发热。若是真那样了……也

第二章
约翰·格伦：一尘不染的海军陆战队士兵

不会拖得太久。"[34]

但"水星"太空舱上还有另一道防线：制动火箭发动机组。在这个和隔热罩绑在一起的部件里，有三个小火箭，设计目的在于让飞船的速度降低到足以再入大气层。根据设计，减速火箭将点火，然后包裹它们的部件（制动组）会通过引爆小型炸药将三条金属系带切断，从而被弃置。制动组会在太空舱扎进大气层之前就飘走。

格伦将着陆袋的开关按要求移到"自动"位置，灯并没有亮：一切显示正常。但地面指挥中心那里还是有一个指示灯表明着陆袋已经打开。考虑到着陆袋会成为一个棘手问题，飞行指挥决定绕轨道三圈就结束任务，这也是他们计划的最低圈数。

距离制动火箭点火只剩几分钟的时候，耳机里传来了美国西海岸的太空舱联络员沃尔特·斯基拉的声音："约翰，在你飞过得克萨斯的时候，让制动火箭发动机组一直开着。"格伦答应了。三个制动火箭中的第一个准时点火，接着是第二个、第三个。约翰·格伦要回家了。他要么是以第一个进入轨道的美国人的胜利者身份回家，要么是作为一朵炽热灰烬形成的火烧云回家。

当他飞越得克萨斯州时，高度开始下降，格伦又收到一条消息："我们建议你在整个返回过程中把制动火箭发动机组开着。"格伦告知他们自己明白。他再次问了这是为什么。他想要听些解释，但没有得到回答。

终于，当他最后一次飞越佛罗里达州的时候，在控制中心操作控制台的艾伦·谢泼德说话了："我们不确定你的着陆袋是不是展开了。

我们认为让你开着制动火箭发动机组返回是可能的。这种返回目前在我们看来没有难度。"

终于！有一个他的"自己人"——另一名宇航员来传达这个消息。格伦当时并不知情，在任务控制中心曾就应该告诉他多少内容而爆发了争吵。其他宇航员坚定地认为，作为一名飞行员（以及宇航员），格伦应该确切知道他们在地面所掌握的关于飞船的情况。包括医生在内的其他人则担心格伦会惊慌失措。谢泼德等人觉得这很荒唐：他们都在战斗中面对过更糟糕的情况。争论在格伦飞行的很长时间内没有停歇，直到他返回并进行任务后的汇报时才得到解决。他在任务后的汇报中清楚表达了自己的感受：从今往后，NASA应当立刻告诉宇航员他们知道的所有情况。讨论到此为止。

当格伦脱离轨道时，又收到一个来自谢泼德的不完整的建议，然后……一片静默。

格伦已经进入地球大气层，空气的电离效应现在正炙烤着他的隔热罩，阻断了所有无线电通信。他将孤身一人，裹在耀眼的火团中猛扎下来，直到临近溅落。

太空舱震动、摇晃，他沿着一道曲线朝大西洋坠下。让格伦松了口气的是隔热罩似乎如计划中的那样工作了。正如他后来回忆道："在再入大气层期间，隔热罩的温度有3 000华氏度（约1 649摄氏度）左右……而等离子层前方2.5—3英尺（76.2—91.4厘米）处，则升高到大约9 000华氏度（约4 982摄氏度），和太阳表面的温度相近。因此，隔热罩就位是非常重要的。"[35]不愧是试飞员，竟能把话说得这么轻描

第二章
约翰·格伦：一尘不染的海军陆战队士兵

淡写。

隔热罩在地面和试飞中都测试过，不过格伦是第一位在返回时把自己的生命托付给"水星"太空舱设计师的美国人。斯基拉曾在不久前和格伦的谈话中开过一个如今尽人皆知的玩笑，说这些部件是"最低出价者"制造的。这话当时惹人发笑，但现在他明白这可不是闹着玩的。

他下坠，下坠，下坠。一团明亮的橙黄色包裹着太空舱，这是他通过窗口向外所能看到的。接着有一记沉闷的响声，有一些白热化的金属碎片飞过窗口：制动火箭的系带熔化脱落了。现在只能听天由命了。按照格伦的想法，他的性命掌握在上帝手里。

当他降至45 000英尺（13.72千米）的高度时，他再次试了试手柄，随即意识到燃料已经用完了。不管怎样，无论他这时怎么做，辽阔的大西洋都在等候着他。在25 000英尺（7.62千米）的高度，一个被称为"刹车伞"的小型降落伞打开，让下坠中的飞船保持了稳定。又下降了15 000英尺（4.57千米）后，大型主降落伞打开了。不到片刻，他就感受到一次猛烈的撞击。格伦随即漂浮在海上，等待着海军的搜救队。

这次飞行是一次累人的经历，问题层出不穷，格伦却感觉千金难买。

海军把他送到了加勒比海的大特克岛，其他宇航员正等在那里……还有一群NASA的医生、工程师和技师。任务后的汇报是艰难但又必需的，他们想尽快把他的飞行印象记录下来。当他回到卡纳维拉尔角时，这道程序仍在持续。除了严厉指出要让宇航员了解飞船在飞行中出现的状况，格伦都耐心地配合着。

接下来就热闹了。NASA 成功地把第一个美国人送进了轨道。艾伦·谢泼德的飞行所引起的反响就很热烈，而格伦所受到的欢迎与之相比更是以指数级攀升。格伦一回到佛罗里达就和家人团聚了，然后他们被车载往可可比奇参加一次即兴游行。人群分列在 20 英里（32.18 千米）长的道路旁，他们鼓掌，挥手，抛来飞吻。格伦友好平易地回应，但这只是一个序曲。

不久后，格伦到了华盛顿，向总统汇报他的探险之旅。随后，他和妻子一起登上一辆敞篷汽车，参加在宾夕法尼亚大道举行的游行。这次的场面比在可可比奇要大得多，街上挤满了形形色色的民众：欢呼的，挥舞旗子的，哭泣的。格伦和安妮应接不暇，NASA 的公关团队也一样。他们预计公众会很热情（谢泼德的那次飞行已经明确了这一点），不过这场面仍然出乎他们意料。

游行的终点是国会大厦，国会议员已经集合在那里，等着听美国最新的太空壮举。格伦尽己所能表现为一个真实、谦虚的美国英雄。他最后说道："随着我们对自己生存其中的宇宙的了解不断增加，愿上帝赐予我们智慧并指导我们如何明智地使用它们。"[36] 他得到了议员们的起立鼓掌。

随后是穿越纽约街道的敞篷车大游行，这是他的义务。不过，格伦向 NASA 明确了一件事情：宇航员是作为一个团队完成了这次飞行。这不是为约翰·格伦一个人举办的游行，而是为所有曾经以及即将冒

第二章
约翰·格伦：一尘不染的海军陆战队士兵

图2.9　1962年，格伦和肯尼迪参加可可比奇的即兴游行。（NASA供图）

着生命危险上天的人。NASA默许了，格伦的队友和他一起参加了活动。整个城市几乎倾巢出动，所有的以往纪录统统被打破：在宇航员游行中所抛撒的纸片——电报纸条、撕碎的信件和报纸、电话簿碎片，其纯重量超过了以前任何一次庆祝活动。超过400万民众在纽约3月的凛冽空气中参加了这次活动。

接着，格伦回到了家乡俄亥俄州新康科德接受庆祝。又一个城市，又一场游行。不过，这次显得更加超现实。格伦回忆说："新康科德通常有大约1 100名居民，大学里还有大约1 000名学生。一个1 500人的小镇涌进了大约5万人，那真是难得一见。"[37]

图 2.10　约翰·格伦在他的"水星"飞行之后和安妮在一起。（NASA 供图）

不出所料，一些有影响力的人随即开始猜测格伦在政治上可能的前途。《纽约时报》专栏作家詹姆斯·赖斯顿写道，格伦展现了"人类的最佳品质"。[38] 共和党建议他竞选总统。也有人建议他竞选国会议员——其中有格伦新交的朋友罗伯特·肯尼迪。眼下，格伦决定留在宇航员队伍里。可不久后他就改变了想法。

格伦继续为 NASA 工作，但在案头工作和外出履行公关义务之间交替，他被越来越多地用来向政客和公众证明这个项目开支的正当性。在那段时间里，"水星七杰"的其余成员也完成了他们创纪录的飞行。格伦乐于支持这个项目，但他更渴望再一次执行飞行任务。他一等再等。"水星"计划在 1963 年结束。到了 1965 年，"双子星"计划安排宇航员驾驶改进后的、性能得到极大提升的双座新飞船，但格伦却逐渐感觉到那里不会有自己的位置。是向前看的时候了。

第二章
约翰·格伦：一尘不染的海军陆战队士兵

1964 年 1 月，他宣布自己将作为俄亥俄州的代表竞选美国参议院席位，但这也没有持续很久。竞选活动才进行了一个月，格伦就在浴室里滑倒，重重地磕到了头。有几个月时间，他都感到严重眩晕，几乎无法站立，更不用说在竞选活动中和人握手了。不到两个月，他就宣布退出竞选。"我不想只靠着一个家喻户晓的名字参选。"他这样说。[39]

1965 年，格伦同时从 NASA 和海军陆战队退役。第一个进入轨道的美国人下一步打算做什么呢？在考虑了诸多机会之后，格伦开始在一家软饮料公司——皇冠可乐担任高管。他喜欢业务上的挑战，仍继续为 NASA 出席公关露面活动，并把自己的影响力延伸到推动美国男童子军和其他非营利机构方面。

经过五年的企业生涯，格伦又一次参加了参议院竞选，但在初选中以微弱差距落败：他的竞选资金严重不足，只有对手开销的四分之一。1974 年，他又一次竞选，赢得了参议院席位。他在 1980 年以俄亥俄州政治史上最大的胜出优势获得连任。[40]格伦打算在 1984 年竞选总统，但竞选活动很短暂，他很早就退选了。他在 1986 年再次获选，重返参议院，在 1992 年又赢得了他的第四届任期。另外，格伦积极参与了反对核扩张的重要事务。

格伦在他的参议院任期中，一直是 NASA 预算的坚定维护者。这是他保持参与这个航天机构事务的一个途径。在内心，他仍然渴望再次进入太空探险。航天飞机自 1981 年以来一直在飞行，除了 1986 年在"挑战者"号失事后经历了短暂关停，始终频繁进入太空，在太空停留的时间也越来越长。NASA 在这一阶段观察长期失重对人体的影响，格伦对这些研究投以密切关注。对他来说，这些影响——骨骼密度的减小、视力变差以及其他病征，和普通人在变老时所遇到的情况没有什么不同。他游说 NASA 在频繁的航天飞机飞行中按照这些思路在太空中做一些实验，然后试图推进自己的计划——他自愿作为实验对象参加。

他的请求得到的是礼貌的笑容和讨巧的言辞，因为他是一个七十

图 2.11　1965 年的约翰·格伦及妻子安妮。（NASA 供图）

岁高龄的前宇航员。并没有人把他的话当真，哪怕是在 NASA 的高层：他曾和时任 NASA 局长丹尼尔·戈尔丁会面，提出了自己的要求，对方回以礼节性的笑容并感谢他对这项事业的关心。

格伦即将抵达自己参议院生涯的终点，他在 1997 年决定在该届任期结束就卸任。过去这些年来，他仍旧怀着乘坐航天飞机飞行的梦想，并一直定期体检，以确保自己体质合格且总体上健康——以防万一。1998 年 1 月，他接到了 NASA 打来的电话：是戈尔丁。他说："你是我所遇到的最持之以恒的人。"[41] 戈尔丁说格伦的身体条件已经通过了考核，他最终决定要送他回太空。

格伦被分派到 STS-95 任务，这是"发现"号航天飞机在 1998 年的一次飞行。这次他不会担任飞行员——那是留给更年轻、更朝气的宇航员的，他们只驾驶过航天飞机。他将担任负载专员，这是给非驾驶岗位的航天飞机宇航员的一般类别任务，即作为密集医疗测试的对象。他七十七岁了，将成为进入太空的年纪最大的人，直到今天还保持着这个殊荣。他的年龄是其他宇航员平均年龄的两倍，他对此毫不在意。

新的时间表让格伦回想起 20 世纪 60 年代早期他在休斯敦和佛罗里达之间来回参加培训，偶尔回家探亲。1998 年 10 月 29 日，在完成了准备和训练之后，"发现"号驶入轨道。在接下来的九天，格伦参与了医疗实验，他既是研究者，又是被测试对象。他还被分配执行飞行中摄影录像的相关任务。他没有感觉不适，研究也得出了他觉得非常重要的结果，但这些研究并没有得到足够跟进，使得他后来表达了一些失望。

当"发现"号返航,让他似曾相识的是在通往约翰逊航天中心的主干道上,举行了一次简短的彩带游行。这和1962年在纽约的那次不可同日而语:当他在车中沿着大道缓慢前进时,人们从人行道上而不是从摩天大楼中抛撒纸带和纸屑,因为航天中心周围的区域都是平地,和NASA机构曾经坐落的沼泽地类似。不过,没有人介意游行规模过于低调——约翰·格伦这位美国大英雄又一次从太空中安全归来。

格伦在参议院的最后任期于1999年1月结束,他有着漫长而傲人

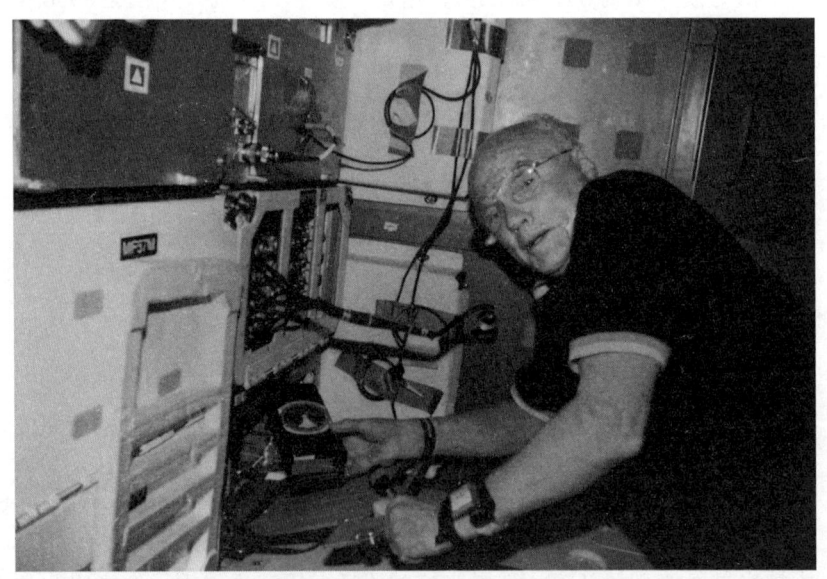

图2.12 格伦在STS-95航天飞机任务期间进行骨质疏松症(骨骼密度)实验。(NASA供图)

第二章
约翰·格伦：一尘不染的海军陆战队士兵

图 2.13　格伦在搭乘航天飞机飞行后和时任 NASA 局长丹尼尔·戈尔丁（左）同行。（NASA 供图）

的职业生涯，如今他终于从公共视野的各个角落彻底退休。

约翰·格伦于 2016 年 12 月 8 日去世，享年九十五岁。他的终生挚爱、与他携手七十三年的爱妻安妮守护在他身边。这是他最后一次"去买包口香糖"。

第三章

瓦莲京娜·捷列什科娃：
飞翔的海鸥

尤里·加加林叫她"柴卡",这是俄语"海鸥"的意思,这对一位二十多岁的年轻女性来说似乎是一个合适的称呼。她还是一位体操运动员,在苏联卫国战争后最艰苦的时代长大。在获选进行太空飞行之前,瓦莲京娜·弗拉基米罗芙娜·捷列什科娃一直是个简单的女孩,她是一家服装厂的年轻纺织工人,没怎么受过正规教育。除了热爱跳

图 3.1　1962 年,瓦莲京娜·捷列什科娃在训练中。

伞，她和其他千百万苏联女青年没什么两样。当她在为进入太空的飞行做准备时，做梦也想不到自己会被苏联最有名的男子起昵称。

加加林在1961年成为第一个飞入太空的人类，这是一次巨大的胜利。自1957年以来，尤其是"斯普特尼克"号飞行之后，太空竞赛如火如荼。除了发射功能更强大的人造卫星，苏联的下一个目标是把人类送进太空。加加林的单圈轨道飞行为苏联人敲定了这次胜利，再一次证明苏联是技术更先进的超级大国。但接下来应该创造哪些太空飞行中的"第一"来压倒西方呢？

在一架航天器中搭载多名宇航员将会是创纪录的，两架航天器在轨道上会合也可以。历时更长的飞行也是一个值得努力的目标，且正在准备中。一次太空行走——宇航员离开航天器的安全空间，自由漂浮在太空中，将给全世界留下深刻印象。但这些都是后话了，那时候还没有这些技术，尽管很快就会有了。有什么是苏联可能在太空中做到而西方如今正全力推进的"水星"计划不会尝试做的事情呢？不管是什么，都必须利用现有的"东方"号单座飞船来实现。

苏联领导人尼基塔·赫鲁晓夫有了个主意。为什么不送一名女性进入太空？这对他来说是明摆着的事情。这肯定会是第一，因为所有人都知道美国人从没有认真考虑让女性参加太空飞行（其实他们认真考虑过，有十三名女性正为可能的"水星"飞行任务悄悄接受训练）。把一名女性送进太空还将达到另一个目的，这是一个政治目的：在苏联的意识形态中，男性和女性应该是真正平等的，还有什么会比一名女性宇航员更能体现这一点呢？一名女性宇航员将会是个宣传妙招，

第三章
瓦莲京娜·捷列什科娃：飞翔的海鸥

还能为航天飞行中的人体生理学研究提供另一组数据。

苏联航天计划的总设计师谢尔盖·科罗廖夫已经在安排一次长时间的飞行。赫鲁晓夫批准了这个计划，但有一个条件：女性的首次飞行必须创下飞行时长纪录，还要实现两架飞船的交会。这将一次性实现三项"第一"，成为真正的太空壮举。科罗廖夫同意了，就这么定了。

宇航员团队中并没有女性：以前从未认真考虑过这个问题，甚至女性战斗机飞行员也很少。他们必须迅速行动起来，挑选一些人开始训练。苏联对宇航员的要求和美国同行没什么不同：他们想要的是试飞员，也就意味着没有现成的候选人群体。此外还有一个限制条件：赫鲁晓夫自己出身卑微，希望挑一名"普通的女孩"，一名无产阶级劳动阶层的成员，可以代表苏联女性精英之人。

正如许多太空竞赛时代的苏联史料一样，这个故事有多个版本，有些细节一致。一个故事表明，让女性飞行的主意并不是始于赫鲁晓夫，而是苏联宇航员格尔曼·季托夫和宇航员队伍的负责人尼古拉·卡马宁于1962年拜访约翰·格伦并在他家烧烤时想到的。正如故事所说，格伦正自豪地谈论着"水星十三杰"，这是指为"水星"计划的一次潜在飞行而正在接受训练的女性，她们可能会在年底前进行"水星"任务飞行。苏联客人们回国后，向上级报告说，美国人可能会把女性送进太空，从而在这一点上胜过苏联，于是让苏联加速准备。其他信息显示，苏联在这次烧烤之前的几个月就已经在招募女性宇航员候选人。前文也说过，不幸的是，接受"水星"计划训练的女性中没有人真正上天飞行过。(在航天飞机时代之前，没有美国女性飞向过太空。）好在这个疏忽已经得到纠正，自那以后，能力出众而成功的女性宇航员进行过多次飞行。

赫鲁晓夫和科罗廖夫达成一致之后，抽调了尤里·加加林从1961年中期开始负责选拔程序。没多少时间可以浪费了：飞行将在两年之内进行。尽管"东方"号基本上是自动化的，但无论是谁坐在宇航员座位上，都必须和其他宇航员一样冷静和镇定。人类太空飞行目前还是一项全新而冒险的事业。

捷列什科娃于1937年出生在苏联中部一个叫马斯连尼科沃的村子。这个村子是集体农庄的一部分，有四十幢房子，不通水电，条件很艰苦。她的父亲在第二次世界大战中服役前是一名拖拉机驾驶员，她的母亲是一名纺织女工。母亲的职业引导捷列什科娃在一家轮胎厂工作不久后也进入了纺织厂工作。在政治上，她的家庭没有什么污点：她的父亲在战争初期就去世了，年幼的瓦莲京娜不仅在劳动中表现出色，还是当地共青团书记。她显然还是一个无所畏惧的女孩，在西方或许会称为"假小子"，她骑马时不用马鞍，能够游泳横渡宽阔而寒冷的伏尔加河。后来她还跳伞，用战争留下的降落伞跳了几十次。尤为特别的是，其他三名入选者也会跳伞。她们在1961年是一组非常精英的苏联女性。

不过，选拔者大概并不了解捷列什科娃在极限运动方面更为全面的背景。虽然她非常健壮，且多次横渡伏尔加河，但最开始的时候，跳伞还是把她吓住了。她被一位朋友强迫着参加了当地跳伞俱乐部的一次聚会，但她被眼前所见吓倒了。这是一项男人的运动，是为那些

第三章
瓦莲京娜·捷列什科娃：飞翔的海鸥

冒险的灵魂准备的。她想，自己只是个女孩，并不合适这类事情。看着远处的飞机上掉出的小小身影，她下了判断：她不适合这个。

后来，她上班的第二纺织厂组织了活动俱乐部，鼓励工人们加入。活动内容包括划船、业余无线电、标靶射击……还有跳伞。这是她第二次接触跳伞了，可能久而久之有了一丝麻木，她决定试一试。她才刚刚二十二岁。

经过一段时间的地面指导，她首次上天跳伞。老式的"雅克"12飞机噪声很大，飞行的时候发动机轰鸣，大风掠过敞开的舱门。捷列什科娃觉得她周围的人看起来都比她冷静，也比她准备得更好，一位严厉的教官坐在她对面。她害怕跳伞，但更害怕搞砸了：当那个时刻来临，她觉得自己可能会僵住。

经过一些颠簸之后，飞机进入平稳的水平飞行。捷列什科娃不禁紧张起来：这是难免的。从敞开的舱门边呼啸而过的气流声太大了，她担心自己可能听不见跳伞长官的离舱命令。她等待着，就是那里了！出发时间到。她站了起来，冲向敞开的舱门，跳了出去。

不幸的是，目瞪口呆的教练还什么都没说，只能眼睁睁看着他的新手学员跳出了飞机。

她抵达了地面，按照教练说的那样翻滚，并站了起来。棒极了。这让她回想起自己年幼时，从高处跳进附近的一条河流里。只不过这次要让人兴奋得多，现在她想每天都跳伞。在她收拾降落伞的时候，另一名教练大步走过来，问她怎么搞的，还没得到指令就跳了。她大吃一惊，垂头丧气，不过其他学员只是一笑而过，接着教练也露出了

图 3.2 捷列什科娃在二十岁出头的时候是一名热情的业余跳伞爱好者。

第三章
瓦莲京娜·捷列什科娃：飞翔的海鸥

笑容，告诉她作为一名初学者表现不错，她能学会的，下一次只要听从指令就行。

经过这次不太成熟的开端，她爱上了这项运动，一有机会就去跳伞。她进步神速，开始参加定点跳伞比赛。瓦莲京娜身体里的胆识被一种新型冒险唤醒了。

不幸的是，她的母亲对此并不感兴趣。她不喜欢想象自己像俄罗斯套娃一样可爱的女儿从飞机跳下来。对一名在残酷的战争中失去丈夫的女性来说，这样的反应并不让人意外。她无法想象再失去一个女儿。但捷列什科娃锲而不舍，最终完成了几百次跳伞。

1962 年 4 月 12 日，捷列什科娃刚刚在纺织厂开完一次政治会议，就听到房间外传来一阵骚动——胜利的欢呼正在走廊中回荡。有一个苏联人绕着地球轨道飞行了！她和其他职工都惊呆了，无比兴奋。发射前没有大张旗鼓地宣传，事先更没有声明，尤里·加加林就这么在进入太空这件事上打败了美国人。她想，这是多么美妙的事情啊。

她后来说："当我们知道尤里·加加林已经成功着陆的时候，我们都快乐得没边了。"[1] 整个镇子的居民都上了街。她心里想："先让男人飞行，接着就是我们女人了。"但她并没有真觉得这会很快发生，更没想到自己将会是掌控飞行的那个人。飞入太空是她求之不得的事情，可谁又会把一位出身普通的工厂工人送进太空呢？宇航员都是杰出的军队男性，也肯定比她聪明和强壮。但接着她读到了加加林的出身和自己并没有多么不同。

她说："我在报纸上读到，加加林是一个航空俱乐部的学员，和我

一样，然后我就决定：我要做一名宇航员。"²

她给苏联的航天机构写了信，这封信和其他成千上万封信一样被束之高阁。据说开始寻找合适的候选人时，这信又被翻了出来，不过很难知道这是不是真的发生过，或者仅仅是在她的航天飞行之后为了宣传目的而公布的。不管怎样，很快她就秘密入选首个也是唯一的女性小组，竞争她梦寐以求的"东方"计划中的女子单人飞行席位。到进一步评估的时候，四百名左右的候选人很快就被缩减到五十八名，接着只剩四名。她们都有飞行或跳伞俱乐部的背景。

马上，对四名女性宇航员入围者的训练开始秘密地进行——甚至连捷列什科娃的母亲都不知道她女儿在干什么。根据苏联航天机构的指令，捷列什科娃告诉母亲她去莫斯科和一个女性精英跳伞团队一起训练。直到一切尘埃落定，她的母亲才从新闻中了解到自己女儿创下了历史性的飞行。

捷列什科娃后来说："这是最高机密。我的母亲就像尤里·加加林的母亲那样，和全国所有人一样，最早都是从新闻上知道的。这真是一个巨大的意外。"³这是委婉的说法。她的母亲虽然被自己的女儿吓坏了，一开始很生气，但自然是非常自豪。她从朋友那里听说了新闻，因为他们觉得太空中的那人看上去像她的女儿，而她也不得不说服自己，那就是她的女儿瓦莲京娜。

为即将到来的"东方"号飞行所进行的训练有些仓促，不如对那些男性宇航员的培训那么深入，不过仍然很艰苦。她进行了更多跳伞训练，其中夹杂着数十小时关于工程、科学和领航术等基础知识的课

图 3.3 捷列什科娃在尤里·加加林的航天飞行之后对他崇拜有加,但根本没想到自己很快就会作为一名宇航员和他并肩工作。

程,还要跟着教练进行数小时的喷气式飞机飞行。虽然这些都是成为一名宇航员的必备技能,但它们并不适用于自动化的"东方"号,它已经降低了对所有上述领域进行全面培训的需要。无论如何,这些女性坚持住了,每个人都希望入选,进行可能是(最终也确实是)由一名女性所进行的单人太空飞行。

她们来了,集合在莫斯科星城同样的房间里,和苏联的男性英雄执行同样的任务。"在课堂上,我经常坐在加加林和季托夫边上,"

捷列什科娃后来说道,她在两个人面前既激动又腼腆。"我们就紧挨着,像学校里的孩子一样,坐同一张桌子。我必须做他们做过的一切事情……要和他们比赛太难了……我那颗普通工厂女孩的心快乐地跳动着!"4

苏联报纸已经向群众宣告了这个国家要让女性飞入太空的愿景。甚至可能同时进行两个航天任务,都由女性操控。为什么不呢?政府有多艘"东方"号飞船待命,这更多的是一个由谁来操控的问题。在太空中同时有两名女性,她们相伴飞行,那将是一个多么了不起的宣传胜利。

苏联官方进入了最后选择阶段——两名候选人都完全合格。根据苏联解体后公布的记录,最终的抉择首先出于政治上的考虑。两名入围者都接受了最终评估的面谈,捷列什科娃胜出了。虽然她一开始可能并不占优势,但谈话结束的时候,她显然已经是获胜者。当她的对手瓦莲京娜·波诺马廖娃被问到人生目标是什么的时候,她说:"我想要它所能提供的一切东西。"对于 20 世纪 60 年代上进到对跳伞感兴趣的苏联年轻女性来说,这不算是一个合理的回答。当捷列什科娃回答同一个问题时,她则说:"我想要永远支持共青团和共产党。"5

顺便提一句,如果你认为捷列什科娃是为了在考官面前加分而说这么冠冕堂皇的话,那你就错了。她在 2000 年后写的一本书里,语气呈现着同样强烈的爱国情怀:她认为这是她对祖国的责任。所有宇航员一直都平等对待她、尊重她,作为一名宇航员的人生是美妙的。

赫鲁晓夫本人是这件事的决策者。捷列什科娃是他眼中坚韧而又

第三章
瓦莲京娜·捷列什科娃：飞翔的海鸥

传统的典型俄罗斯农村女孩。她是社会的中坚力量，谦虚、意志坚定，是一名优秀的共产党员，而且显然品格高尚。波诺马廖娃则一度表态说：她觉得女性可以既会吸烟又无损于品德（考虑到在那个时代的苏联，吸烟和酗酒盛行，哪怕从今天的角度来看，这种观点并不惊世骇俗）。这话对于一位志存高远的女性宇航员来说就有点不合时宜。最终，卡马宁给出了他的评估：这位宇航员的负责人称捷列什科娃是"穿着裙子的加加林"。鉴于加加林苏联（乃至世界）英雄的地位，这的确是很高的赞誉。

任务开始前不久，捷列什科娃和她的替补波诺马廖娃都在继续进行训练和准备工作。课堂学习已经结束，现在是身体强化和医疗检测的时候。虽然太空飞行对男性来说似乎是安全的，但苏联的科学家和医生要确保太空中的第一位女性（并且，也是近二十年间仅有的一位）能活下来并表现良好。她正值二十六岁的黄金年龄，在这个项目开始前是一名运动员，到她飞行的时候，可能已经是苏联最强壮的女性之一。她当然做好了万全的准备，并且在那时候已经被任命为苏联空军少尉。

她也很好地履行了一名光荣的共产党员的使命。在临近飞行日期的某个时刻，有人引述她曾说过的话："自1917年以来，苏联女性已经拥有和男性同等的权利。她们分担着同样的任务。她们成为工人、领航员、化学家、飞行员、工程师。现在，我光荣地被国家选中，成为一名宇航员。正如你所能看到的，在陆地、海洋和天空，苏联女性和男性都是平等的。"[6]

在原本的任务规划中，捷列什科娃应当乘坐"东方"5号升空，在

图 3.4 在捷列什科娃的历史性飞行之后,时任苏联领导人尼基塔·赫鲁晓夫在一次公开庆典上和她交谈。(维基百科知识共享,俄新社档案,图片编号:#159271 / V. Malyshev / CC BY-SA 3.0。)

她抵达轨道后,波诺马廖娃乘坐"东方"6号跟进。两位女性将同时在轨道上——美国,放马过来!但在原定发射日期的前一个月,这项安排改变了。飞行任务颠倒过来,由捷列什科娃乘坐"东方"6号,而由一位男性宇航员瓦列里·贝科夫斯基取代波诺马廖娃先乘坐"东方"5号发射升空并在轨道上停留更久。这使得贝科夫斯基仓促地接受训练,而飞行也推迟了几个月。

1963年6月14日,贝科夫斯基登上"东方"5号准备发射,捷列什科娃也在场。她的心情是复杂的——她既为自己成为如此精彩又高尚的事业的一部分而感到骄傲,又担心她可能达不到教官们、苏联航天计划以及全国的期望。但善良的导师加加林悄悄对她说:"我理解

第三章
瓦莲京娜·捷列什科娃：飞翔的海鸥

图 3.5　捷列什科娃在她历史性的飞行之前不久。

你。成为第一个不容易。"[7] 他确实知道。就这样，当她看着贝科夫斯基升入轨道时，她觉得自己准备好了。

两天之后的 6 月 16 日，捷列什科娃和她的替补伊琳娜·索洛维约娃（她取代了波诺马廖娃，因为后者关于吸烟和其他一些有争议的评论是不为领导层所接受的）被运往发射台。她们面前矗立着安装在冒着蒸汽的 R-7 推进器上的"东方"号太空舱，它被裹在圆锥形的发射护罩中。据报道，捷列什科娃做了一件西方媒体显然不想让它成为头条的事儿：她站立着，对着运输巴士的轮胎小便。这是宇航员们进行的一个仪式，而仪式后的她成了"那些家伙之一"，无论这么做有多麻烦。她重新拉上宇航服，升到十五层高的发射架，准备在那里进入太空舱。大家帮助她入舱之后，检查了维生和通信设备，接着就把她密封在里面。她的呼号是"海鸥"，这是加加林起的。

两小时之后，"东方"6号轰鸣着飞离发射台。几分钟之后，瓦莲京娜就安全进入了轨道。一些源于她农村背景的想法涌进了她的头脑。她后来回忆说："我听到了轰鸣，让我想起打雷的声音。火箭就像在风中颤抖的小树。"[8]

在她转入基本上自动化的飞行后不久，她履行了自己的公民义务，

图 3.6　捷列什科娃在轨道上发表电视讲话时朝着镜头挥手。

第三章
瓦莲京娜·捷列什科娃：飞翔的海鸥

按要求向地面上的苏联同胞们，以及正在聆听着的全世界，广播了她的问候。

她说道："从太空向培养我的光荣的列宁主义共青团致以亲切的问候。我的所有成就都归功于我们的共产党和共青团。"[9]

她按照指示要求对自己所看到的景象进行评论："我是'海鸥'。我看到了地平线。那儿有一条蓝色的带子。这是地球——它太美了。一切顺利。"[10]

她的首要任务是在太空待一天。如果一切按计划进行，则还可能延长两天。情况有点危急：捷列什科娃很快就感觉肠胃不适，在太空舱内呕吐了。零重力从来不是个让人愉快的体验。一些男性宇航员也经历了同样的状况，所以，没有受伤就不算问题。她继续着，将短暂的不适归咎于太空食品的味道。这总比承认虚弱好。

多年来，私下里一直有传言说捷列什科娃在轨道上惊慌失措，乞求尽早返回地球，但并没有可信的报告支持这种说法。无论这些谣言是基于猜测，还是出于想要她丢脸的大男子主义思想，根据所有可靠的说法，除了短暂的作呕，她在飞行中表现良好。正如1973年出版的官方版《苏联太空史》中所说：她的表现"适宜"。

在第一天的轨道飞行中，她的太空舱在3英里（4.83千米）内的距离掠过了"东方"5号。当她和贝科夫斯基在无线电通信距离之内聊天时，整个国家都欢呼起来。

任务期间出现过一个故障，但那并不是她造成的，甚至几十年都没有向公众披露。她在抵达轨道的几个小时后，就意识到为她那个原始的计算系统编程的程序员犯了一个严重且可能是灾难性的错误。将在三天后让她再入大气层的点火系统编程错误：它被设置为把她向上推，而不是向下。如果发生那样的事情，她就会被送进更高的轨道——那将是致命的。地面上的飞行控制管理员紧急修正了错误，发去了新的程序。

这件事体现了她的宽宏大量：她平静地请求不要因为这个失误而惩罚犯错的程序员。作为交换，她会保守这个事故的秘密，三十多年来，她一直守口如瓶。她从未公开提起过它，直到那名技术人员自己披露了真相。

在飞行的第二天，捷列什科娃一反常态地漏过了她的检查表中的重要一步。她应当以人工控制使"东方"号转向，这个测试是为了确保当自动控制系统无法正确准备让太空舱再入大气层时，她能够接管控制权。飞行控制管理员非常担心她错过了这关键的一步，他们指示她在后一天进行尝试，也就是飞行的最后一天。

在轨道上的第三天结束时，"东方"号的自动系统为再入大气层进行了自我校准，点燃了制动火箭：她踏上了回家的路。所有过程根本不需要人工控制。她有很多不适：加压服和太空舱内的安排都是为男性设计的，并不适合她这样娇小的身材。但这一切很快就都要结束了：她只要再忍受几分钟的高重力负载，就到家了。

经过再入大气层时的猛烈火焰之后，一个降落伞从"东方"号弹出。当太空舱稳定下来，捷列什科娃就在海拔大约4英里（6.44千米）的高度从太空舱里被弹射出来，就如加加林和其他那些进行过太

第三章
瓦莲京娜·捷列什科娃：飞翔的海鸥

空飞行的人一样。她像以往数百次那样，在降落伞下摇摆着滑向地面，"东方"号太空舱则在自己的降落伞下坠向冻土地带。他们都在苏联东部乡村地区的新西伯利亚市西南几百英里处落地。捷列什科娃在距离太空舱大约 1 000 英尺（304.8 米）的地方着陆。很快，就有一群农夫迎上前来。她只能搭便车到最近的付费电话点给克里姆林宫打电话，并和尼基塔·赫鲁晓夫进行了简短通话。这次飞行是一个巨大的成功。

瓦莲京娜的太空同伴瓦列里·贝科夫斯基在"东方"5 号上，仅仅几个小时后也返回了大气层。他在轨道上待了共计 119 小时，碾压了戈登·库珀在"水星"飞行中所创下的 34 小时 9 分钟的美国纪录。

不到几个小时，苏联媒体就在向全国和全世界宣传这次成就。苏联让一名女性单独飞上了太空！据引述，赫鲁晓夫这样说道："中产阶级社会总是强调女性是较弱的性别。事实并不是这样的。我们苏联女性向美国宇航员展示了一两件事。她的任务比所有美国人加起来还要长。"[11] 捷列什科娃的飞行持续了近 71 小时，超过了当时历时最长的"水星"任务。

捷列什科娃的"东方"6 号是最后一艘"东方"号飞船，她的任务标志着"东方"系列的终结。从那以后，宇航员还会双人或三人乘坐升级后的"上升"号飞船飞行。后来的"联盟"号飞船在早期开发中只有两次运载了单名宇航员，随后就会在它漫长的服役生涯中搭载两名或三名人员。（它至今还在继续飞行，把人员送往国际空间站。）

回到莫斯科后，捷列什科娃参与了大量国际政治事务，她的宇航员角色在很大程度上变成了一个象征。她作为首要嘉宾加入苏联支持的国际妇女争取和平与自由联盟。随后,她在苏联各地和一些政治同盟国开始了漫长的友好巡游,有时候还和加加林一起。捷列什科娃在1966年成为世界和平理事会的成员,这是一个致力于裁军的苏联社团。同年,她还被吸纳进了苏联顶级立法机构——最高苏维埃,一直任职到1974年。1969—1991年,她还是共产党中央委员会成员。在所有这些职务中,她都在宣传苏联女性的成就,从她作为一名"苏联英雄"(苏联公民所能获得的最高荣誉)的角度来宣扬共产主义理念。她还被

图3.7 航天飞行后的捷列什科娃是宣传巡演中的亮点。图中是她现身于一次国际女性大会。(维基百科知识共享,俄新社档案,图片编号:#726670 / Yuryi Abramochkin / CC BY-SA 3.0.)

第三章
瓦莲京娜·捷列什科娃：飞翔的海鸥

授予了列宁勋章以及其他一些奖章和荣誉。

捷列什科娃还继续接受高等教育，在一所苏联空军院校学习，并以宇航员工程师的身份毕业。后来，在 1977 年，她完成了工程学博士的学业。作为一名社会主义女性，捷列什科娃不仅超越了自己的梦想，也超越了很多女性公民的梦想。然而，获得了如此成就和赞誉的她却再也不会在太空飞行。

她凭着自己的聪明和热情在苏联社会中扮演着自己的角色，但主要是礼仪性和政治性的工

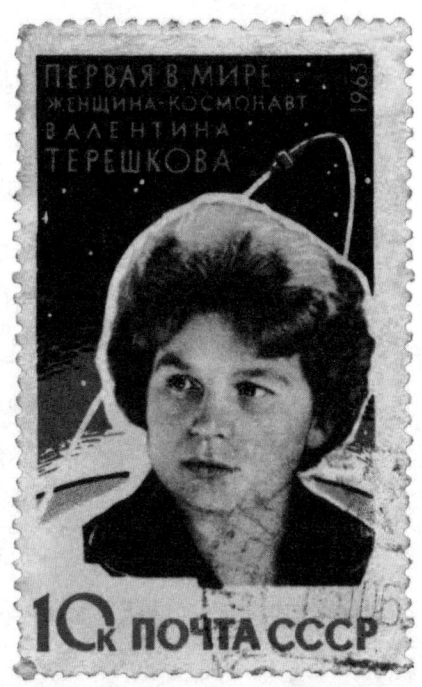

图 3.8 在这张 1963 年的邮票上，捷列什科娃进一步为世人所铭记。

作。不过，她的内心仍旧渴望着下一次太空任务。但是，苏联有好几年都不觉得有理由让女性再次飞上太空，而且即使他们要这么做，也不会再选捷列什科娃。虽然她在"东方"6 号的飞行中表现足够出色，但苏联解体后公布的记录表明：她被观察到在任务期间的很多时候都表现出明显的疲倦，错过了许多目标天体，并且比原计划睡得多。送经过高强度训练的试飞员进入太空似乎有更大好处，但性别问题仍没有定论。总设计师科罗廖夫从自己的角度写道：回头来看，其他女性

候选人中其实至少有两名对飞行准备得更充分，但她们在影响大众并唤起普通人共鸣的能力上都无法与捷列什科娃相提并论。这项任务的本质是向全世界展示这个直言不讳的农场姑娘在征服太空这件事上，至少可以和西方帝国主义国家的宇航员做得一样好。从这个角度来看，她相当成功。

至于为什么后来她不再执行飞行任务，尽管有许多迹象显示仅仅是苏联政府没有兴趣送更多女性进入太空，可捷列什科娃坚持认为，是加加林在 1968 年的意外去世使她从现役宇航员的名单中被剥除。她被告知她对国家而言太有价值，不能让她冒险进行另一次太空飞行。她当然也不再被允许去跳伞。

当苏联在 1991 年解体时，捷列什科娃的官方头衔烟消云散，但她的威望一如既往。她仍被普遍认作俄罗斯女性的英雄，在社会上仍然被认为和尤里·加加林、阿列克谢·列昂诺夫（第一位太空行走者）齐名。后来，她重回俄罗斯国家杜马担任政府职务，至今还在那里继续服务。

在她的单人太空飞行之后，瓦莲京娜·捷列什科娃和同为宇航员的安德里扬·尼古拉耶夫结婚，两人有一个女儿。尼古拉耶夫婚前是早期宇航员小组中唯一的单身汉，曾乘坐"东方"3号飞行，并被指派为女性宇航员候选人的教官。两人之间是否存在真正的爱情不得而知——他们都对这段关系守口如瓶。他们于 1977 年离婚。捷列什科娃于 1979 年再婚，嫁给了一位俄罗斯整形外科医师尤利·沙波什尼科夫，后者于 1999 年去世。

第三章
瓦莲京娜·捷列什科娃:飞翔的海鸥

图3.9 捷列什科娃和总设计师谢尔盖·科罗廖夫。捷列什科娃并不是科罗廖夫的首选宇航员,但他尊重她对公众的吸引力。

图3.10 捷列什科娃和安德里扬·尼古拉耶夫以及两人的女儿叶莲娜。(俄罗斯能源火箭航天公司供图)

捷列什科娃始终是一名坚定的共产主义者，直到苏联终结。她始终在自己参与苏联太空计划这件事上和官方基本保持口径一致。

至于她说自己获得了宇航员伙伴们的平等对待和慷慨支持，记录显示的则是另外一回事。虽然捷列什科娃一直称女性宇航员得到了平等对待，但于1865年的"上升"2号飞行中进行首次太空行走的阿列克谢·列昂诺夫却在1975年说："当我们事后分析她的飞行结果时，我们发现对于女性来说，在太空飞行是一项艰难的工作，她们可以在地面做些其他的事情……在训练后，她就二十八九岁了，如果她是个好女人，那么那时候她就应该有家庭了。"[12] 其他男性宇航员也同样闪烁其词，认为女性在太空领域应该担任科学家和技师，以及"当然，还有空乘"。[13]

看来，尽管捷列什科娃在太空中表现出色，可后来被称为"玻璃天花板"①的东西在强大的火箭中也像其他任何地方一样难以打碎。值得指出的是，四名女性宇航员中有两名曾被短暂考虑登上"上升"号进行飞行。"上升"号是接替"东方"号的双人座飞船。但随着科罗廖夫在1966年去世，这个计划似乎被废弃了。女性宇航员项目也在1969年被正式解散。

捷列什科娃继续为俄罗斯摇旗呐喊，也公开怀念总体上待她不薄的苏联。她的女儿结了婚，成了一名外科医生，并育有一子。捷列什

---

① 玻璃天花板指基于观念或组织上的偏见而形成的人为障碍，使得有能力的人在组织中的晋升变得可望而不可即。尤指对职场女性的歧视与壁垒。

第三章
瓦莲京娜·捷列什科娃：飞翔的海鸥

图 3.11　捷列什科娃在莫斯科，2017 年。（维基百科知识共享，来源：Kremlin.ru 网站，根据 CC BY 4.0. 获得授权）

科娃则继续着独身寡居的生活，为她的国家服务。

　　1982 年之前都没有其他俄罗斯女性飞进太空，直到斯韦特兰娜·萨维茨卡娅乘坐"联盟"号太空舱绕轨道飞行（比美国搭乘航天飞机进入太空的第一位女性萨莉·赖德只早了不到一年）。萨维茨卡娅后来成为第一位进行太空行走的女性。她代表了苏联在太空中最后的那些"第一"，也可以视为瓦莲京娜·捷列什科娃的开创性飞行的宝贵收尾。

　　2013 年，在她七十六岁高龄之时，捷列什科娃承认她的太空梦想从未褪色。她在许多公开场合都说过她的梦想是去火星。当有人指出鉴于目前的技术限制这可能是一次单程旅行时，她说："我准备好了。"[14]

她于 2015 年出版的自传中的一句话可能是她渴望再一次进入太空飞行的最好概括："那些已经到过太空的人，全心全意地渴望一次又一次前往那里。"[15]

第四章

吉恩·克兰兹：
永不言败

尤金·法兰西斯·"吉恩"·克兰兹从未说过"永不言败"。这是罗恩·霍华德的优秀电影《阿波罗13号》的编剧想出来的。但他的确可能会说这种话,也很可能真的这么想过,因为吉恩·克兰兹就是这样的人,现在依然如此。他甚至说过更有力量的话,就在"阿波罗"1号大火后没几天,在一个阴云密布的会议室中对着集合在他面前目瞪口呆的管理员进行讲话时。那次重大事故夺走了计划搭乘该飞船飞行的首批三名宇航员的生命。克兰兹的一部分话是这样说的:"从今天起,飞行控制部要以两个词闻名:'严格'和'能干'……我们永远不能再被认为是欠缺知识和技能的部门。飞行控制中心将是完美无缺的。"[1]

也许在电影中扮演克兰兹的埃德·哈里斯原本应该这么说:"不完美是不可接受的。"克兰兹的目标的确是想让飞行控制中心及其所主管的飞行任务尽可能贴近人类所能达到的"完美"。

他们相当接近。

在美国经济大萧条的时代,克兰兹于1933年8月17日出生在俄亥俄州托莱多,在自家农场长大。他的童年并不轻松:在他七岁的时候,父亲就去世了,尽管美国的经济在逐渐好转,但一家人还是勉强糊口。克兰兹和两个姐姐（露易丝和海伦）辛勤劳动，帮助他们的母亲。家里还接纳房客以维持生计，其中有不少是军人。那些小伙子的道德规范和爱国主义对克兰兹很有吸引力，催生了他的强烈责任感和爱国情怀；这些主题在他的整个职业生涯中都激励着他。

第二次世界大战期间，克兰兹送过报纸，并利用这个机会了解到欧洲和太平洋战事的最新进展。他标出重大战役和进展，把报道贴在卧室的墙上。像约翰·格伦一样，他也从小就发展出了对飞行的兴趣，用木条、棉纸和胶水制作飞机模型。后来，他还发射过自己设计的模型火箭，并研读早期航天思想家（如威利·利和韦恩赫尔·冯·布劳恩）的著作，其中一些人后来成了他在 NASA 的同事。

克兰兹接受的是天主教高中教育，这在当年是一种严格的教育制度。他对高中毕业论文主题的选择反映了他对航天飞行（将近十年内还不会真正发生）的早期兴趣。他的论文题目是"星际火箭的设计和可能"，写于 1950 年。这篇十六页的论文配上了克兰兹精心绘制的插图，显示了二战期间德国火箭的细节。（当克兰兹在多年后遇到这些火箭的发明者冯·布劳恩时，一定无比激动。）这篇论文获得了他的导师"非常棒"的评语，得了 98 分。在论文中，他预言人类将在 1960 年前登上月球。他认为："对当前技术和工业发展的审视表明，月球很有可能即将被人类征服。之后，可能会在五年内建立基地，并在十年内完成。"[2] 后来，在 2010 年的一次采访中，他笑着说："我误差了十年。"[3]

靠着自己的积蓄、一小笔奖学金、家里出售他父亲的珍贵集邮册后的所得，克兰兹在圣路易斯大学读完了航空工程专业。他在大学时

第四章
吉恩·克兰兹：永不言败

代的一大亮点是参加了学校的基础飞行训练项目，驾驶老式的斯蒂尔曼双翼教练机。虽然飞机老旧，但飞上天让他非常兴奋。下一步则是喷气式战斗机。

1954年，在他大学毕业一年后，克兰兹被任命为空军少尉。在等待飞行任务时，他在麦克唐纳飞机制造厂找到了一份工作，担任飞行测试分析员，汇编当时一些最先进飞机的测试结果。把测试飞行中的摘记和资料解析提炼为可以理解的有用数据，这样的经历在他转入NASA后大派用场。

不久，他被指派空军的飞行任务，在基地之间转移，以完成各项训练。驻地从得克萨斯州换到佐治亚州，再回到得克萨斯州，最终到了内华达州的内利斯空军基地，他在那里接受了最新式的喷气式战斗机的训练。

到达加利福尼亚州南部一个新驻地后，他和玛尔塔·卡德纳结了婚。她是墨西哥移民的女儿，两人早先在得克萨斯州相识。在克兰兹的职业生涯中，这对夫妇将忍受很多次分离，但这些分离似乎从未妨碍他们对彼此的爱恋，也是两人关系持续至今的基础。

克兰兹退役之后，回到了麦克唐纳公司，在圣路易斯为一个导弹项目工作，接着在新墨西哥州从事飞行测试。克兰兹热爱飞行，这份工作勾起了他对工程学的兴趣。在此期间，他看到航空航天杂志《航空周刊》上一个名为NASA的新政府机构的招聘广告，他马上就应聘了。到1960年，他已经在NASA的兰利研究中心为新组建的太空任务小组工作了。这时，他二十七岁。

克兰兹由克里斯托弗·克拉夫特领导。他是规划美国的太空竞赛以及后来把宇航员送上月球任务的核心人物。克拉夫特马上让克兰兹投入工作,为即将到来的"水星"任务编写飞行程序手册——克兰兹是真真正正地"写了一本书"以指导未来十年的美国航天飞行。这对一个年轻的工程师来说是完美的入门机会,让他在仅仅几年后就成为飞行控制主任。

把人类送入太空是一项全新的事业。当克兰兹开始在 NASA 工作时,一切都是新鲜而未经尝试的。"载人航天计划在概念上很简单,但执行起来很困难,"他在自传《永不言败》中回忆道,"每个任务都是第一次,是新的篇章。在我们前进的过程中,火箭和太空舱的很多元素,或者说大多数元素,都必须被发明出来并手工制造,我们必须尽

图 4.1 吉恩·克兰兹在军队服役期间站在 F-86 "佩刀" 战斗机前。(美国空军供图)

第四章
吉恩·克兰兹：永不言败

己所能对现有的航空和火箭工程技术进行改造。"[4] 他叙写的是离开喷气式飞机每分钟飞行 5 英里（8.05 千米）的世界，进入一个无可比拟的高速时代的故事。他说："在这个全新的、实际上没有航标的世界，我们要以 5 英里每秒的速度行动。"[5]

这是 NASA 的第一个载人航天计划。"水星"号的飞行将由位于佛罗里达州卡纳维拉尔角的机构控制。这是在任务控制中心迁往休斯敦的约翰逊太空中心之前，那时候佛罗里达州还没有肯尼迪航天中心。"水星"控制中心坐落于卡纳维拉尔角空军基地，离"水星"太空舱飞行启程的发射台不远。它是当时最先进的任务控制中心，虽然按照今天的标准来看相当基础。那里甚至没有计算机。飞行控制所需的大型主机位于 NASA 在马里兰州的戈达德航天飞行中心，经过大型机器处理的数据被转换成指令后，再从那里发送给"水星"控制中心。

当克兰兹开始熟悉这种机制以及早期太空飞行的大致情况时，"水星"计划正经历着成长的烦恼。到 1960 年，该项目已经比计划落后了一年。将要使用的火箭已经确定，但它们存在严重问题。"红石"火箭的推进器是可靠的，但动力只够让"水星"飞船进行亚轨道测试（包括来年即将进行的两次载人亚轨道测试）。第二款火箭是"阿特拉斯"洲际弹道导弹，是一种大得多、动力更强的火箭，但它也更加复杂，导致了许多麻烦。正如第二章所说过的那样，它由一大块不锈钢薄板制成，脆弱得难以处理，更糟糕的是它经常在发射后爆炸：多达一半的"阿特拉斯"火箭都在飞行中失败了。

卡纳维拉尔角的气氛相当紧张。

到了 11 月，一艘装载于"红石"火箭顶部的完整的"水星"太空舱准备好进行首次试飞。里面没有乘坐宇航员，也没有猴子。这是一次无人测试。简单的单级"红石"火箭只比从加利福尼亚州爱德华兹空军基地发射的 X-15 高超声速实验机多一点推力。它矗立在发射台上，所有系统都已检查过。克兰兹刚刚入职一个多月，而他对这次飞行感到乐观。时间一到，他们向火箭发送点火信号，聚集起来的技师带着紧张和期待注视着，推进器喷发出烟雾和火焰——它仍旧只是立在那里，再没有发生什么。

控制室里能听到言辞激烈的德语争吵声。技师中有许多是在二战后从德国移民而来的冯·布劳恩初始的团队成员，克拉夫特不得不命令一些人说英语。很快每个人就都明白了，发动机是点燃了，推进器也离开了发射台，接着它忽然失去了动力，直接落回了发射台。它停下来的样子和起飞时一个样，都是笔直的。"水星-红石"1 号的飞行总高度只有大约 4 英寸（10.16 厘米）。更为尴尬的是火箭上装载的自动飞行计时器还在继续读秒，而逃逸塔——"水星"太空舱顶部的一个小型紧急火箭恰好在这个时候点火，自行进行了一次成功得多的发射。它坠落在离发射台 1 200 英尺（365.76 米）远的地方，最高到达 4 000 英尺（1 219.2 米）的高度。像要争取最后的尊严一般，几秒钟之后，太空舱顶部弹出了降落伞，向上飘动了一会儿，然后落下来盖在仍旧矗立着的推进器上。

如果没有那么危险的话，这场面本来是很好笑的。代表美国的骄傲和欢乐的火箭就矗立在那儿，作为一颗注满燃料的炸弹，仍旧全副武装，所有人都知道它随时会爆炸，并且和控制中心没有任何联络，因为"红石"火箭那边根本没有传来任何信号。量程安全设备——位于火箭各个部位的小型炸弹还上着膛，随时可能走火并在发射台上制造出大规模爆炸，而且它还没法被切断。

失败原因很快就弄清楚了：火箭刚刚升起到足以断开火箭和控制中心之间传输信息的线缆的高度，机载计算机在那一刻决定关闭发动机。现在，线缆正在火箭下方摆动，但已经被拔出来了，再派不上用处。

德国技师讨论了多种办法试图挽救局面。一个想法是派出一名技师前往发射台，爬到火箭下方，把中央线缆插回去，这样管理员就能够进行有序关闭。但是，把电缆插回去的动作可能会引发一次短路，从而使火箭爆炸并炸死这个技师。另一个想法是驾驶一辆起重机去发射台，让一名同样英勇的技师把火箭上方依旧在晃荡的降落伞那连在"水星"太空舱上的绳子割断——至少先把降落伞移走，这样飘忽不定的微风就不会有机会让降落伞张开，继而把火箭扯翻，那也会引起爆炸。

但德裔火箭团队给出的最有意思的提议（也很务实）是让人拿一杆猎枪，在燃料贮箱上射出足够多的小洞，让燃料自由排干。到时候，只要火箭没有因为枪击而爆炸，他们就可以走出去拆卸坏掉的推进器等部件。

这时候克拉夫特已经受够了。他大为光火。他当场向聚在一起的工作人员发布了飞行控制的首要准则：如果你不知道该做什么，那就什么也别做。那天,这条箴言烙进了克兰兹的脑海里。在太空竞赛以人类第一次登月而告终之前,这句话将会被重复无数次。

他们通宵等候。到了早晨,设施可以安全处置了。火箭的电池已耗尽,现在技师可以拆除引信,把航空煤油燃料排出,而不必借助子弹孔的帮忙(液氧氧化剂遇热后已经汽化了)。火箭处于可以处置的状态,太空舱也一样。一切都经过了仔细检查,一个月之后的试飞则成功完成。但新闻界因为首次试射的失败而大做文章。这只是美国初生的载人航天计划所遭遇的众多挫折之一。

但在成功试验之后,卡纳维拉尔角的气氛得以缓和。随着"水星"计划蓄势待发,克兰兹的责任变得更加明确。除了撰写任务程序和规则,他还要保证飞行之前一切事项都要完成,以确保成功。这包括准备好所有的程序以及在控制中心和遍布世界的所有跟踪站之间来回沟通要用到的信息:NASA还没有配备好全球跟踪天线网络,所以只能把世界各地一些固定射电天线碟和为无线通信而配备的航海船只拼凑到一起,组成一个相对无缝的大型系统,以此在航天器绕轨道飞行时进行跟踪。这对只有二十多岁的克兰兹来说是一项让人无比兴奋的任务,也是一项充斥压力和不确定性的工作。他热爱这份工作。

到了1961年,"水星"号飞船的首次载人飞行定于4月进行。吉恩·克兰兹逐渐壮大的家庭也增添了最新成员:玛尔塔怀上了他们的第三个孩子(他们最终会有六个孩子),不久后就要分娩。接着,在宇航员艾伦·谢泼德完成他的历史性飞行之前(那本会让他成为进入太空的第一人),苏联在4月12日把尤里·加加林送上了天,他进行了

第四章
吉恩·克兰兹:永不言败

单人轨道飞行。把美国人送进太空的努力——哪怕只是像谢泼德将要进行的亚轨道飞行——需要快马加鞭了。

"水星"计划最初的任务都是从 NASA 位于卡纳维拉尔角的陈旧设施中起飞的。直到"双子座"计划的早期飞行,大多数人印象中的"控制中心"才会在休斯敦的载人航天器中心(后来的约翰逊航天中心)建成。无论如何,虽然是在卡纳维拉尔角的简陋条件下工作,但在克拉夫特的领导下,控制中心的核心要素以及它的运作方式都正在成型,克兰兹也在那里发挥着越来越重要的作用。这些工作的核心是飞行模拟。克兰兹后来说,那差不多是虚拟现实的早期形式。飞行模拟非常接近真实飞行,当你执行飞行任务的时候,会觉得似乎自己已经做过几十甚至上百次了,觉得这只是又一次模拟(simulation),或者简单地称它 sim。[6]

一开始,一个飞行管理员小组为另一个小组建立并运行一次模拟任务。一个被称为模拟飞行主管(Simulation Supervisor)的人负责管理进程,简称为 Sim Sup——这个称谓很快就流传了开来。在"水星"计划期间,这些模拟飞行几乎像是广播剧。运行模拟项目的人会扮演模拟飞行任务中各个环节的人:离岸接收天线的操作员、海军回收舰通信员……凡是你能说出来的岗位应有尽有。他们还必须提供来自航天器模型的模拟遥测、地面设施的模拟错误等等。NASA 认为,让接受测试的飞行管理员和技师练习每一种可能发生的、能想象得到的场景很重要。如果能让他们在现实任务中为可能出现的复杂情况做好准备就更好了。正如克兰兹所说:"模拟飞行主管的目的是测试每个人的判断力和整个团队的能力。他们能多快发现并解决问题？各个设施和网络中所采用的任务规则和程序在实时环境中运转得怎么样？他们做好准备了吗？"[7]

坐在航天器模拟舱中的宇航员处于接收端，和模拟飞行主管及其团队面对完全相同的问题和联络信息。这是一套非常复杂的程序。

虽然模拟工作一开始并没有很让人信服，但"水星"计划的飞行接近完毕时，模拟工作已经得以改进。随着要求越来越高，克兰兹会让自己在每一次模拟前兴奋起来，大清早就播放一轮约翰·菲利普·苏萨谱的军乐。苏萨是克兰兹最喜欢的作曲家。当他从破旧的海滨小镇向南驶往管理员所在的卡纳维拉尔角时，就听苏萨的曲子；当他在办公室啜饮早晨第一杯咖啡时，就播放铜管乐。这很粗犷、老派，但也完全是吉恩·克兰兹的风格。他同约翰·格伦一样，不仅仅（像太空计划中很多人一样）是个爱国者，还是个理想主义者。苏萨能让他在新的一天斗志昂扬。

1961年5月5日，"水星"号终于展翅翱翔。经过了几周的技术问题和发射取消的蹉跎，艾伦·谢泼德短短十五分钟的亚轨道飞行取得了成功。仅仅两个月之后，"水星"号的第二次亚轨道飞行由弗吉尔·格里索姆操控。但还要经过漫长的七个月，才会由约翰·格伦在1962年2月20日进行复杂得多的绕轨三圈飞行。克兰兹和他的团队忙得不可开交，为了从十五分钟过渡到历时数小时的长时间轨道飞行做着准备。

在谢泼德和格里索姆的两次飞行之间的短暂平静期，发生了另一

第四章
吉恩·克兰兹：永不言败

重大事件，改变了一切。谢泼德的飞行才过去三周，时任美国总统肯尼迪就发表了他的首次"登月演说"，承诺美国和 NASA 将在 1969 年底之前让人类登上月球。从事载人航天飞行的人员虽早已开足马力，但这次演说更是让任务压力大大加重。"水星"计划的目标一直是在把人类送进太空方面赶上苏联——离头顶不到 100 英里（160.93 千米），现在则要把目标对准月球——240 000 英里（386 242.56 千米）之外。这一目标猛地看上去很宏大，但似乎不太可能实现。正如克兰兹后来所说："在那时，这似乎是一个白日梦。我心想：好吧，让他们继续畅想伟大的计划，我先把人送进轨道再说。"[8] 不久以后，克兰兹见到了来卡纳维拉尔角访问的肯尼迪本人，对他的看法发生了改变。关于肯尼迪，他说："他的活泼和魅力让人振奋，他让我们所有人都成了他的信徒，哪怕是那些最持怀疑态度的人。我们的希望又被唤醒。或许肯尼迪真的理解我们所面临并要克服的困难。"

战书已经下达，"水星"控制中心的团队在继续工作的同时，他们的项目又被注入了新的要求：美国要去月球了。

在格里索姆飞行之后、格伦飞行之前，克兰兹意识到：根据他自己的估计，他还没有全力以赴。他知道他们正在进入一个新的飞行阶段，而这时 NASA 还在像美国空军进行高速飞机测试那样运作。格伦很快就要进入地球轨道长时间飞行了。这根本不够，必须有所改变。他决心给自己加压。

克兰兹还对克拉夫特有着绝对的忠诚，决心成为他信得过的得力助手。他全力投入学习"水星"太空舱和多灾多难的"阿特拉斯"火箭的每一个系统和子系统，学习准确操控这些奇异新机器的每个细节，以便预见和了解未来飞行期间哪怕是最难预料到的问题。同时，他在努力比模拟飞行主管们考虑得更深入，这种努力直到"阿波罗"登月行动的最后，以及到"天空实验室"计划和航天飞机计划的早期岁月都让他获益匪浅。

后来，他说起了这次自己在思维上的转变："一名工程师（理论上）能够解释一个系统应该如何运作，但一名操作员必须了解工程师所了解的，然后必须知道各个系统怎样结合在一起来完成任务。如果系统出了故障，那么控制人员必须马上做出决定来解决问题或想出变通方法，使任务得以继续。"[9]这是一次快速地从理论转为实践的自我教育：从设计到测试，再到太空飞行的操控。当他在头脑中进行着这一切时，玛尔塔又生下一个女儿。接着，他再次回到卡纳维拉尔角，让妻子留在军营中，这么多年来她一直这么做。他很钦佩她的毅力，并以此来鼓励他自己。

到约翰·格伦的"水星"任务发射时，克兰兹已经沉浸于飞行控制的全新模式中。他被任命负责此次任务的跟踪和通信，而他的组织工作——包括团队、硬件以及在飞船绕地球飞行时地面和飞船保持可靠跟踪和通信所需的程序都运转良好。作为NASA第一个载人轨道飞行任务，保持联络至关重要。以前用灵长类动物所进行的轨道飞行有助于改进这个环绕全球的通信系统，但和格伦保持持续联络的需求超过了以往任何一次工作。除了有一个人类在这个飞船里的事实以及"水星"控制中心需要和他进行频繁联系以确保飞行顺利，医生们还担

第四章
吉恩·克兰兹：永不言败

心轨道上的宇航员会不会在某一时刻惊慌失措或遭受其他一些太空导致的疾病。克兰兹觉得这种担忧很愚蠢，但他还是确保了一切无论如何都像钟表装置一样准确进行。这是他所决心要做到的。

这些团队分布在各大洋和各大洲展开工作。太空舱联络员在海上的轮船（通常是为这项任务而改装的老旧船只）里忍受出海几周，并和暴风雨搏斗。其他一些站点，比如在尼日利亚的那个，必须对付当地动荡的政治局势。在那些日子里，和遥远的前哨站进行联络总是不容易的，而要把它们组合在一起用于像这次飞行一样的短期任务，则更具挑战性。

例如，当"水星"太空舱飞过时，虽然远端跟踪站可以和它进行联络，但他们经常无法通过电话线和"水星"控制中心保持顺畅的语音联系。如果这个系统失灵，那么远端跟踪站要通过电传打字机把信息拍发给卡纳维拉尔角，使用的设备实际上是一个电动打字机或打印机，能通过电缆接收基础加密脉冲并把信息在纸上打印出来。然后，一个小组会拿过打印纸，用剪刀把它们剪成纸条，贴在墙上任务时间表的边上。这样，每个人都会知道进展如何。这在今天看来似乎是过时的技术，但在那时候，无论花多大代价，他们也只有这些可用。

格伦在飞行中发生了着陆袋的紧急情况。在任务期间，控制台的一个指示灯亮了起来，认为太空舱的着陆袋似乎提前打开了（参见第二章）。如果真是那样，一旦制动火箭发动机组脱落，隔热罩就可能会在返回时松动，而造成致命后果。任务控制团队手忙脚乱，先要找到合适的工程师和技师来帮他们确定这个信号可能意味着什么：它真出问题了吗？或许只是飞船上的一个感应器坏了？可能只是地面设备的一个错误？就在那一刻，克兰兹意识到任务规划中有一处关键的疏忽。他后来回顾说："我们试图在发射管制台和 S 机库寻找工程师，从而耗费了宝贵的时间。克拉夫特的控制人员没有对紧急联络到整个设计、制造和装配团队作规定。"克兰兹自己做了个笔记：在飞行中，要确保知道去哪里找到涉及每个系统的每个人，以防需要迅速从他们那里获得信息。这只是飞行控制的早期岁月中众多学习时刻之一。类似的教训将会在很快来临的"双子座"和"阿波罗"计划的紧急情况中帮大忙。

第二个跟踪站也传来了着陆袋打开的提示：这根本不是地面控制的仪表错误，信号来自飞船。虽然这个问题最后查出是一个感应器开关失灵导致的，但控制人员在任务的剩余时间里都深深地感到担心。雪上加霜的是，通过电传发送给远端跟踪站的问询可能要花费多达十五分钟才能得到回答。克兰兹意识到，在他们能实时控制诸如"双子座"计划和"阿波罗"计划这样的复杂行动之前，还有很长的路要走。

在推进到"双子座"计划之前，"水星"计划还会有三次飞行。克兰兹事后回想他在格伦飞行期间的一个重大认知时说道："一名控制人员的生死是根据他在控制台上获得的信息决定的。如果你在发射时缺乏需要的东西，那么就很难指望能在任务期间获得可以信赖的新信息。这一认知是格伦的任务留在我头脑里的最深印象。"[10]

到了"水星"计划的尾声，飞行控制管理团队共有 705 人；当他们把控制中心搬到休斯敦的新设施时，人数已接近六千。美国的太空计划迅速扩张和推进，"双子座"计划终于开始运作——登月目标驱动

第四章
吉恩·克兰兹：永不言败

着一切，拖延是不可接受的。

在此期间，在任务控制中心工作的人员都得到了以太空竞赛的速度衡量的迅速升迁，两三年的经验就能保证他们获得在企业生涯中要花十年或更久才可能得到的提拔。克拉夫特成了飞行运营部的领导，克兰兹不久就被晋升去掌管飞行控制运营部门。这当然是他应得的。他此后的压力在于让"双子座"计划保持运转。

他们把家人安置到载人航天飞行中心附近的新家，自己也搬进了新的任务控制中心。显然，飞行控制人员已经成为一支真正的团队。一些初始成员选择了离开：他们有的不想举家搬到得克萨斯州，有的觉得这份工作压力太大。对于留下的人，克兰兹会说："除了战时，我不相信年轻人会被赋予这么重大或历史性的责任。我们所从事的工作吸引着我们中的每一个冒险家、梦想家和外籍志愿兵。"[11] 在他脑子里，这份理想工作把军队中手足情谊最好的地方和尖端飞行融合在一起了。

首次"双子座"载人飞行（"双子座"3号）是从卡纳维拉尔角控制的最后一次飞行任务，1965年6月3日发射的"双子座"4号则是休斯敦新落成的任务控制中心的开幕之作。虽然NASA仍旧在使用一个有些特别的跟踪站配置对"双子座"航天器进行控制和联络，但地面通信如今已经数字化了，能更快且更为可靠地传递更多信息。此外，由于从"水星"计划获得的经验，"双子座"航天器的跟踪点从十三个减少到只剩六个。总之，它是一个更为精炼、紧凑的项目，成员的能力则要强得多。

随着任务控制团队的进驻，克兰兹又给他的手下准备了另一个惊喜——一台"双子座"驾驶舱训练器。虽然这只是一个用胶合板和硬纸板做成的简陋复制品,但它会让他们对宇航员在做什么、经历什么有个大致感觉。这对他们的工作是一个绝妙的附加品。他甚至让他们蒙住双眼在模型里面练习,直到他们彻底了解驾驶舱。

等到"双子座"计划开展的时候,克兰兹三十多岁,已经和格林·伦尼和约翰·霍奇一起被任命为飞行控制主任。"双子座"任务将把在轨道上的飞行时长从几个小时提高到几天,甚至是几个星期,这就需要控制中心有额外的轮班。

"双子座"2号的飞行是该系统的最后一次无人测试,"双子座"3号是首次载有机组人员的飞行,都从卡纳维拉尔角的"水星"控制中心来操控,也都顺利完成。无人测试飞行空舱起飞,"双子座"3号随后,坐在驾驶舱里的是格里索姆和新手宇航员约翰·扬,他们将进行绕轨三圈的试飞。唯一真正的故障发生在"双子座"2号飞行期间:当"泰坦"火箭发射时,控制室停电了,因为新闻媒体使用的耗电量巨大的电影灯光超出了电路的负荷。从那时起,克兰兹就命令任务控制中心的断路器在任务期间就地锁死:他宁愿发生可能的过载,必要的话甚至起火,也不愿控制中心发生危险的断电,因为那可能会危及整个飞行任务。又长了一个教训。

1965年6月初的"双子座"4号飞行是克兰兹担任飞行控制主任后的首次任务,也是第一次从休斯敦新的任务控制中心进行操控的飞行。任务指挥官是吉姆·麦克迪维特,飞行目标要比"水星"任务复杂得多,其中包括美国人的首次太空行走,由宇航员埃德·怀特执行。

第四章
吉恩·克兰兹：永不言败

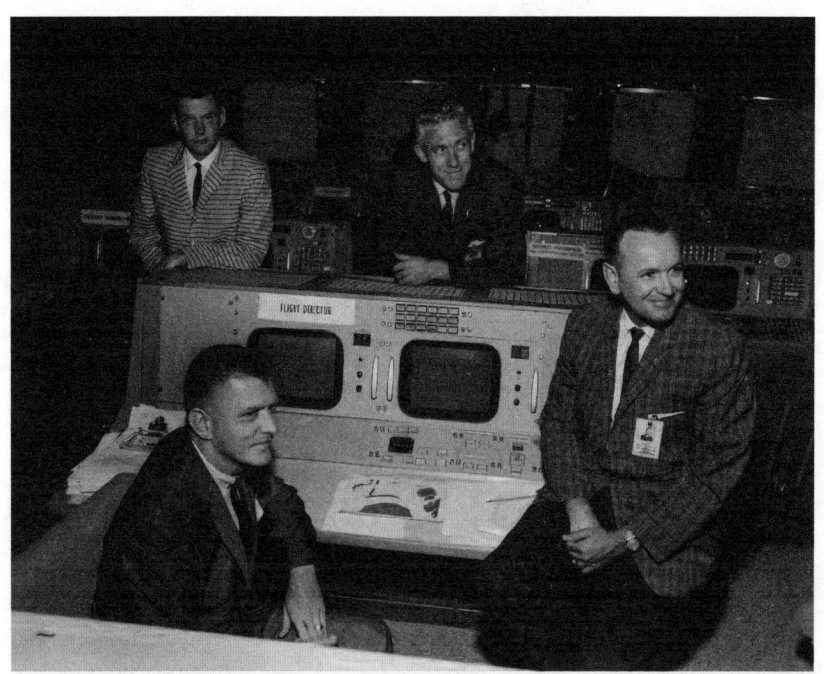

图 4.2 在"双子座"4 号飞行期间的吉恩·克兰兹，在他左边的是克里斯托弗·克拉夫特。（NASA 供图）

这次飞行也进行得很顺利，怀特的太空行走在西方新闻界引起了轰动，并由麦克迪维特从太空舱里拍摄了壮观的照片。"双子座"4 号还创下了另一项第一：克兰兹的妻子为这次任务给他定制了一件白色马甲。当他的第一次轮班开始时，他有点浮夸地穿上了它。三名飞行控制主任各挑选了一种颜色来代表自己的团队，而克兰兹选的颜色就是白色……于是就有了这件时髦的白色马甲。从此诞生了一项传统，克兰兹每次任务都会穿上一件新马甲，每一件都风格迥异。

图 4.3 吉恩·克兰兹穿着他妻子为"双子座"4 号任务定制的马甲,看起来精神抖擞。(NASA 供图)

"双子座"5 号于 1965 年 8 月 21 日发射升空,"水星"宇航员戈登·库珀担任指挥官,新手皮特·康拉德在狭窄的太空舱里坐在他右边。在顺利发射之后,麻烦几乎马上出现:燃料电池———一项旨在强化为早期航天器提供电力的电池的新技术出了问题。燃料电池把氢和

第四章
吉恩·克兰兹：永不言败

氧混合在一起，让它们流经催化剂，产生作为副产品的纯净饮用水和电力。它们为飞船供电问题提供了完美的解决方案，但在轨道环境中是完全实验性的。当电池出现故障，任务似乎不得不比原定一周的时间大大缩短。

克兰兹来上班时，飞船已经带着失效的燃料电池在轨道上就位。克兰兹看到克拉夫特正准备离开，去参加通常在发射后举行的新闻发布会，就问他想怎么处理。克拉夫特看着他，草草地说："你是飞行控制主任，现在是你值班。你自己决定吧。"[12] 克拉夫特离开了，留下一头雾水的克兰兹，接着他意识到自己的上司是对的。克兰兹现在是飞行控制主任了：这是他的演出。几个小时之内，克兰兹和他的团队就找来了燃料电池生产商，想看看能做些什么修复这个问题。在他当班结束之前，他们就制订了一个可能的解决方案。随后的几天，团队又设法让一个停工的发电机再次运转。用克兰兹的话来说，"双子座" 5号跌跌撞撞地完成了任务。机组人员在太空停留了一整周，打破了此前由苏联人创下的纪录。"双子座" 5号是又一次成功。

在接下来的十五个月里，进行了剩余的七次"双子座"任务。推进到"阿波罗"计划所必需的任务目标逐一完成，如长时间太空飞行、和另一艘"双子座"太空舱交会以及和另一艘名为"阿金纳"号的无人飞船交会并对接等首要目标。"双子座" 8号任务期间曾出过一次千钧一发的事故，当时飞船由尼尔·阿姆斯特朗驾驶，戴维·斯科特担任副手。当时有一个推进器卡住了，飞船失控盘旋了几分钟。在那种情况下，机组人员做了所有正确的决定，拯救了他们自己和这次任务，虽然提前返回，但安然无恙（参见第六章）。在宣布登月之路前方再无障碍之前，只剩一个重大难题：舱外活动的暗黑艺术。

自从登月计划的流程规划开始以来，舱外活动（或者用比较不正式的称呼"太空行走"）一直被认为是"阿波罗"任务必备技能组合的一部分。一开始，科学家设想宇航员可能不得不在开放太空中从一艘飞船进入另一艘，或者在往返月球的途中需要修理飞船。在任意一种情况下，宇航员都必须在真空环境下进出飞船，可能还需要从一艘飞船移动到另一艘，并有效完成工作，修理一些出故障的系统。人们以为这虽然具有挑战性，但很快就能攻克。他们真是大错特错了。

埃德·怀特在1965年进行的太空行走轻而易举。他离开太空舱，凭借一个小型手持推进器在四周移动，并返回驾驶舱。后一次舱外活动原计划派给"双子座"8号，但由于飞行中出现紧急情况导致机组人员提前返回地球而取消。随后，"双子座"9号、10号、11号都进行了舱外活动，但结果显然不尽如人意：在飞船外作业的宇航员很容易就气喘吁吁，然后变得筋疲力尽，被迫提早结束活动。虽然每次任务都比上一次多了些收获，但从一艘飞船顺利过渡到另一架航天器并在抵达后就开始着手工作的目标，NASA仍未实现。这让人既沮丧又担心，因为舱外活动的最后一个环节对于推进到"阿波罗"计划至关重要。舱外活动的进展对于克兰兹和其他控制人员来说更加让人沮丧，因为他们知道掌握这些活动是未来载人太空飞行计划的关键。但他们只能在任务控制中心无奈地看着，除了监察着这一切并对一些他们根本看不到的事情提出建议，也做不了更多，因为那时候还没有太空飞行的

第四章
吉恩·克兰兹：永不言败

实时电视转播。

"双子座"9号任务期间，第一次尝试更复杂的舱外活动的机会来了。吉恩·塞尔南将出舱活动，由汤姆·斯塔福德控制飞船。塞尔南将移动到"双子座"太空舱的背面，背着一个由空军为测试太空自由飞行而制造的机动背包（不过他仍然会通过一根长绳子和"双子座"太空舱拴在一起）。塞尔南几乎刚出太空舱就开始打转，他挣扎着抓住飞船，把自己拉到背面接近隔热罩的部位，那里也是机动部件所在之处。当他到达时，心率已经高达180次每分钟，而他的头盔目镜也被淋漓大汗弄得雾气腾腾。斯塔福德取消了舱外活动的其余内容，塞尔南筋疲力尽地返回舱内座位。

在任务控制中心，克兰兹看着整个过程，越来越提心吊胆。最终，斯塔福德呼叫询问是否要继续进行。当舱外活动终止后，克兰兹大大地松了一口气，心想："上帝啊，这些家伙就像冰人一样，浑身是胆。"

在"双子座"9号任务的尾声，克兰兹的工作转到筹备"阿波罗"计划的首批飞行任务，预定仅仅一年后就要开始。其他飞行控制人员将会完成"双子座"计划，克兰兹对此羡慕不已。他设法值一些夜班，让其余两名飞行控制主任休息一下：这样他们就能够正常地在每个班次工作八小时（算上交接和述职的话就是九小时），而不是每个班次工作十二小时。其他飞行控制主任格林·伦尼和克里夫·查尔斯沃斯将完成"双子座"计划的挑战，并最终攻克舱外活动的复杂点，巴兹·奥尔德林在"双子座"12号飞行中遵循指令而收获了完美的表现。奥尔德林早前在当地一所高中的游泳池里通过水下训练进行了试验，

图 4.4　1965 年底,吉恩·克兰兹在控制台运行了一次"双子座"测试程序。(NASA 供图)

泳池逼真地模拟了失重环境。他在几个月之前就强烈表达了他的看法,认为这才是推进的路径。NASA 总部对"双子座"舱外活动的审核肯定了他的判断。

"双子座"12 号在 1966 年 11 月 15 日返回地球后,"双子座"计划就正式结束了。首次"阿波罗"载人飞行预定在仅仅一年多之后。克兰兹已经深入参与筹备工作,监管这个全新而又复杂得多的飞船的业务。这时候,他已经是飞行控制部门的主管,他的职责是完善整个

第四章
吉恩·克兰兹：永不言败

"阿波罗"任务的操作程序。

到了 1961 年末，NASA（包括克兰兹）经过和麦克唐纳飞机制造厂的多年合作之后，要跟一个新的承包商——北美航空公司打交道。该公司生产了第二次世界大战中一些最强大的歼击机，还有 X-15 高超声速实验机。现在，该公司正在制造"阿波罗"太空舱（或称指令舱）以及为它提供动力和推力的部件（称为服务舱，两者合起来称为指令-服务舱）。但是，北美航空公司的企业文化和 NASA 曾共事过的其他承包商多少有些不同：他们不像其他公司那样欢迎 NASA 的监督，更倾向于独立。与承包商的关系也变得有挑战性了——1966 年，克兰兹在"阿波罗"飞船的操作程序手册制作方面和他们意见不合。下一年，这个合作关系将变得更加剑拔弩张。

"阿波罗" 1 号预定在 1967 年初载着首批机组人员飞行。弗吉尔·格里索姆和埃德·怀特二人都是经验丰富的宇航员（两人都在"双子座"计划飞行过，格里索姆还在"水星"计划飞行过），第三名机组人员罗杰·查菲则是个新手。他们将要驾驶的"阿波罗"太空舱是一款早期的设计，被称为"一批次"（Block I）。自"一批次"开始建造以来，太空舱已经被重新设计，以便和将要携带两名宇航员前往月球表面的登月舱进行对接。然而，NASA 有一艘显然具有飞行价值的"一批次"飞船随时可以出发，所以他们就决定让老的设计型号至少飞一次，以获得服务舱在地球轨道上飞行的经验：第一次飞行时将不会有登月舱。

随着发射日期临近，克兰兹有一种不安的感觉，觉得自己和团队

"落后于飞船"。他感觉他们还没有真正熟练掌握所有系统和程序。但要让一切准备就绪的话,剩下的时间不多了。1966年都要结束了。

第一次任务后来被称为"阿波罗"1号(从技术角度来说,它被称为"阿波罗-土星"204,即 AS-204 任务),目的是测试发射行动、飞船跟踪和控制,当然还有"阿波罗"号飞船的硬件及其操作。它将用"土星"1B号火箭发射,它是"土星"5号月球火箭的小型前身。如果一切顺利的话,这次任务预计为期两周……但机组人员永远没有发射的机会了。

1967年1月27日,NASA 正在对飞船进行测试,飞船当时已经安装在"土星"1B号上了,准备于2月21日发射,机组人员都在舱内。这是一次关键的"拔插头"测试。航天器和发射塔之间的所有线缆和连接都要脱开,以测试系统的飞行配置。这被视为一次低风险测试,因为火箭还没有加燃料,主要是在航天器和地面控制者及其设备之间的一次程序性的发射前检查。

克兰兹带着极大的悲痛记住了这个日子。测试在早晨开始,克兰兹和团队在休斯敦的任务控制中心进行监控。"我负责任务控制团队、任务控制中心、通信、远端站点等,"克兰兹后来说,"我已经检查了所有通信。我和卡纳维拉尔角的发射团队通了话。我们已经了解所有程序上的变数,并推进到了下午。"就在那时候,另一位飞行控制主任约翰·霍奇来接克兰兹的班。"我已经把控制台职责移交给了约翰,他正打算继续倒计时。等到临近我们模拟发射的时段,克拉夫特就会进来,开始倒计时。"[13]

第四章
吉恩·克兰兹：永不言败

正值中午，克兰兹准备好下班。"机组人员已经入舱，一切看起来都还顺利。我们一度在通信上出了问题，但和前一天测试中出现的问题相比，根本不算严重。"克兰兹去办公室收拾东西，然后就回家了。他打算带妻子外出用晚餐——这事已经很难得发生了，因为他和其他成千上万名NASA员工的日程表都排得很满。"玛尔塔生下了我们的第三个孩子，所以我答应她晚上出去吃饭，换换口味。"

休斯敦时间下午5时31分，监控这次测试的控制人员听到"阿波罗"太空舱里的机组人员疯狂发来信息。

"着火了！"

"驾驶舱里起火了！"

"火势很糟糕……把我们弄出去。我们要被烧着了……"

不到三十秒，宇航员全部遇难。一次急剧的火灾席卷了狭小的太空舱，使他们窒息而死。

克兰兹正在家里，准备外出。"我们正打算穿衣服出门，我隔壁的邻居吉姆·汉尼根过来了。实际上，我们是在等保姆的时候听到有人大声地敲门……（他）进来说他在收音机里听到发射综合体发生了严重事故，怀疑机组人员都遇难了。这是我获得的'阿波罗'1号灾难最早的消息。"[14]

克兰兹急忙驱车前往航天中心：

> 我到了那里，他们已经把守住所有大门，从保安人员那里没办法打电话联系到任务控制中心那层。我绕着大楼转圈，后面有

一个货梯，我对保安连哄带吓才进了货梯，上到我们进行测试的那一层，然后进了任务控制中心。

我从来没看到过一个单位或一群人，一群男人，在他们一生中这样震惊。克拉夫特也在那里。他正在电话上和卡纳维拉尔角那边的人（我觉得是迪克·斯莱顿）通话，飞行医生在他边上。约翰·霍奇和我都是在飞行测试中成长起来的，我们对这项事业中有人牺牲的情况并不陌生，所以我们也许比其他人稍微冷静一点，但大多数飞行控制人员都是刚从大学毕业的二十来岁的小孩。每个人都经历了这十六秒中机组人员呼喊的痛苦。一开始，我们以为他们是被烧死的，实际上他们是窒息而死。这刚刚发生，非常真实，许多控制人员似乎无法面对这次灾难的发生。[15]

克兰兹下令让控制人员确保控制台安全，指示他们把能回想起来的一切都做好详细笔记。完成后，他们大多数人都去了一家他们常去的名为"唱歌轮子"的本地酒吧，用酒精来麻痹自己的痛楚和震惊。当酒吧老板听说这个消息之后，把所有其他顾客都请了出去：那一晚被用来为"阿波罗"1号机组人员守灵。

第二天早晨，我们回来重新开工，想要看看是否有任何答案。在那种环境中，你就是想找到答案，想找出原因，弄清楚发生了什么……我们整个周日都在工作，只是坐在办公室里，却几乎像瘫痪了一样。我们都被刺痛了。

第四章
吉恩·克兰兹：永不言败

到了周一早晨，克兰兹做出了一个决定：他觉得需要和飞行控制人员对这次事故进行分析。飞行控制人员都是年轻人，平均年龄只有二十六岁，大家以前都没有面对过这种损失。他想让自己的部门重回正轨。他认为作为一个团队，他们已经偏离了核心职责。

他把大家集中到一间会议室，等着团队安静下来。其他 NASA 员工以及太空舱承包商团队的一些人也溜了进来。他可以理解大家的情绪都很低落。他冷峻地环顾房间并说了几句开场白，然后展开了他演说中"这就是该怎么办"的那部分。这是任务控制中心历史上最著名的演说，下文所述是克兰兹的回忆——这次会议并没有被录像或录音。

> 航天飞行永远不能容忍粗心大意、缺乏能力和玩忽职守。在某些地方，出于某种原因，我们搞砸了。它可能是设计、制造或测试方面的疏忽。不管是什么原因，我们都应该把它找出来。我们太执着于进度，对每天在工作中看到的所有问题都视若无睹。项目的每一个要素都有了麻烦，我们也一样。模拟器没有用，任务控制中心在几乎每个方面都落后了，飞行和测试程序每天都在改变。我们所做的一切都无法持久。我们中没一个人站出来说："该死，停下！"我不知道汤姆森的委员会（由弗洛伊德·L. 汤姆森担任主席的事故调查委员会，汤姆森是当时 NASA 兰利研究中心的主任）能查出来的事故原因是什么，但我知道我所找到的。我们就是罪魁祸首。我们没有做好准备。我们没有做好本职工作。

我们只是在掷骰子，指望到发射那一天会船到桥头自然直。而在心里，我们知道除非发生奇迹才行。我们急于求成，在赌卡纳维拉尔角会比我们先犯错。

从今天起，飞行控制部要以两个词闻名："严格"和"能干"。"严格"意味着我们要永远对我们所做的事情或我们没能做到的事情负责。我们再也不能松懈。每一次进入任务控制中心，我们都要知道自己代表的是什么。"能干"意味着我们永远不能想当然。我们永远不能再被认为欠缺知识和技能。任务控制中心将是完美无缺的。当你今天离开这次会议回到办公室，你要做的第一件事情就是在黑板上写下"严格"和"能干"。永远不要擦掉它。每一天当你走进办公室，这些词会提醒你格里索姆、怀特和查菲所付出的代价。这些词就是要想成为任务控制中心成员所要付出的代价。[16]

集中在一起的飞行控制人员一片沉默。虽然他严厉斥责了飞行控制人员，但也成功地把支离破碎的团队重新凝聚为一个团结的整体。克兰兹一直钦佩克里斯托弗·克拉夫特能用一些适当的话语激励人们，他自己也刚刚发表了一次会在任务控制中心和NASA历史上流传的讲话。这段话到今天都还被当作强有力领导的最好范例被人研究。

NASA对这起事故发起了一次艰巨的调查，指令舱的工作和未来飞行的准备工作暂停了大约十八个月。

"阿波罗"1号太空舱被小心拆卸后，火灾的可能原因很快就找到了。那是太空舱舱门附近的地板边上的一个线束。舱门经过很多次的

第四章
吉恩·克兰兹：永不言败

开关，其锋利的边缘刮擦着线缆，磨损了绝缘层，造成漏电，于是产生了电火花。在正常情况下，这不是什么大问题，它可能会导致跳闸；但指令舱里的气体是极易燃的纯氧。太空舱若是在太空里承受的 5 磅每平方英寸（0.35 千克每平方厘米）的压强，小火苗也可能很快就被扑灭——机组人员有一个专为这种紧急情况准备的灭火器。但由于太空舱在测试时处于海平面高度，舱内充气将压强提高到 14—17 磅每平方英寸（0.98—1.2 千克每平方厘米）的范围。这时候如果遇到火源，空气就会爆炸。雪上加霜的是，太空舱里的很多地方都粘着魔术贴搭扣（宇航员用它来固定物体，以免它们在零重力下飘走）。魔术贴搭扣通常仅仅会闷烧，但在高压纯氧环境下，它就会爆炸。

最后一个让宇航员无法逃难的设计缺陷是太空舱的舱门。"一批次"太空舱的舱门是一个"两件套"，有一个朝里打开的内舱门，像瓶塞那样嵌入太空舱的机身。当太空舱内部压力升高时，内舱门就被卡住了。此外，它还用螺栓固定住了，拆除螺栓还需要时间。打开笨重的外舱门更是费时间。种种因素叠加，相当于他们把格里索姆、怀特和查菲送进了一个狭小而易爆的焚化炉。他们根本没有办法及时逃出生天。

到处都存在失误。北美航空公司组装的指令舱很粗糙，酿成大祸的接线和其他问题都是证明。NASA 所主导的舱门设计在从航天器紧急撤离的情况下也是一个败笔。选用魔术贴搭扣也并不明智，至少不能用那么多。最后，在那种压强下使用纯氧绝对是疯狂的举动。虽然有至少一个备忘录中显示，北美航空公司曾表示在纯氧中进行测试是糟糕的主意，但 NASA 坚持认为这足够安全。正如"阿波罗"计划宇航员弗兰克·博尔曼后来在一次国会质询会上说的,他们遭受了"想象力的失败",导致机组人员遇难。[17]

指令舱在"二批次"(Block 2)进行了重新设计,给舱体添加了朝外打开的全新单扇舱门,可以在十秒之内脱落。太空舱内部的线缆得到重新设计和布局。魔术贴搭扣和其他易燃物质的使用被降到最低。宇航服也着过火,所以添加了阻燃外套。最后,也可能是最关键的一步:无论是在测试还是在飞行中,飞船将永远不会在海平面的气压条件下注入纯氧。他们设计出一个综合系统,在较低海拔时使用不易燃烧的常规空气,等高度接近轨道时,才会对空气加以净化,在5磅每平方英寸的较低压强下用纯氧代替。

一次教训付出了三条人命的代价,克兰兹和他在任务控制中心的下属将永远无法忘怀。

"阿波罗"计划的第一次载人飞行使用的是"阿波罗"7号,定于1968年10月11日发射。沃尔特·斯基拉(一位"水星"计划的老宇航员)、沃尔特·坎宁安和唐·艾西尔(后两人都是新手)乘坐由"土星"1B号火箭搭载的经过彻底重新设计的"二批次"的"阿波罗"太空舱飞入轨道。在太空停留将近十一天后,机组人员返回地球。这次任务是NASA向月球进军的又一次胜利。到这时,部分出于NASA从这次火灾中恢复时日渐增加的行政管理需要,克拉夫特从任务运营岗位调离,调任成为飞行运营部门的主管。留下克兰兹负责任务控制中心,并仍然担任飞行控制主任。

接着发生了对"阿波罗"8号的安排的变化。

第四章
吉恩·克兰兹：永不言败

图 4.5　1968 年 1 月，克兰兹和"阿波罗"号宇航员吉姆·麦克迪维特（左）、拉斯蒂·施韦卡特（中）在"阿波罗"5 号无人测试飞行期间交谈。（NASA 供图）

"阿波罗"系统原本安排了更多次测试飞行，但随着肯尼迪十年期限的截止日期临近，对 NASA 高级管理层的核心人物来说，这些任务中有许多似乎是多余的。此外，登月舱在制造方格鲁曼公司那里也正面临着巨大挑战：它超重了，而且存在技术问题。登月舱是一个决定步调的事项，它拖延了测试进度。到 1968 年仲夏，改变即将发生，而且会有相当的戏剧性。

"到了 8 月，我接到一个电话，让我到克拉夫特的办公室去。克拉夫特说：'坐下，我想和你谈谈。'"克兰兹回忆道，"'我今天要带一个团队去亨茨维尔，我们打算提议今年12月去月球。'唉，现在都8月了，所以我们是在说：四个月后，我们就要去月球。这话让这里的每个人都很意外。"[18] 它只是让克兰兹和他的团队感到意外，对外界来说绝对是大吃一惊。NASA提议要跳过一整套测试飞行，使用仅仅在地球轨道上测试过一次的指令-服务舱，就把宇航员送进月球轨道。并且，由于这次飞行中没有登月舱，他们将严重违背自己的一条规定，使用服务舱的单发动机带宇航员回家。"阿波罗"8号可能会成为一次巨大的单点故障。一旦机组人员到达月球轨道，如果发动机点火失败，他们就别想回来了。将在1969年指挥"阿波罗"12号任务的皮特·康拉德是这样评价这台发动机的："如果它不起作用，那么我们将会成为太空计划的第一个永久纪念碑。"死去的机组人员将永远绕着月球转。[19] 抛开黑色幽默不说，每个参与其中的人对此都有清醒的认知。

克拉夫特要求克兰兹在第二天早晨让他知道是否有任何令人信服的理由不执行这次冒险任务。"显然你能列出手臂那么长的一串理由来说明为什么不能做某些事情，但在那时候，这并不是做事的方式。你真正会去做的就是说：'我们为什么不能呢？'所以你就会不断寻找现有的机会。"克兰兹说。

在紧张的短短几天里，他们检查了所有参数和变量，评估了风险，并把约翰逊航天中心的几乎每一台主计算机都联合起来计算轨道线和发射日期，然后得出了答案。"阿波罗"8号要出发了。

这大致是在克拉夫特让克兰兹全面掌管飞行控制中心的时候（他兼任这个职位和飞行控制主任职位）。因此，当"阿波罗"8号在1968

第四章
吉恩·克兰兹：永不言败

年 12 月 1 日发射时，他为自己更大的职责而忙得不可开交。对他来说，这是一种截然不同的体验，也让他尝到了克拉夫特从飞控主任的岗位上退下来的滋味。

"这是一个如果我能袖手旁观的话我可能会高兴起来的岗位。"克兰兹回忆说：

> 那些旁观任务的人在情绪上似乎一直要比那些负责执行的人更加激动，因为执行任务的人几乎必须是目光坚毅的导弹发射者。我不在乎他们是二十六岁还是三十五岁。事实是，你必须对工作保持注意力高度集中。我觉得，那些坐在观察室（控制中心后面一个用玻璃围起来的区域）的人是最坚强的，（下班的）飞行控制主任想方设法地要接通某个人的控制台，这样他们就能听到正在发生什么。
>
> 我觉得那可能是我生命中所经历过的最神奇的圣诞夜，我实际参与了一次任务，为管理员提供支持，接触到这个极为大胆的行动的最初设计和概念，而现在我们亲眼看到我们成为人类登月的第一名。可以说，我们在那些日子里进行的每一次飞行任务都在创造纪录。很明显，我们有着实现登月目标的最佳机会。那简直是一个神奇的圣诞节。我的意思是，今天你也能听到博尔曼、洛弗尔和安德斯朗读《创世记》的篇章，但都没法和那个圣诞节相提并论。它简直太神奇了。它让我坐立不安。我能感觉到自己毛骨悚然，那种情绪真是不可思议。[20]

"阿波罗"8号绕月球轨道飞行了十圈,在1968年12月25日返回。这次豪赌获得了回报。随着格鲁曼公司的登月舱接近准备就绪,还剩几个月,他们就要尝试首次登月。没有时间庆祝了,没有机会为这次的胜利放松。在NASA宣告肯尼迪的目标实现之前,还有太多工作要完成。

"阿波罗"9号仅仅是一次地球轨道任务,是规划来测试飞行中的登月舱的。它在1969年3月3日发射,在随后十天中,机组人员对登月所需的所有系统都进行了彻底调试。他们在登月舱和指令舱之间进行了多次交会和对接练习。接着,他们点燃了登月舱的下降发动机,在它们从下面级火箭分离之后,他们又点燃了上升发动机,这是登月舱上面级火箭的一个独立的动力供应设备:

> 这也是继续测试登月舱的一个真正的好机会,它用了五天时间。这是一次为期九天的任务,在对登月舱进行测试的五天中,我们进行了十次发动机点火、十次交会,所以我们基本每天进行两次重要交会。与此同时,我们也要和飞船交会。实际上就是让机组人员进入登月舱里,如果我们没法让两者回到一块,这名机组人员就回不来了,因为登月舱没有隔热罩。[21]

结果证明,在仅仅一年多之后,当"阿波罗"13号遇到麻烦时,他们在登月舱进行的练习获得了回报。在"阿波罗"9号之后,他们进

行了无数次模拟任务练习,在其中一次之后,克兰兹和他的团队遭到了模拟飞行主管的训斥:

> 有一天,我的团队没有做好本职工作,当我们对训练进行事后汇报时,我们的模拟飞行主管(也是我们的训练领导)来到我们的报告会上说:"你们为什么开着登月舱的电源?我们为什么要用那些电?难道你们不觉得早就应该制定一个检查清单,把这东西的电源关掉吗?无论你们什么时候遇到麻烦,都应该想办法节省每一点能源,每一点能得到的资源,因为某一刻你们可能需要它。"那家伙的名字是杰瑞·格里菲思。在会上,我们只好说:"杰瑞,那是个好主意。是我们工作没做到位。我们没动脑子。我们想太多其他事情了。"于是,我们开始制定一系列紧急断电检查清单。当"阿波罗"13号出问题的时候,那的确是我们的第一道防线。22

下一个跟上的任务是"阿波罗"10号,这是"阿波罗"11号登月任务之前对飞船系统的最终演练。机组人员将飞往月球,然后两名宇航员会进入登月舱,留下一人在指令舱,并下降到离月球相对更近的距离,不着陆,然后启动登月舱并飞回轨道和指令舱对接,最后回家。

克兰兹回忆说:"我们必须做的最后一件事情是全面的带妆彩排,这恰恰就是我们在'阿波罗'10号飞行时做的。现在要把所有这些小部件捏合到一起,为登月做一次彩排,包括低空掠过月球表面。顺利得让人难以置信。"23

对于任务指挥官汤姆·斯塔福德和他的登月舱飞行员吉恩·塞尔南来说，如此接近月球却无法拔得登月的头筹，一定会感到沮丧（塞尔南将在"阿波罗"17号实现这一目标，那是最后一次登月任务），但他们有自己的工作，并且完成得很好。唯一的大波折是当他们将登月舱置于大约47 000英尺（14.33千米）海拔高度的时候，登月舱的上面级忽然失控，急剧旋转起来——雷达加载了错误的上升程序。斯塔福德和塞尔南马上就重新控制住了登月舱，并继续上升到等候着的指令舱的位置。这还是有些惊险的。

最终，1969年7月，NASA迎来了重要时刻。大奖颁发。十年来的紧张工作、两班倒、大量加班以及紧张的家庭生活迎来了高潮。尝试首次登月的时间已经到来。

虽然任务控制中心的工作人员是一个团结合作的团队，但是克兰兹还是不可避免地在这次登月尝试上有了竞争情绪。几位飞行控制主任之间曾有一场无声的竞赛，想在模拟飞行中取得优胜：每个团队都想要在首次登月时在场。每个团队都全力以赴，并都以独特方式胜任。不久，"阿波罗"11号任务的首席飞行控制主任，负责分配任务的克里夫·查尔斯沃斯传来了通知。在克兰兹回忆里，这事几乎有些虎头蛇尾。查尔斯沃斯踱进了克兰兹的办公室，为了取得效果，停顿了一会儿——他俩都知道他为什么来，然后说："你来负责月球登陆。"克兰兹回忆道："我几乎一整天都在办公室里蹦来跳去，我觉得秘书们从来没见过我这么高兴。"[24]

他们都已经高度紧张，而且离登月尝试只有几个月了，训练的压

第四章
吉恩·克兰兹：永不言败

力前所未有。

"阿波罗"11号的训练程序开始得很晚，因为模拟器里的登月软件没准备好。查尔斯沃斯以前主管过发射，"土星"5号的可靠性已经验证，所以他尽可能快地完成训练，以便让其他飞行控制主任可以使用模拟器。只有这么点儿时间可以分配给模拟器、计算机和任务控制中心，模拟练习中地面上的一半活动都在这里进行。"那让格林·伦尼和我在五六月份有需要的时候能大量接触模拟器，我们要在7月发射，而我们通常会在发射之前大约两周的时候中止训练，因为机组人员还有其他事情要做，我们也有其他事情要做。"[25]

"所以，我们的团队在训练的第一个月士气很高，"克兰兹回忆道，"我们相当熟悉登月舱，感觉胜券在握，太过自信。"

负责这些训练的模拟飞行主管感觉到了他们的自满，决定该给控制登月的团队泼点冷水了。"他开始增加下降阶段的相关压力。"克兰兹说：

> 现在，你要下到月球上去，就像让一架飞机着陆，而它基本上就是一个禁闭间。不管你做什么，你可以加大油门，可以改变姿态，在你开始再次起飞返回之前，你都要去触地。这是同样的条件，但它没有明确界限；它是一组变量，取决于你按照这个"禁闭间"所决定的方式而进行下降的高度和速度。[26]

简而言之，如果过于接近表面并且出问题的话，登月舱就会坠毁。

此外，向月球发射和接收无线电信息会有延迟。事实是，这还是一个基本不为人所知的领域（他们只在电脑模拟中体验过登月），显然仍有可能出错。模拟飞行主管决定让克兰兹的团队经受一下挫折：

> 模拟飞行主管确实告诉我们，问题和这个"禁闭间"与月时延迟有关。我们想象了一系列场景，它几乎像没完没了。只有几周时间，却像一辈子那么长，而我们什么事都做不对。我们要做的任何事情，要么等太长时间让飞船坠毁了，要么在不必要的时候过早放弃，那段时间的情况报告绝对很差。[27]

情况很糟糕，克兰兹对自己的能力逐渐失去信心，而"阿波罗"11号的机组人员也很沮丧，甚至都不想和任务控制中心的人说话。

发射迫在眉睫，但在更多折磨人的模拟练习之后，克兰兹终于感到他们有了起色。接着，模拟活动又当头砸下另一根大棒。

"最终几轮训练的目的一贯是打造信心，"克兰兹说，"现在到了这个时间点，这是我们最后一次机会了——通常，在任务的这个阶段，事情都会正常运转，所以让我们留在'禁闭间'里，让我们打造这个团队的信心等等。"[28]

可模拟飞行主管迪克·库斯（他一开始就在NASA工作）并不这么看。正如克兰兹所回忆的那样："我们开始了最后一个训练日，大约到中午，我们已经放弃了更多次，而且……他开始让我恼火，因为我想做的是练习着陆，继续完善着陆的时机选择。"

第四章
吉恩·克兰兹: 永不言败

库斯则有另外的计划：

　　我想着那是最后的训练之前的最后一次或倒数第二次……在降落训练进行到一半的时候，我们看到一系列计算机程序警报。我们以前在训练中从来没有看到过这些。我们以前在训练中也从来没有研究过这些。我的导航员史蒂夫·贝尔斯看着这些警报，决定我们必须放弃。

　　我们放弃了，那时候我真打算杀了库斯。我都要发疯了。我们开始进行情况说明会议，我想要做的就是在之后的啤酒派对上揪住他，并告诉他："这不应该是我们训练的方式。"在情况说明会上，我觉得我们什么都没做错。

　　库斯进来加入我们，他说："不对，你们并不是什么都做对了。你们不应该因为计算机程序报警就放弃。你们原本应该做的就是检查所有的功能。制导还在工作吗？导航还在工作吗？喷气发动机还点着火吗？忽略那些警报。只有当你看到其他一些警报不对劲，你才应该开始考虑放弃。"我们说他真是胡说八道。[29]

　　然而，克兰兹一向勤奋，哪怕他已经做得非常缜密，也还是让贝尔斯提交了一个计算机错误代码的清单。这可能既是为了让库斯不再来烦他，也是为了在即将到来的登陆中准备好任何突发事项。贝尔斯很尽职地照做了，这份清单就放在贝尔斯的控制台上，不招人待见，也没人想要它，直到登月的那一天。

它看起来就像这样:

> 规则 5-90,第 11 款,动力下降将在发生下列主要制导系统程序警报时终止——105、214、402(续)、430、607、1103、1107、1204、1206、1302、1501 和 1502。[30]

虽然它可能不受待见,但迟早会派上用处。

"阿波罗"11 号在 1969 年 7 月 16 日发射,由尼尔·阿姆斯特朗担任指挥官,迈克尔·柯林斯担任指令舱飞行员,巴兹·奥尔德林担任登月舱飞行员。最后一个头衔有点小偏差,因为在"阿波罗"计划中,实际上是任务指挥官在驾驶登月舱,而登月舱飞行员是他的替补。在抵达轨道几个小时后,柯林斯就让指令舱脱离了"土星"5 号火箭的第三级,转体 180°,和登月舱连接,并将它从防护罩中拉出。三人拖着登月舱加速驶往月球,去和他们的命运交会。

"阿波罗"11 号在 7 月 19 日抵达月球轨道。虽然这只是第三次载有机组人员的飞船飞过月球背面并启动发动机停留在那里,但紧张程度要比"阿波罗"8 号那次低得多。硬件已经经过验证是可靠的。此外,媒体的关注点是即将到来的登月尝试,甚至在任务控制中心里的人都感受到了。

在登陆之前,克兰兹和他的"白队"管理员有三十二小时的休息时间。在此之前,其他飞行控制主任将处理各项事务,每个人都想确保控制台上的人保持最佳状态以迎接即将到来的事件。到了登月那天,

第四章
吉恩·克兰兹：永不言败

克兰兹完成了他惯常的晨间活动和准备工作：纪律就是他的法宝，规律就是他的庇护所。当他坐进车里，个人习惯就显露出来。

"每次我准备好做一件事情，就会给自己打气。我会听约翰·菲利普·苏萨的《星条旗永不落》。"他回忆说，"这时候我们已经有了八声道播放器，所以我在车里也装了。我去每个地方，都会听约翰·菲利普·苏萨。这是我起床加速、获得能量、获得肾上腺素流动的方法。"克兰兹在家里有苏萨，在车里有苏萨，在任务控制中心的办公室里也有苏萨。多年后，他还会被邀请在一次重大的交响音乐会上为苏萨的曲目客串指挥。他就是那种人：过分爱国，骨子里老土。宇航员在降落月球的过程中没被强迫听苏萨，可真是个奇迹。

到了任务控制中心，克兰兹挂起外套，披上他的马甲背心——他的妻子为这一天给他额外缝制了一件特别款。"玛尔塔给我做了一件银白色的织锦马甲，绣满了非常漂亮的银线。"他回忆说。[31] 在前往控制室的时候，他总有一种命中注定的感觉。他感觉自己就像一个军事首领：

> 巴顿将军一直是我最喜欢的军事领袖，因为巴顿觉得……他曾到过温泉关战场，他曾和罗马军团一起在斯巴达战斗过。他有这种前世注定的感觉。好吧，我也经常有同感。这有点古怪。但基本上是这样：我走下任务控制中心的大厅，又一次，我并没有在想着登月。我只是感觉我和我的团队从出生的那一刻起，我们就属于这一天。这种感觉真是太好玩了。[32]

一旦他披挂上阵，进入任务控制中心，感受就变了。"你能看出来，大家已经在那里很长时间了。周围到处是不新鲜的比萨饼和不新鲜的三明治，废纸篓都满了。你能闻到咖啡滴在电热板上烧焦的味道。但你也会感觉到，这是一个有事情要发生的地方。我的意思是说，这个地方有点像哥伦布启航的码头，就是当他驶往美洲或登陆海滩时的码头。"[33] 克兰兹感觉到命运即将降临。

　　他看着自己的管理员正陆续进来，从下班的格林·伦尼的小组那里接手。他的团队（他称为"白色航班"）现在已经到岗。这些面孔都很年轻——很多人看上去胡须都没长齐，但他知道大多数人已经二十五岁上下了。三十五岁的克兰兹在房间里算是老人了。当他被问到为什么要挑选这么年轻的人来执行这项任务时，他回答道："我想要那些从来不知道什么是失败的人。"[34]

　　克兰兹和他的管理员报到后，走向各自的控制台安顿下来。很快，24万英里（38.62万千米）之外，迈克尔·柯林斯将"哥伦比亚"号指令舱和"鹰"号登月舱分离。接着，阿姆斯特朗将登月舱调转，这样柯林斯就能够进行检查，以确认着陆装置锁定就位。几分钟之内，他就向阿姆斯特朗发出同意的指令，阿姆斯特朗和奥尔德林便向着一个较低的轨道进发，开始降落。

　　着陆马上开始——十年的准备在此一举。是克兰兹向团队发表讲话的时候了。虽然他的演说并没有被录制下来，可他记得是这么说的：

第四章
吉恩·克兰兹：永不言败

好了，全体飞行控制管理员们，注意听。今天是我们的大日子，整个世界的希望和梦想都落在我们身上。这是我们的时刻和我们的地方，我们将一直记得这一天以及我们在这里做过什么。

在接下来的一个小时里，我们将做一些以前从来没有人做过的事情。我们将让一个美国人在月球登陆。风险很大……但这是我们工作的性质。

我们长期工作，经历了许多艰难时刻，但我们已经驾轻就熟。现在，我们要让这些工作有所回报。

你们是一个棒极了的团队。能领导这样的团队，我感到很荣幸。

不管发生什么，我都将会为你们发出的每个请求提供支援。

祝好运，愿上帝今天保佑我们！[35]

他记得还补充说："我们今天要么登陆，要么放弃，要么在尝试着陆时坠毁。后两种结果并不妙。"[36]

接着，克兰兹下令把通往控制室的门都锁上，断路器锁定就位：他不想冒险重复"双子座"计划期间的那次断电。他把这种准备状态称为"保险断路器"（这个术语来自他在空军的岁月），表示他能保护团队免于任何可能的断电。

现在，克兰兹要做一个决定："鹰"号应该开始向月球表面降落吗？他们准备好了吗？在阿姆斯特朗那头，一切似乎都好，但克兰兹有一些问题：登月舱发往休斯敦的无线电信号很糟糕。不仅语音通信很杂乱，遥测数据传输系统也几乎失灵。遥测数据传输系统是另一个无线电频道，用于把安装在登月舱上的系统的情况和状态以数字信号进行传输。

"我们无法和他们联络，他们也无法和我们交流，"他回忆说，"遥测系统很糟糕。我们不得不要求指令舱的迈克尔·柯林斯把数据转发给登月舱。我脑子里马上就想到任务规则，因为这是决策时刻，决定去或者不去的时刻。"

克兰兹停了一会儿，准备看看通信是否会改善。在登月舱里，奥尔德林摆弄着天线方向，试图让信号变好一些。

"在我们获取数据后，在大约头五分钟里它还是断断续续的，但我们有了足够数据，所以管理员能够发出指令和决定，"克兰兹说，"现在离我们称为'动力下降出发/不出发'的决定时刻更近了。现在是说出我们要不要去月球表面的时候了。这时候，我有一次让他们不要着陆的机会，仅仅一次。如果我阻止这次动力下降，那么下一圈我还有一次机会，然后登月任务就结束了。所以，当你只有再多一次机会的时候，就不能浪费这次去或不去的机会。"房间里的气氛变得紧张：无线电信号仍然很糟糕。"正要决定去还是不去的时候，我们再次失去了所有数据。于是我和团队把去还是不去的决定延迟了大约四十秒钟，必须等到数据短暂传回，然后我再做决定，我们再继续这次行动。我让管理员根据他们获得的最后有效数据组来决定去还是不去。"他要求他们看着显示停滞的屏幕：他们要根据再次失去信号之前登月舱所呈现的状态来做出决定。

第四章

吉恩·克兰兹：永不言败

他在管理员团队中做了调查，每个人都说"去"。实际上，年轻的史蒂夫·贝尔斯太兴奋了，他几乎尖叫着说："去！"所有人都能听到克兰兹在对讲机里轻笑起来，这让紧张的气氛多少缓和了下来。[37]

克兰兹给太空舱联络员查理·杜克——一名后来驾驶"阿波罗"16号的宇航员发出指示，让他告诉阿姆斯特朗和奥尔德林，他们可以开始动力下降。杜克把指令通过无线电发送给了柯林斯，让他转发给下面的同伴。

"鹰"号登月舱开始动力下降。发动机点火以降低速度，让他们可以朝着5万英尺（15.24千米）下的月球表面缓缓下降。

不到几分钟，更多问题找上门来，"就像苍蝇围上了一顿野餐"，克兰兹这样描述。导航员意识到"鹰"号下降的时间"太长"了，他们将越过原定的着陆带。"那不是我们原来计划好的着陆点，现在我们正朝着着陆区边缘移去，那里崎岖不平。"克兰兹说。[38]

他允许他们继续着陆。

新问题出现了。"我们到了这个即将进入的新着陆区，我们在和通信问题斗争……现在一个新问题悄悄溜进来了，是一连串的程序警报。"[39]

登月舱的计算机已经锁定，但它并没有显示高度和速度，也没有表明正继续工作，除了"1202"，没再显示任何东西。这是一个错误代码……但它是哪种呢？严重吗？应该放弃吗？

太空舱联络员杜克嘟囔着说："这和我们在训练时的问题一样……"

贝尔斯抓过了他一度很不喜欢的计算机错误代码清单，那是他在最后一次模拟训练中呼叫了一次"放弃"并为此受到责骂后所汇集起来的。他急忙查看"1202"是否在清单上，支援他的工程师也在"里屋"这么做。"里屋"是飞行控制大厅后方的一片区域，其他工程师和技师在那里为飞行控制管理员提供支持。

幸运的是，"1202"并不在"放弃"的列表上。贝尔斯说："我们没有理会那个警报。如果它不再出现，我们就去。"[40]

由于计算机出了故障，宇航员看不到显示高度的雷达信息。不过，正当贝尔斯发出指令让他们继续的时候，雷达数据恢复了。

"我们经受过这种练习，同时也在接收雷达数据。我们让他们带着警报继续前进，我们告诉他们要接收雷达数据，不管警报继续前进。你知道，雷达是好的，他们正在接近……我们继续一路向月球表面下降。"[41]

他们还有八分钟就到了。

计算机再次发出警报，从"1202"变成了"1201"，但它们是同一类的问题。贝尔斯告诉杜克，让机组人员知道任务控制中心会在地面监控雷达数据，并会让他通报。

但问题还没有结束。当"鹰"号登月舱下降到7 000英尺（2 133.6米）的时候，阿姆斯特朗意识到他们下方的区域比预计多了很多岩石和坑洞：他们正朝着原本计划着陆的平滑地区的远侧下降。他马上停止下降，开始水平飞行，寻找可以落脚的地方，不至于在返回轨道时危及他们起飞的能力。任何障碍物——岩石、火山口边缘或凹陷，如果高度超过18英寸（约45.7厘米），都可能让他们有去无回。

第四章
吉恩·克兰兹：永不言败

这时候，燃料也告急了。

克兰兹说："太空舱联络员，我们准备着陆。"[42] 杜克转发给阿姆斯特朗和奥尔德林。但克兰兹非常清楚燃料所剩不多。很快，这就被一名管理员的呼叫确认，他说："低能级。"在模拟训练中，他们现在已经着陆了，但阿姆斯特朗还在月面上空疾飞，扫视着前方的地形。奥尔德林冷静地读着高度和速度的报数，轻声鼓励阿姆斯特朗再次开始下降。

"阿姆斯特朗必须挑选一个着陆点，他离月球表面很近了。他不是缓缓地水平移动，而是非常快速地移动，10—15 英尺每秒（3.05—4.57 米每秒），"克兰兹说，"我们在训练中从来没看到过有谁用这种方式飞行。此时，管理员卡尔顿喊出了'六十秒'，可我们还没有接近月面。这时候我在想：好吧，我们已经从机组人员那里收到了最后的高度测量数据，是大约 150 英尺（45.72 米），那意味着我们得按照大约平均 3 英尺每秒（0.91 米每秒）的速度下降，但我看到他的下降速度是零。所以，我说：'好家伙，他真打算把燃料马上用光啊。'"[43]

杜克还在向机组人员传递信息，直到迪克·斯莱顿（"水星"宇航员，现在掌管着宇航员办公室，正站在杜克边上）如杜克说的那样重重地拍了拍他的肩膀，说："闭嘴，让他们着陆。"[44] 杜克乖乖照做了。房间里一片寂静……

他们还剩下半分钟的时间，如果机组人员无法找到落脚点，就应当放弃着陆。

"现在我们离月球表面还有三十秒，并且……我以难以置信的速度过了一遍决策程序。不管发生什么，我都不打算呼叫放弃。机组人员离表面足够近了，我打算让他们尽最大努力。"克兰兹说，"同时，机组人员表示他们激起了尘土，所以我们知道已经很接近了，但我们不知道有多近，因为我们不清楚他们在什么高度上会开始激起尘土。然后，确切地说，我们在心里开始等'十五秒'的呼叫，而卡尔顿正准备报'十五秒'时，我们听到机组人员说：'触地。'"[45]

从着陆腿上伸出的三个 5 英尺（1.52 米）长的金属杆中的一个已经触到月球表面，登月舱已经在月球着陆。一切都结束了。

差一点……

房间里爆发出欢呼，克兰兹背后观察区里的人简直要疯了，既开心，又如释重负。克兰兹低头看着自己的手……在最后的戏剧化时刻，他把手里攥着的铅笔折断了，他的手都疼了。他赞叹了一会儿，然后说："好了，静一静！"控制室里马上安静了下来，但每个人脸上都还挂着笑容。

接着，下一个问题出现了。有个仪表显示，一条燃料管线里的压力正在迅速升高，非常出人意料。月球表面的寒冷导致管线中的燃料冻结，使燃料的压力增加。这在模拟训练中从未出现过。负责飞船系统的管理员和后面房间里格鲁曼公司和 TRW 公司的人员（TRW 公司是制造了下降发动机的航空承包商）正在密切关注。如果压力太高的话，要么会崩开一个卸压盘（造这个装置就是为了应对这种紧急情况），要么会造成燃料管线破裂，导致燃料贮箱爆炸。后者可能危及机组人员生命。

第四章
吉恩·克兰兹：永不言败

克兰兹回忆道："这又是一个你永远没法测试的事情，从发动机吸收回来的热量和月球表面的温度现在正让贮箱里的压力急剧升高，现在我们不知道这个该死的东西是不是会爆炸，鬼知道我们该怎么处理它。"[46] 但克兰兹已经把登月舱里最后每个系统的细枝末节都研究透了，他知道燃料管线里面安装了卸压系统。"如果压力这么高的话，它其实会崩开卸压盘和阀门，而不是把贮箱炸了。"

正当他权衡留还是走以及是否需要发指令放弃任务并命令他们返回轨道的时候，冰塞溶化了，压力也降了下来。他今天的工作圆满完成。

> 我们把任务移交给了查尔斯沃斯的团队，我和道格（公共关系官员道格·沃德）去参加新闻发布会。说实话，这是第一次真正有机会放松下来，然后去想"今天我们真的在月球上登陆了"。这是你一辈子中能遇到的最要命的事情……你就在那里，做着所有这些事情。每个美国人都有自己的经历，而我们只有片刻时间能真正想象自己做的事情，并为它们感到高兴。这真是一件不可思议的事情。[47]

克兰兹出席了新闻发布会，向全世界简要介绍了这件事，然后就在任务控制中心四处转悠，进行他的"舱外活动"。那天，他在回家的时候是一个快乐的男人，能够作为一名观众享受短暂的喘息，直到"阿波罗"11号返回地球的时间到来。剩下的任务没出什么差错，这是杰出的工程学、刻苦的训练和完全投入的铁证。

"阿波罗"12号在那年晚些时候跟进,于1969年11月14日发射。这又是一次几乎完美的任务。当然会出现一些小故障——"土星"5号和"阿波罗"飞船在上升过程中被闪电击中两次,不过火箭安全地继续进入轨道。接着,有一个轻微得多的问题:当宇航员在月球漫步期间,电视摄像机不小心指向了太阳而被烧坏。但那只是件小事情,美国的第二次月球访问大获全胜。

接着是"阿波罗"13号任务。这个故事因为其紧急情况的极端戏剧性以及电影《阿波罗13号》而广为人知。

简要回顾一下:"阿波罗"13号于1970年4月11日发射。担任

图4.6 在"阿波罗"11号宇航员进行舱外活动期间,克兰兹倚靠着他的控制台。(NASA供图)

第四章

吉恩·克兰兹：永不言败

图4.7 吉恩·克兰兹和"阿波罗"11号任务的"白队"。克兰兹位于图中中左位置。（NASA供图）

指挥官的是詹姆斯·洛弗尔，他是参加过"双子座"计划和"阿波罗"8号任务的老手。弗雷德·海斯是个新人，担任登月舱飞行员。杰克·斯威格特则是指令舱飞行员，他在最后一刻加入，接替在发射日期前一周风疹检测呈阳性的肯·马丁利。机组人员和NASA管理层临阵换将，不过斯威格特曾被指定为替补宇航员，一直和其他人一起接受训练，所以他做好了出发的准备。但是没有人喜欢最后一刻的人员变动。

一切进展良好，直到任务开始后的第五十六个小时。当时宇航员离地球 20.5 万英里（约 33 万千米）远，飞船上发生了爆炸：服务舱（指令舱后部的能源和推进单元）的一个大型液氧贮箱裂开了。这是飞船的生命维持系统和电力系统的主要原料来源，这时它遭到了严重破坏。

克兰兹是这次任务的首席飞行控制主任。为了让他的机组人员回家，他那全面而又难得的技能被发挥到了极致：

> "阿波罗"13 号是使这个团队的成熟度又一次以一种相当精彩的方式提升的任务。我们在先前的任务中就已经决定，在每一次任务期间，一直要有四个任务控制中心的团队就位。这带给我们多种好处，因为任务中的事件往往不会恰好符合八小时的轮班，所以必须有一个团队承担我们称为"机动翻转"的职能，可以在早一班露面，也可以在晚一班露面。有了这第四个团队就位，交接就容易多了。
>
> 它也被指定为一个危机团队，以防我们在任务过程中出现任何问题。如果是大问题，这个团队就要努力找个办法自己脱机工作，而其余三个团队将继续在任务期间进行八小时轮班，不管结果是什么。我的团队被指定为牵头团队。还有……任务期间我们的首要职责都是"我们要切入月球轨道，我们还要从月球起飞"。那是我们训练的目的。在任务期间，这让局面获得极大改变。[48]

机组人员刚刚完成了向地球进行电视转播的任务，正在跟进当晚

第四章
吉恩·克兰兹：永不言败

休息之前的最后一道程序。根据任务控制中心传来的指令，他们按照清单逐项作业，进行最后的检查。

"我们进行到了最后一项，"克兰兹回忆道，"我们建议机组人员做一次低温搅拌。"[49] 服务舱里的燃料，也就是存储在隔热贮箱中的超冷液体太冷了，会变得像软泥一样，所以在贮箱内安装了电风扇，定期通电让燃料保持液态。但是，"阿波罗"13号的一个液氧贮箱里的电风扇坏了：贮箱在几个月之前曾经摔过，尽管经过测试似乎没坏，但有少量绝缘体从电风扇的电线上脱落。当斯威格特打开它的开关时，产生了一点小火花。这几乎像"阿波罗"1号灾难的小型重演——一个纯氧环境中的电火花。氧气被点燃，贮箱发生了爆炸。

克兰兹清晰地记得："突然，我从管理员那里接到一系列呼叫。第一次来自制导管理员。他说：'主任，计算机重启了。'第二个管理员说：'天线开关。'第三位说：'主线电压不足。'然后我听到飞船那边说：'嘿，休斯敦，我们有麻烦了。'……任务控制中心里，在头几秒钟，几乎没有什么是有意义的，因为管理员的数据出现了短暂的停滞。当它恢复后，很多参数显示的全是我们从未见过的东西。"[50]

管理员和机组人员的呼叫都让人越来越担心，要弄清楚它们真正意味着什么更让人抓耳挠腮。

"最后，管理员所接受的培训发挥作用了。"克兰兹回忆道。

西·利贝戈特在环境和电力控制部工作。电力、贮箱内压力、水储量——能让机组人员存活的大多数关键事务都属于他的职责范围。他瞬间就被推上了风口浪尖。"从西的角度来说，他所看到的数据没有一个是可靠的。转眼之间，我们看起来已经损失了一个燃料电池，可能也失去了第二个。"第二个液氧贮箱读数为零（这是发生爆炸的那个），而它的伙伴、第一个液氧贮箱里的压力也在下降。

克兰兹估计，在紧急情况发生大约五分钟之后，他的思路才开始清晰。他需要对自己所听到的加以选择，并把事情安排妥当。"我对着管理员喊道：'好了，大家听着，停止瞎猜。让我们开始解决问题。'然后我说了一些事后让我自己都有点意外的话。我说：'我们的主线A还是好的。别做任何会把它弄坏的事情。登月舱还连接着，我们可以在需要的时候把它作为救生舱。现在，给我找一些后备人员到这里来，给我更多计算和通信资源。'"[51]

在看着仅存的大液氧贮箱流失了二十多分钟的燃料之后，克兰兹收到了来自环境和电力控制部的呼叫。"然后，利贝戈特走向我说：'嘿，主任，我想把1号和3号燃料电池关闭。'"克兰兹回忆道，"我说：'西，让我们考虑一下。'而他说：'不，主任，我觉得这是唯一能停止泄露的办法。'于是我第三次回复他，我说：'西……'他说：'是的，主任，这是最后抉择的时候。'"克兰兹绝对信任他的手下，但这牵涉到很多事情。它会切断供电的燃料电池，宇航员得在飞行的剩余时间里依靠登月舱的电池，可那里的电池并不是为了运行那么长的时间而设计的。

"这时候，洛弗尔发来呼叫，说有什么东西正在泄露。我们已经得出结论，飞船上发生了某种爆炸，而我们现在的工作是开始从指令舱向登月舱进行有序撤离。同时，我面临着一系列不可逆的决策。当爆

第四章
吉恩·克兰兹：永不言败

炸发生时，他们距离地球大约20万英里（32.19万千米）远，离月球表面大约5万英里（8.05万千米）。"克兰兹说。他们必须决定如何让机组人员返回，此时登月显然已经不在考虑之列了。"在此期间，有一小段时间里，你有两个选择：一个将让你绕过月球正面，还有一个是带你绕着月球转。"52

飞行控制主任伦尼在相关团队中进行了投票，把这个消息带给了克兰兹。克兰兹回忆道："如果在接下来两小时内执行我们所说的'直接放弃'（绕过月球正面），那么我们能在三十二小时左右以后就回来。我们还得做两件事情：必须抛弃被考虑用作救生舱的登月舱，并且必须使用主发动机（服务舱上的大型火箭）。可我们还不知道飞船上面发生了什么事情。另一个选项是绕着月球转。这要花大约五天时间，但我们只有两天的电力。所以，我们现在处于一个决策点上：要采取哪个选项呢？我的直觉——那也是我所拥有的全部——说：'别用主发动机，也别抛弃这个登月舱。'"一些工程师担心爆炸可能已经损坏了主发动机，它也可能会爆炸，那会导致机组人员死亡。"我所拥有的就是直觉。基于……我也不知道……飞行控制这个行当、飞控主任的经验，我学会了一些生存技巧。我认为每个管理员都有这种体会。我和伦尼简短地谈了谈，他也有同样的感觉。"53

克兰兹做出了决定：他们将继续前往月球，并想方设法去延长生命维持系统和电力系统的寿命。受损飞船上的机组人员同意了。

克兰兹现在需要进行人员拆分，决定把什么工作分配给哪些人，搞清楚该怎么做才能让机组人员安全返回。从最早开始就在NASA工作的阿尼·奥尔德里奇被委任全面负责对任务主清单的维护；电气工程师约翰·艾伦监控消耗品，如电量、可供呼吸的氧气和水；把登月舱配置为救生舱的任务分配给了登月舱管理员比尔·彼得斯。

艾伦说："我们没办法让登月舱里的电力维持五天。我们必须把它减为最多四天或三天。"于是克兰兹进一步分组："我让一个小组制订电力配置文件，另一个小组的人埋头于导航技术。我还有第三个小组，把我们所需要的所有部分整合起来。我的小组担负着想办法把返程时间减掉一天的责任……每当一个人被分配到一项任务的责任时，每个人都激励他、支持他。决定一旦做出，就决不三心二意。"[54]

头二十四个小时一直进行着这个流程。在此期间，他们让登月舱的下降发动机点火，让"阿波罗"13号以更快的速度返回，然后尽可能多地把飞船上的系统断电，只允许机组人员使用200瓦特的电力——大约是一台现代微波炉所要求功率的四分之一。

当他们在做这些时，二氧化碳含量开始上升。这在电影《阿波罗13号》里有很好的重现："机组人员呼吸困难。我们必须想方法利用指令舱所使用的方形化学过滤器，还要能把它们改造得可以在登月舱里使用。"要指导那些筋疲力尽、冷得直打哆嗦的机组人员及时制作出临时抱佛脚用的过滤器转接口比想象中要难得多，但他们做到了。可又一个问题出现了。

随着"阿波罗"13号接近地球，又有一个重大障碍要克服：为再入大气层进行设置。"指令舱是我们再入大气层的运载工具。它有隔热罩，但只有大约两个半小时的供电时间。我们有服务舱，爆炸就是

第四章
吉恩·克兰兹：永不言败

在那里发生的：它实际上已经没用了。我们还有登月舱，通过一个小通道连接在这一堆设备的另一端，那里是我们的救生舱。"克兰兹说，"我们必须想出一个策略，把这一大堆设备移动到一定高度，让我们可以把这三件设备朝不同的抛射轨迹进行分离，这样它们在再入大气层的时候不会互相撞上。"[55] 如果不做规划就把各个舱简单分离，它们可能会飘向彼此，让成功再入大气层的机会毁于一旦。

克兰兹继续说道：

> 还有，机组人员必须在最后时刻才能从登月舱撤出，给指令舱通电，启动它的计算机，分开各个机舱，抵达再入高度。所以，这就是我们制定出来的策略。在我们必须执行这个方案之前大约10个小时，我们都还没能把这些碎片拼凑到一起并在模拟器中进行验证。[56]

胜算并不大。

我们把操作程序提交给机组人员。杰克·斯威格特接手程序中的指令舱部分。弗雷德·海斯接手的是登月舱部分。大约是在我们传达这个程序的时候，我们才意识到飞船上的人有多么绝望。舱内温度只有近40华氏度（4.4摄氏度），机组人员只穿着棉质飞行连体服。[57]

雪上加霜的是海斯发烧了，体温达到 104 华氏度（约 40 摄氏度）左右，却深陷太空，远离任何医疗救治手段。飞行外科医生的噩梦变成了现实。

和登月舱的分离进行得很顺利，指令舱扎进了地球大气。任务控制中心的人们都经历过多次"阿波罗"飞行，知道再入大气层应该要花多长时间，而现在他们所能做的就是等待。"阿波罗" 13 号被裹在一团火球里，疾速穿过大气层，不可能进行无线电联络：

> 黑障期对每个管理员来说都是一个极为孤单的时段。因为机组人员只能听天由命。他们只有你给他们的数据——机动数据、海拔高度这类信息。每个管理员都把他们在任务期间所做的一切都检查了个遍。"我做对了吗？"这是他们脑海里的唯一问题。[58]

管理员期盼着能看到有数据传回来，他们的眼睛会从控制屏幕向任务计时钟扫一眼，看看他们还有多久能得到答案：机组人员们活下来了吗？

> 当计数到零的时候，我告诉（太空舱联络员）乔·克尔温……"好了，乔，呼叫他们。"第一次呼叫之后，我们并没有从机组人员那里听到回话。我们再次呼叫。然后又一次。我们离应该听到机组人员回话的时间过去一分钟了。这次任务中头一回，房间里有了一丝怀疑：是否发生了什么让机组人员没能活下来。

第四章
吉恩·克兰兹：永不言败

但在我们这个行业，永远要抱有希望，对飞船和彼此的信任是永恒的。所以，我们继续呼叫。[59]

超过预计重新获得联络的时间整整九十秒后，回答来了。"阿波罗"13号回家了，机组人员平安。

"我们的庆祝通常是从雪茄开始的。我不知道年轻的管理员如今会打算做什么……因为任务控制中心里不能抽烟。"克兰兹思忖着，"但无论如何，还是从雪茄开始。必须是优质雪茄，因为任务控制中心里没人想抽劣质烟。并且我们有一些上好的雪茄！"[60]

在抽完雪茄之后，管理员整理了必要的细节，离开了任务控制中心，他们的工作完成了。现在是痛饮一番并当之无愧地休息的时候了。"那些日子里有着一种真正的兄弟情，我不认为在和平时代有任何事情、任何群体的人们能以类似方式聚到一起。"克兰兹说。[61]

"阿波罗"计划还有四次登月任务，然后是相对沉寂的一年，其间他们进行训练并为"天空实验室"计划做准备。该计划会把"土星"5号的上面级改造为一个空间站。这项任务就其自身而言是一次惊人的成功，但也出了些问题。最大的问题是空间站在发射时遭到了损坏（参见第七章），可被同样的精心准备和职业精神所克服。这在进军月球的过程中功劳很大。"天空实验室"取得了巨大成功，可以容纳三名成员，最后一批成员在空间站上停留了八十四天。

在"阿波罗"号被归入历史之前还有一项任务——1975年的"阿波罗-联盟"飞行，一艘美国"阿波罗"号飞船和一艘苏联"联盟"号

图 4.8 在"阿波罗"13 号任务成功结束后,吉恩·克兰兹享用了一支"上好的"雪茄。(NASA 供图)

飞船对接并绕轨道飞行。这次任务和探月历险相比差别甚大,但它需要对以前任何飞行所具有的每个细节都加以同样的密切关注。

接着,任务控制中心的各个团队转去其他任务,或干脆脱离"阿波罗"计划——NASA 在为航天飞机的登场做准备。不过,航天飞机要到 1981 年才会飞入轨道。在这个行业里,六年就是地老天荒了,而克兰兹在"阿波罗-联盟"任务结束之前很久就看到了终场的来临。临近"阿波罗"17 号飞行的末尾,谢幕将至这一事实已经开始潜入他的意识。

"我对传承很感兴趣,"克兰兹说。也就是说,无论在任务控制中心的工作意味着什么,这份工作在过去十二年中已经占据了克兰兹的生命。"我想要留下与克拉夫特所留下的传承不同的东西。克拉夫特建立了历代飞行控制主任的传承。我所关心的是更广泛意义上的传

第四章
吉恩·克兰兹：永不言败

承——团队的传承。这是任务控制中心本身的传承。"⁶²

罗伯特·麦考尔是 NASA 在太空竞赛大部分时间里所聘用的艺术家。克兰兹一直很佩服麦考尔在任务控制中心观察一个场景或监视器上的一幅图像，就在一分钟之内把他所看到的用铅笔画出草图来的能力，那些图画不仅传达了画面，还体现了他对正在发生的事情的感受。

"所以，我请鲍勃（罗伯特的昵称）为任务控制中心设计一个徽章，并且……我说我想要谈谈奉献。"克兰兹和麦考尔谈起了为任务控

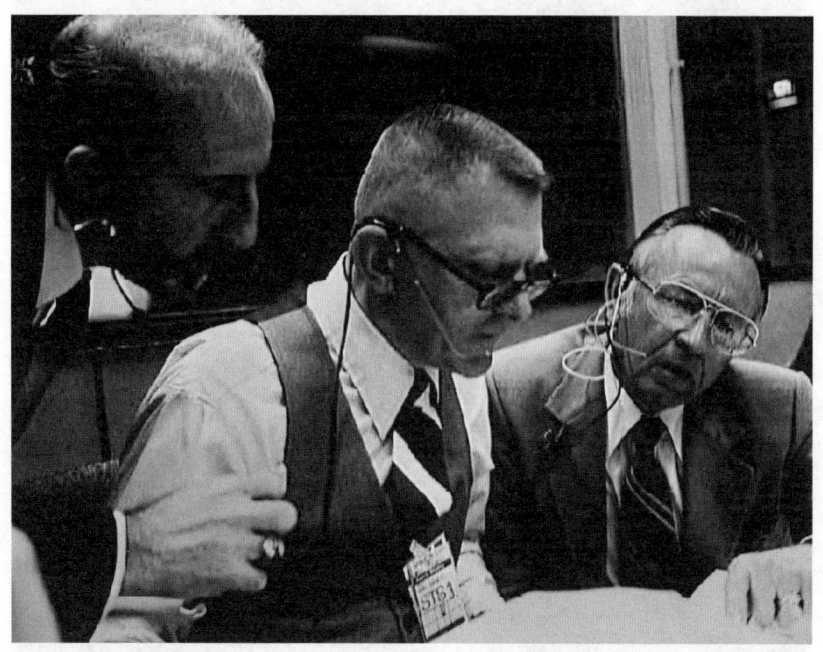

图 4.9　1981 年，克兰兹在航天飞机初次发射期间和克里斯托弗·克拉夫特交谈。（NASA 供图）

图 4.10 1988 年,克兰兹在航天飞机 STS-26 任务期间。(NASA 供图)

图 4.11 2006 年,克兰兹在马歇尔航天飞行中心演讲。(NASA 供图)

第四章
吉恩·克兰兹：永不言败

制中心服务、把宇航员的生命握在自己的手里、帮他们去实现国家的任务并把他们安全带回家，这一切意味着什么。最终得到的结果是惊人的，它直到今天还在被任务控制中心用作任务的徽章和象征。

"它代表着我们所了解的关于太空飞行的一切，'水星'和'双子座'计划的奉献和团队协作。"克兰兹回忆说，"这个徽章表现了这些项目的精神面貌，对任务、团队和成功的强烈信念，代表了你在做正确的事情。'阿波罗'号的火灾中催生了严格和能干，当时我们还不够严格。我们还没有为自己的责任而奋斗。必须记住，在这个领域，要永远为自己所做的或没能做到的事情负责。要胜任工作，就永远不能停止学习。所以，总的来说，我向鲍勃概括了我所想要的代表任务控制中心的徽章的要素。他答应去做这件事。"[63]

对团队协作、卓越、完美的承诺的成果延续到今天，任务控制中心正准备和私营企业合作把宇航员送进国际空间站、再次返回月球等项目。克兰兹对这些成果再骄傲不过了。

吉恩·克兰兹继续留在 NASA，为航天飞机计划工作了很长时间，到 1994 年退休。他和妻子玛尔塔住在得克萨斯州韦伯斯特，享受着退休生活。他的六个孩子和许多孙辈经常来看望他。但如果你把他想象成一个只图舒适的老糊涂，那就错了。因为他的"退休"生活包括撰写自传和繁忙的演讲日程：他在美国乃至全世界都是一个颇受好评的领导力方面的演说家。

第五章

**玛格丽特·汉密尔顿：
第一位软件工程师**

1969年7月20日,"阿波罗"11号任务正在顺利进行中,尼尔·阿姆斯特朗和巴兹·奥尔德林驾驶登月舱向月球表面进发。"阿波罗"8号曾在1968年12月绕月球轨道飞行,而"阿波罗"10号已经在同年5月的飞越"彩排"中测试过登月舱。他们接近月球表面飞行,但并没有登陆。随着这些目标的实现,两名宇航员现在正朝着"静海"着陆点下降。动力下降要取得成功的话,整个过程中有几千

图5.1 1995年的玛格丽特·汉密尔顿。(维基百科知识共享,作者:Daphne Weld Nichols,根据CC BY-SA 3.0.获得授权)

件事情都不能出差错;就算只有几个地方搞砸,也可能导致失败。

如果登月中断,那么可能的故障之一就是登月舱上安装的新型制导计算机出错。制导计算机被用来在前往着陆点的大部分行程中给登月舱带路,是全新的技术、全新的软件,将计算机科学的极限水平相

对于仅仅两三年前大大推进,尤其是在小型飞行级计算机方面。总而言之,它必须奏效。

休斯敦这时候正值中午,登月舱开始向月球进行历史性的降落,约翰逊航天中心的飞行控制管理员都埋头于任务控制中心的控制台前,关注着登月舱的系统和子系统。

几分钟前,飞行控制主任吉恩·克兰兹已经向"阿波罗"计划宇航员兼太空舱联络员查理·杜克(他在登陆过程中负责和阿姆斯特朗和奥尔德林的语音联络)确认登陆。无线电联络断断续续,但克兰兹同意继续,开始了登陆第一步。杜克说道:"'鹰'号,这里是休斯敦。只要你收到,就可以开始动力下降。完毕。"[1]

机组人员确认收到指令。一台小型计算机会引导他们下降。在那个年代,大型主机能塞满整个房间,计算机数据存储在纸质打孔卡和成卷的磁带上,"阿波罗"号的制导计算机可以说是一个小型化的奇迹。航天承包商雷神公司将它生产出来,并设法将原本会占据一个大柜子的体积缩小到只比一个大手提箱稍微大一点。它的内存是毫不起眼的36千字节——大约只有20世纪90年代一个软盘的十分之一,却足够让"阿波罗"飞船从地球前往月球轨道、下降到月球表面、返回月球轨道并回家。其关键就是来自麻省理工学院计算机实验室的设计精良、高度紧凑的软件。一个小团队已经为这个项目奋斗了好几年,今晚是对他们工作成果的重大考验。他们聚集在任务控制中心一个为承包商提供的房间里,工程师和技术人员可以在那里观察飞行任务,并在需要的时候提供帮助。

第五章
玛格丽特·汉密尔顿：第一位软件工程师

玛格丽特·汉密尔顿是那个团队中的一员。实际上，她负责了软件项目的很大一部分。当时她刚三十出头，不过她在二十五六岁的时候就已经受聘在麻省理工学院的一个计算机实验室工作（那个实验室除了她几乎全是男性，毕竟这是电视连续剧《广告狂人》所反映的那个时代），而且她还是很多工作的核心人物。汉密尔顿和其他值班的工作人员专心听着向地面传来的无线电通话。在 24 万英里（38.62 万千米）之外，飞行着一艘微小而又脆弱的飞船，上面有两个人正在进行人类首次登月尝试。他们的性命取决于她的工作以及其他无数人的努力……在接下来几分钟里，她的工作将是决定成败的关键。

在不到一小时之前，吉恩·克兰兹在向他的飞行控制管理员们讲话时，已经对这一天进行了总结。如他后来所说："我们今天要么登陆，要么放弃，要么在尝试着陆时坠毁。后两种结果并不妙。"[2]

汉密尔顿并没有听到那些话，不过她知道安装在登月舱上的计算机可能会是这几种不同结果的决定因素。

这时候，阿姆斯特朗明白他已经错过了目标。他们到得太迟，超出了预定登陆区好几英里。但是，计算机并不知道，正把他们领往艰险地带。他正在竭力调整。"我们下方位置检查表明有点出界。"当他们下降时，他冷静地说。实际上，他正盯着许多崎岖的陨石坑和汽车大小的岩石，它们可能会让脆弱的登月舱毁于一旦。在休斯敦，在后面房间里追踪航向的工作人员已经画出了图表，试图弄清楚"鹰"号可能所处的位置以及宇航员可以在哪里着陆。燃料正在迅速消耗。

当阿姆斯特朗和奥尔德林下降到 38 000 英尺（11.58 千米）时，无线电一直很安静——奥尔德林偶尔会读出计算机里的数据。任务控制中心发来呼叫，让宇航员通报他们的状态。接着，阿姆斯特朗以更为冷峻简短的语气说："计算机警报。"

那给每个人泼了一盆冷水：计算机现在可不能出错。相关管理人员盯着控制台，试图理解这个信息的意思。过了一会儿，阿姆斯特朗又发话了，读出了计算机警报代码。"是'1202'，"他说，当地面对此报以沉默时，他补充说："给我们提供'1202'程序警报的解释。"[3]

那一刻，登陆悬而未决。控制台这边没有人马上找到那个计算机警报的含义。技术人员翻着成堆的笔记，想要看看它可能是什么意思。时间弥足珍贵：如果计算机罢工，那么阿姆斯特朗不得不放弃登陆，而放弃登陆本身也是一个包含危险的举动。

那一刻，玛格丽特·汉密尔顿的编程工作命悬一线。她编写了那部分计算机代码，还贡献了几十万行其他代码，接下来几分钟要么让她大获全胜，要么成为她年轻生命中一败涂地的时刻。

汉密尔顿于1936年出生在印第安纳州南部的一个小镇保利。保利是一个贵格会教徒聚集的社区（她的祖父就是一名贵格会牧师）。她的母校是一所名为厄勒姆的贵格会文理学院，她于1958年毕业，获得数学学位。当她还在上学的时候，就在旅行者保险公司担任精算师。接着，她一毕业就结婚了，在高中教数学和法语以支持她的丈夫去哈佛大学念书。两口子搬到了波士顿，汉密尔顿打算在那里攻读布兰迪斯大学的抽象数学研究生学位。抽象数学是数学领域一个非常理论化的分支。

第五章
玛格丽特·汉密尔顿：第一位软件工程师

但是，正如经常发生的那样，生活峰回路转（包括女儿的出生）。她的丈夫继续着学业，攻读法学学位；汉密尔顿则获得了在麻省理工学院为一位气象学教授工作的职位，为一台将用于预测天气模式的计算机编程。这个领域的人把她所写的东西称为"软件"。那时候，这个术语才刚刚使用了两年。[4]

汉密尔顿偏离于当时社会习俗的思考和生活倾向不久就显露出来："当我丈夫在法学院的时候，他们想要'法学妻子'给他们倒茶，而我也是其中之一。我对我的丈夫说，我决不可能为你们倒茶。作为一个哈佛法学生的妻子，要我去哈佛法学院，没问题，我会做男人会做的

图5.2　1962年前后的一台半自动地面防空系统大型计算机组。（NASA/美国空军供图）

事情，但我不想被放到那样的位置上。他为我采取这样的立场而感到骄傲。"⁵

汉密尔顿证明了自己精通有些艰涩的计算机代码的编写技巧，并在 1961 年搬到校园另一边的麻省理工学院林肯实验室——该校新落成的计算机中心。虽然 NASA 已经开始雇用许多女性作为"计算机"，即人工计算器，用人力进行漫长而复杂的计算，但在软件领域还很少有女性涉足。在麻省理工学院，汉密尔顿总是和男性一起工作。那时她负责的项目是美国空军的半自动地面防空系统，目标是识别出飞向美国的敌方飞行器。运行程序的计算机填满了宽大的房间：每台计算机都重达 250 吨，而那里有 24 台这样大型的机器。⁶

汉密尔顿说这个项目是实验室经常给新人分配的工作：

> 当你作为一个新手进入这个机构的时候，他们往往把这种没人弄得明白或不知道怎么让它运行的程序分配给你。当我还是个新人的时候，他们也把它交给了我。它是个很棘手的编程项目，而写这个程序的人总乐于把所有注解都写成希腊文和拉丁文。就这样，这个程序分给了我，而我真的让它运转了。甚至它打出的解答都是拉丁文和希腊文。我是第一个让它运转的人。⁷

这就是她所拥有的头脑，她总是因为新的挑战而兴奋不已。

1963 年，汉密尔顿转到麻省理工学院的另一个实验室——查尔斯·斯塔克·德雷珀实验室。这个实验室专门研究国防应用项目，最

第五章
玛格丽特·汉密尔顿：第一位软件工程师

近则还有航天飞行项目。她这时二十八岁，将为一个名为"阿波罗"的 NASA 新计划从事计算机软件编程工作，而这个计划的计算机本身都还在研发之中。

由于她掌握要用到的复杂算法与将它们付诸实践和应用的能力，汉密尔顿很快就得到提拔，不久后就开始负责为"阿波罗"登月舱将要使用的计算机设计导航程序的工作。这项工作的很大一部分是编写可用于广泛模拟活动中的软件，NASA 将通过这些模拟活动来训练宇航员和任务控制中心的飞行控制管理人员。她后来说："系统模拟活动混合了一次'阿波罗'任务中的每一个（并且是全方面的）硬件和数字模拟，包括人机回圈模拟，以确保一次完整任务从始至终能表现得和预期一致。"8

此时已经是 20 世纪 60 年代中期。在这个岗位上，她开始明白项目正处于紧要关头："太空任务的软件必须达到载人级别。因为它不仅必须奏效，还必须一举成功。不仅软件本身必须超级可靠，它还要能够进行错误检测，并实时纠正。语言会让我们犯下错误。我们全靠自己制定编写软件的规则。我们从错误中所学到的东西真是让人意外。"9 "载人级别"这个术语意味着将有人类在这些任务中飞行，而计算机代码的任何错误都可能让宇航员失去生命。对于一个来自印第安纳州保利的年轻女子来说，这是沉甸甸的责任。

汉密尔顿早期的兴趣之一就是检测错误。所有软件都有漏洞。即使你在计算机上运行 Windows 2000，都会看到漏洞在肆虐。她开始四处打听，看有谁在做这个：肯定有聪明人在解决这个问题。同事告诉她：他们用 Auge Kugel 的方法。她不知道这是什么意思，就继续研究。她在 2001 年说："我想要知道这个 Auge Kugel 的方法是什么。很久以后，我才发现那是德语'目测'的意思。"[10] 本来程序员就要仔细检查成千上万行的代码，找出任何错误："那就是他们一直采用的方法，那就是他们发现错误的方法。"当一个软件错误需要被记录下来存档时，设计者会写上"漏洞"一词。

这个方法并不能让汉密尔顿满意。她的兴趣在于找到使用计算机本身来发现错误的方法。这种探索在仅仅几年后就带来了巨大的回报。

不久，她就被委任领导指令舱和登月舱的软件设计团队，开始研究不同飞船的两套程序之间的共通之处：一套是指令舱程序，用来从地球表面飞入太空并进入月球轨道，然后返回地球；另一套是登月舱程序，用于把宇航员带往月球上的预定着陆点，并使登月舱飞回绕轨道飞行的指令舱。两套程序都必须要有使登月舱和在轨道上的飞船进行交会的能力，它们存在大量的重合。汉密尔顿在继续设计新程序的时候利用了这一点。

大约在这个时候，汉密尔顿创造出"软件工程师"这个术语来描述她的工作（她在代码里被称为"编程领导"）。[11] 不必意外，这一领域也是由男性主导的。虽然汉密尔顿和男同事们相处融洽，但她还是必须确保自己的工作永远无可指摘。

与此同时，汉密尔顿还养育着一个年幼的女儿劳伦。在那个年代，人们希望做母亲的留在家里照顾年幼的子女，而她经常被其他女性嚼舌根，说她没有妥善养育女儿。她回忆道："人们总对我说：'你怎么

第五章
玛格丽特·汉密尔顿：第一位软件工程师

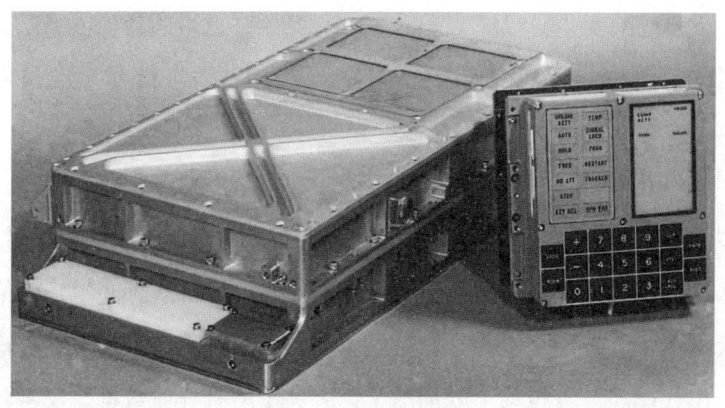

图 5.3 "阿波罗"制导计算机。左为处理器盒，右为屏幕键盘界面单元。这是当时用于飞行的最小的也是最强大的计算机。（NASA 供图）

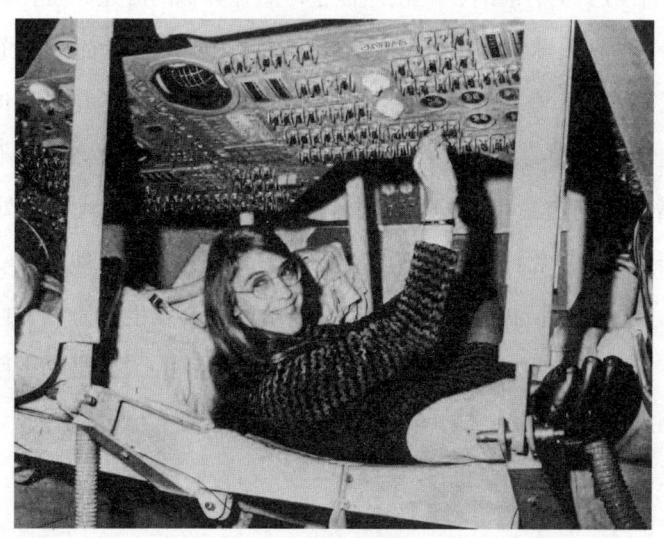

图 5.4 汉密尔顿在"阿波罗"指令舱模拟器里测试软件。（NASA/ 麻省理工学院供图）

能丢下自己的女儿呢？'"¹² 她没有其他帮手，就带着劳伦去上班。带孩子上班不仅一举两得，还可能挽救了"阿波罗"11号宇航员们的生命。

  劳伦看着自己的母亲在"阿波罗"太空舱模拟器上爬进爬出，在四岁的时候就觉得"当宇航员"很好玩。汉密尔顿在测试代码的时候，也多次允许劳伦爬进模拟器里。有一次，在这种游戏时间里，劳伦向屏幕键盘（这是指令舱的计算机显示终端，当时正在运行）胡乱输入了一串代码。计算机马上就崩溃了，丢失了所有导航数据。汉密尔顿对发生这样的事情感到很好奇，就把其他任务推到一边，开始寻找具体症结。她发现自己的女儿无意中载入了一个名为P01的计算机程序。这是一个用于发射前活动的软件程序，而计算机同时还一直在运行另一个将在飞往月球期间使用的程序。互相冲突的指令导致它完全锁死。

  汉密尔顿和她在麻省理工学院的上级对这个问题进行了讨论，随后被告知不用担心。她又把这个问题提交给NASA，NASA也不觉得这个潜在的问题会真的发生，并说如果添加更多软件代码来处理的话，产生的问题将比要解决的问题更多。他们还说，宇航员被"高度训练"，这个软件冲突的问题在飞行中永远不会发生。为了平息她的担心，他们在计算机操作说明中添加了一条备注："不要在飞行期间触发P01。"¹³

  汉密尔顿后来回忆说：

    我记得自己尽力获得能够在软件里加入更多错误检测和恢复

功能的许可。(这样的话)如果宇航员犯了错,那么软件会反馈"你不能这么做"的提示。但我们被禁止添加那样的软件,因为那样就会有更多需要调试和处理的软件。所以,我们真正担心的事情是宇航员出错。我们也被告知了宇航员永远不会出错,因为他们被训练得永远不会犯错误。[14]

虽然得到了这样的告诫,但她还是开发了错误检测和恢复程序——实际上就是那种能监控其他程序以及计算机功能的程序。这些程序不仅必须能处理机器设备,还能处理在远离地球24万英里(38.63万千米)运行计算机的人可能犯下的错误。她的部分解决方式是让计算机能够中断来自人类操作员的输入,并闪烁一个优先级别的提示。那是一个数字代码,提醒用户计算机正在处理一个编程问题,要给它一些时间来按顺序完成必须要做的任务,防止计算机崩溃。

结果证明,宇航员确实会犯错误。实际上,两年后,一名宇航员在和劳伦同样的环境中,用同样的代码犯下完全相同的错误。

"阿波罗"8号是首次飞往月球轨道的任务,他们在那里停留一天并返回地球。在前往月球的途中,吉姆·洛弗尔在把程序载入计算机时,犯了一个四岁女孩曾经犯过的错误,在飞行中把程序P01输进了计算机。这不仅让计算机停顿,还清除了洛弗尔已经收集并输入计算机的导航数据。汉密尔顿在麻省理工学院接到一个紧急电话——NASA需要一次修理,而且马上就要修:宇航员正处于危险中。九个小时之后,在看完8英寸(约20厘米)厚的打印纸上的编程代码之后,汉密尔顿给 NASA 提交了一个解决方案。新的数据被上传到指令舱的计算机里，紧急情况被化解。但这只是"阿波罗"11 号登陆期间将发生的事情的一次预告。

需要提一句的是"不要在飞行期间触发 P01"的信息（这个提示是为了防止出现程序问题）自始至终都在那里，在程序中，也在用户说明中。但不出所料，它并没有带来丝毫改变。

到 1969 年初，距离首次"阿波罗"登月只剩下几个月，压力与日俱增。这时候，汉密尔顿管理着为这个项目工作的 350 名程序员和工程师。

值得一提的是修改飞船上的程序所牵涉的不仅仅是改变打印输出纸和打孔卡片（一种带有孔洞的纸质卡片，把二进制代码传输给连接在计算机上的机械阅读器）上的一些数字。很多程序都嵌在大型"记忆卡"上。这些塑料板被成千上万根穿过铁氧体小磁珠（或称为"芯部"）的小线缆所覆盖，该系统则被称为"磁线存储器"。这些芯部是小块的磁化金属，中心穿有小孔。让一根线缆穿过小孔，或绕过它，不同的选择会显示另一端输出的二进制信号是 1 还是 0。这是一种原始但又极其强大的程序存储方法：这部分的代码绝不会丢失或中断。

一群分包商的工作人员正在为"阿波罗"号计算机装配这些存储卡，其中大部分都是以前在纺织厂工作过的女性。她们非常擅长这种复杂精细的工作，比如把一根比人类的头发丝长不了多少的线穿过细小的铁氧体磁珠。所有的组装工作都要在显微镜下完成。成品看起来简直像艺术品，而成百上千这种卡片被组装在接近无尘的环境中。

第五章
玛格丽特·汉密尔顿：第一位软件工程师

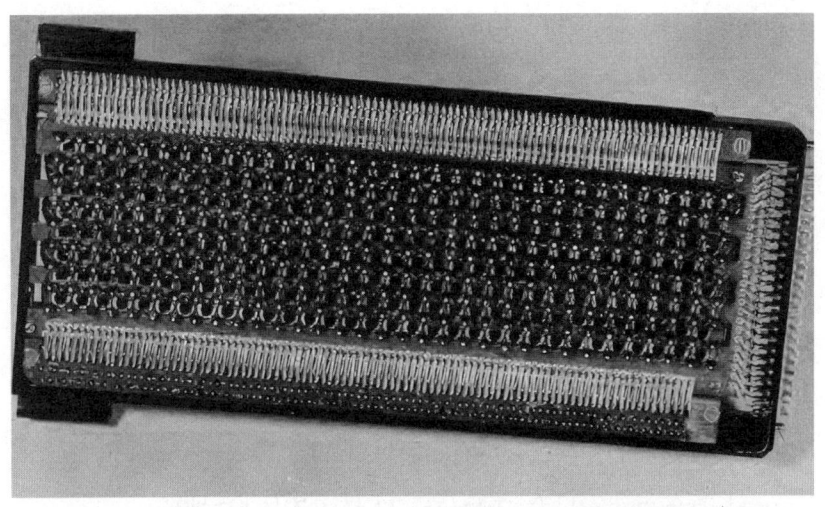

图 5.5 "阿波罗"计划飞行任务中所使用的磁线存储器样品。（NASA 供图）

但由于编程工作基本上是"硬连接的"，只要程序有了改变，受影响的存储卡就必须发回给生产商以重新布置这些让人头疼的电线，反映不同的二进制代码。一根根电线要么从小金属珠子里拉出来，要么从珠子里穿过去。这是一道异常耗时而昂贵的工序，所以需要尽可能早地设计出整洁的代码。不难看出，为什么开发"阿波罗"号制导计算机软件的工作原本预计要花费 1 400 个工作年才能完成。[15]

汉密尔顿和她的团队再接再厉，为最终实现首次登月的各次飞行任务做着准备。1969 年 3 月，"阿波罗" 9 号飞入地球轨道。这是首次配备指令舱和登月舱的载人任务，也是登月舱的首次载人测试（要求它和指令舱进行多次交会与对接），更是汉密尔顿的制导软件在两艘飞船上协调运作的首次点火测试。

同年5月,"阿波罗"10号飞向月球。登月舱在月球轨道上和指令舱分离,然后下降到距离月球表面不到8.5英里(13.68千米)的距离,但并没有着陆。此次任务是"阿波罗"11号任务前的一次彩排。一切都运行良好,直到机组人员让登月舱返回轨道。上升级和下降级是分开的,分别需要点燃其自带的火箭发动机上升。就在那时,上升级开始剧烈翻滚,因为机组人员向制导计算机输入了重复指令。机组人员断开了计算机,改为手动并重新控制了飞船,任务安全完成。虽然对计算机程序出现了短暂的担心,但工程师们很快意识到这个问题是使用者的失误造成的,而软件没有问题。

一切准备就绪,只等"阿波罗"11号在7月飞离地球。

当尼尔·阿姆斯特朗和巴兹·奥尔德林接近月球表面的时候,汉密尔顿的计算机错误代码又跳了出来。四个鲜明的绿色数字"1202"取代了计算机屏幕上的高度和速度数据。阿姆斯特朗要求任务控制中心"给我们提供1202程序警报的解读"后,飞行控制管理员们手忙脚乱地去破译这个错误代码。计算机警报可能会成为阿姆斯特朗放弃着陆的原因,而这将导致一次紧急中止机动,后者本身也有很大风险。克兰兹需要一个答案,当场就要。

制导控制台前的是二十四岁的管理员史蒂夫·贝尔斯。他拼命查看着一张计算机警报的对照清单,那是他们经过无数次模拟训练的磨炼而准备出来的。由他来决定发出放弃或继续登月的指令。不到片刻,他就听到耳机里传来一个声音——另一位工程师杰克·加曼从"里屋"与他通话。技术支持团队正在"里屋"为飞行控制管理员提供援助。

第五章
玛格丽特·汉密尔顿：第一位软件工程师

加曼有一个类似的清单，他几天前刚在一次模拟中记住了汉密尔顿的1202代码，当时他们也面临着一次模拟的计算机错误。加曼向贝尔斯保证，可以继续登陆。

汉密尔顿从另一个房间里听到了这一切。她还没有时间介入，但她能想象到发生了什么。出于某些原因，制导计算机出现过载，闪烁着1202程序的警报。它要做的事情太多了。根据她对软件的设计，这意味着计算机忽视了非必要的任务，返回到其核心的计算问题，并把速度和高度转发给了登月舱飞行所需的系统，使其继续朝着下方的指定目标"静海"前进。

警报继续响着，但贝尔斯向克兰兹保证一切顺利，太空舱联络员杜克转发了呼叫："这是同一类。我们去吧。"着陆成功地继续进行。

根据后来的调查，显然又是一次人类失误导致了这次紧急情况。根据检查表，奥尔德林将一个开关留在了让交会雷达持续输入数据的位置，而那个雷达本来是在放弃着陆的时候飞回指令舱用的，扫描着下方月球的登陆雷达恰好也在把数据输入计算机。数据蜂拥而来，让小型计算机应接不暇，造成过载。当计算机要优先处理一些任务时，就触发了警报。如果像NASA最初建议的那样，没有把汉密尔顿的中断措施植入软件的话，那么计算机可能已经崩溃了；而如果中断措施没有成功，那么登月舱也同样可能遭到厄运。

虽然很少有人马上意识到这一点，但汉密尔顿是那个时刻的英雄。她坚持在制导计算机里加入紧急阻断程序，挽救了这次登陆。这一切都始于一个"扮宇航员玩"的四岁女孩。

汉密尔顿回忆说:"在载人任务之后,我猜想我个人有了一种历史使命感,不仅仅想要记住一些事情,而且要根据我们所学到的教训做些什么。就好比当一个错误发生时,你要找一个办法让它不再发生。"[16] 她决定留在NASA为"天空实验室"——美国第一个绕轨道运行的空间站工作,然后是航天飞机计划。这些项目的计算机软件都建立在"阿波罗"计划所用程序的基础上,也都结合了她的软件设计。

在为NASA工作之后,汉密尔顿创办了自己的公司——高阶软件公司。基于在NASA的经验,她进一步开发预防错误和容错方面的设计。她在1986年成立了自己的咨询公司——汉密尔顿技术公司,开发出通用系统语言,用以在开发过程中尽早发现和解决计算机代码中的错误。这项工作及其所孵化出来的产品引发了软件设计的革命。

汉密尔顿对航天飞行和计算机编程方面的贡献得到了广泛认可,自"阿波罗"计划以来几十年间获得了大量奖项和荣誉。在2016年,汉密尔顿获得了美国"总统自由勋章"。这是最高等级的文职勋章,以表彰她的重要工作。

汉密尔顿还是女性进入职场的坚定倡导者。她注意到,在很多情况下,如今女性要闯进软件领域比20世纪60年代还要困难。在那时候,作为一名女性,她就是一个全新行业的异类。那个领域是她所说的"蛮荒西部",它还有迅速变革的空间——有让女性投身于新兴的软件设计的空间。[17] 现在,这个领域已经处于一个更加确立和成熟的阶段,可能更有排斥性。她说,这不仅发生在软件行业,它是一个更广泛的问题。

第五章
玛格丽特·汉密尔顿：第一位软件工程师

"我在母校厄勒姆大学发表过一次讲话。他们想知道，作为一名女性置身于工程学领域会有什么感觉。在很多方面，如今似乎比早些年更糟糕了。当你看到有些国家不允许女性开车，或看到女性不能担任牧师……当你开始看到这些时候……这些事情中的每一件都影响着我们的文化，影响着女性和少数族裔，甚至事关他们可以做什么事情。"她在2017年的一次采访中说，"在我们开始进行改变之前，在我们的领导者们不再赞赏那些鼓励这种行为的人们之前，问题都还存在。"[18]

图 5.6　1989 年的汉密尔顿。（NASA 供图）

汉密尔顿继续用频繁的演讲和采访来激励全世界的女性。她在软件设计的早期岁月中独辟蹊径的故事，在五十多年之后的今天仍旧会引起人们的共鸣。

第六章

尼尔·阿姆斯特朗与
巴兹·奥尔德林："第一人"

1969年7月20日，一台看上去不堪一击的机器从60英里（96.56千米）外的轨道上朝月球表面缓缓降落。登月舱是一个奇怪的精密装置，看上去像是一个30英尺（48.28千米）长的满身隆肿的丑八怪：上升级看上去病情要轻一些，下部的下降级覆盖着皱巴巴的聚酯薄膜。虽然这个机器看起来纤弱，但它有个即将圆满达成的目标：带两名人类在月球登陆，并在晚些时候把他们送回轨道。

20时17分40秒（通用协调时间，也称格林尼治标准时间）或（任务控制中心所在的）休斯敦时间下午2时17分，登月舱"鹰"号触到了月球表面，降落在"静海"着陆带的边缘。这是一次令人揪心的降落，计算机警报显示着陆有失败的危险，宇航员必须不顾一切找到一个安全的着陆位置，同时燃料供应消耗殆尽。

于是，整点过去不到十八分钟，两名人类首次在月球着陆。他们一起训练，一起升空，一起在黑暗中飞越了24万英里（38.63万千米），并作为一个团队一起工作，从月球轨道穿过了最后60英里，来到"静海"那"壮丽的荒凉"中。登月舱内的他们被裹在加压服里，随着一次轻微的碰撞如期抵达。

太空时代的**英雄**
——那些把人类带往星际的人们的奇妙故事

图 6.1 1969 年 7 月 20 日，即将下降到月球表面的登月舱的外观。（NASA 供图）

月球上尚未真正有"第一个人类"，而尼尔·阿姆斯特朗将会是公认的第一个。阿姆斯特朗和巴兹·奥尔德林两个人经过了最后的穿越来到月球表面。他们由第三名队友迈克尔·柯林斯送往合适地点，开始登月的最后阶段，而柯林斯则默默地留在上方的轨道中。所以，一行三人搭乘"阿波罗"11 号飞往月球，两人在那里登陆，还有其他二十多名替补宇航员以及成千上万工作人员孜孜不倦地辛苦了十年、克服了重重

第六章
尼尔·阿姆斯特朗与巴兹·奥尔德林:"第一人"

困难,让他们抵达那里。从某种意义上来说,他们全都是登月的"第一人"。不过,肯定是阿姆斯特朗迈出了在月亮上的第一步。

尼尔·奥尔登·阿姆斯特朗于 1930 年 8 月 5 日出生在俄亥俄州一个名叫沃帕科内塔的小镇上。但那只是他人生的一个起点。在他成长过程中,他们家在十六个不同的城镇生活过。他的父亲是州政府聘请的一名审计员,他的工作让阿姆斯特朗也一直处于辗转中。但这家人忍耐着。1944 年,他们又回到了沃帕科内塔,阿姆斯特朗在那里念完了高中。

他在人生很早的时候就迷恋飞行。那时候,飞机才刚刚开始用金属制造并变成单翼。在像俄亥俄这样的农村地区,还有帆布覆盖的双翼飞机在服役,其中许多是第一次世界大战的遗物。

在他六岁的时候,阿姆斯特朗第一次坐了飞机。那是一架福特三发动机飞机。这架飞机像是一个喧闹的怪兽,带有轰鸣的辐射状发动机(活塞排成一个圆形,而不像自动发动机那样排成线形):每个机翼上都有一个,机头上还有一个。机身用波纹金属覆盖,看起来像是从老旧的铁皮屋顶上撕下来的。乘员座位通常由柳条制成。这种编织纤维植物以强度著称,而且很轻。按照现代的标准来看,那个时代的飞机还不能说是最让人信赖的,但高度和速度体验让阿姆斯特朗兴奋不已。这些机器飞翔着,阿姆斯特朗对飞行的着迷也从此与日俱增。

当他长到十来岁的时候,阿姆斯特朗阅读了关于查尔斯·林德伯格的书,后者在 1927 年独自飞越了大西洋。他还读了林德伯格的妻子安妮·莫罗·林德伯格的书,进一步加深了他对天空的向往。

然而，当他年纪更大一些，在学校念到高年级时，对飞行的热爱多少有些被自己对如何实现飞行——学习航空工程的迷恋所挤占。他意识到成为飞行员的想法几乎让位于他的核心愿望：

> 可能在八九岁的时候，我开始专注于飞行，受到我的阅读和看到的关于飞行的东西以及制作模型飞机的启发，不知道为什么，我在年纪很小的时候就决定——我不知道具体是几岁了，那时候我还在读小学……那就是我想要进入的领域，尽管我的意愿或希望是成为一名飞机设计师。我后来成为飞行员，那是因为我觉得一名好的设计师应该了解飞机操作方面的东西。[1]

在十几岁的时候，阿姆斯特朗还在沃帕科内塔机场学习了飞行课程，并在十六岁的时候就获得了飞行员执照。但他的冒险并不局限于空中……那些年，阿姆斯特朗在数学和物理方面的兴趣以学校项目的形式将他带进了许多不寻常的领域。他回忆说：

> 有一个项目是制作特斯拉线圈。我觉得那可能是一个大约5万伏的特斯拉线圈，足够点亮隔壁房间的日光灯。然后是一个风洞……我的空气动力学知识并没有好到可以让它和莱特兄弟的风洞质量相提并论，（但）在那时候我猜自己已经和他们受过同等的教育了。不过，那是个很好玩的项目，（它）烧坏了我家的很多保险丝。因为我想尝试制作一个变阻器，让电动机改变速度，然后

让不同的气流穿过风洞,但是没有完全成功。²

阿姆斯特朗还是美国男童子军的拥趸,晋升到了童子军的最高级别,并在一生中有很多时候都以某种方式参与童子军的活动。

当他高中毕业的时候,第二次世界大战已经结束了,但那并没有阻止他报名参军。阿姆斯特朗获得了一笔大学奖学金,去普渡大学学习航空工程。他的课程除了工程学,还包括飞行训练等科目。这是为了一项为期七年的承诺,对一个十八岁的人来说是够长的。"两年的大学学习,然后参加海军,完成战斗训练,得到任命,然后在海军正规部队服役满三年,之后的计划是回到大学完成最后两年的学业。"³ 阿姆斯特朗说。但在 1949 年,美国海军因为朝鲜战争而提前征召他去服役。

在结束去朝鲜的派驻之后,阿姆斯特朗回国完成了在普渡大学的学业。接着,他在 NASA 的前身——位于克利夫兰刘易斯研究中心的美国国家航空咨询委员会(NACA)获得了跨出校门后的第一份工作,在那里担任研究飞行员:

> 飞行包括测试飞机的新型防冻系统。我们会驾驶一架装有各种防冻设备的 C-47(或 R-4D、DC-3)飞机,在伊利湖上能找到的最恶劣天气中飞行,尝试找到很多的冰,来发现哪一种方法除冰最有效。⁴

他还驾驶过能发射小型研究火箭的飞机：

> 这个项目涉及驾驶一架 F-82（战斗机）……到高海拔的空中，向下发射多级火箭进入大气层，以便在很低的高度获得很高的马赫数，因此有非常高的传热率。[5]

随后他会撰写研究结果：

> NACA 的唯一成果就是研究报告和论文。所以当你为发表做准备的时候，不管是作为第一作者还是某种共同作者，都必须面对"审问"，也就是专家们对论文的评议。专家绝大多数是女性英文教师或图书馆员，对最微小的标点符号或语法错误都要求极为苛刻，那正是 NASA 今天所需要的。[6]

他在刘易斯研究中心的日子告一段落后，转到了加利福尼亚州的爱德华兹空军基地。那里是试飞员的圣地。他一到那里，就驾驶了各种高性能的实验性飞机，包括一些早期的 X 系列飞机。这些填补了 X-1（首次突破声障的喷气式飞机）和 X-15（NASA 的终极喷气式飞机）之间的演进。X-15 飞机棒极了，但驾驶起来极具挑战性，并且是完全实验性的，所以测试过程中出问题是家常便饭。有一次飞行是为了测试一个新系统。当 X-15 飞机从空气稀薄的太空边缘过渡到再入大气层时（在几分钟内，X-15 可能会从 1 马赫变为 5 马赫），它能自动

第六章
尼尔·阿姆斯特朗与巴兹·奥尔德林："第一人"

帮助飞机保持稳定。这个系统把反应控制系统（在地球大气层外使用的机动喷流）和空气动力控制（比如在大气层内使用的升降副翼和方向舵）自动结合，用来帮助飞行员实现相对无缝的过渡，回到正常空气动力飞行。这个系统有一部分用来减少飞行员在再入期间要承受的重力。在测试这个系统的飞行（电影《登月第一人》的开头场景对此进行了戏剧化呈现）中，阿姆斯特朗作为一名飞行员的职业生涯几乎终结：

> 我们已经在模拟器上试了很多遍，没有遇到任何困难，但真正在飞行中这么做的时候，我却无法（达到五倍重力）。所以我就一直拉，想要让重力限制器工作。在这个过程中，我让机首向上高于地平线。我们在模拟器上这么做过，从来没有任何问题。但我发现在真正的飞行中这么做的时候，我其实会再次飘出大气层。我没法进行空气动力控制。这不是个特别的问题，因为我还有反作用控制系统可以用，但我没法向下再入大气层。我翻滚着，试着往回掉进大气层，但飞机并不往下去，因为没有空气可以借力。所以我只能等待，直到我掉得足够低，有了空气动力控制，机翼有了些升力，然后马上开始掉头回来。但那时候我已经飞到爱德华兹以南很远的地方了。[7]

由于他的再入已经处于预定地点的下行位置，根据一些描述，他要在爱德华兹空军基地以南 80 英里（128.74 千米）左右的帕萨迪纳玫瑰碗体育场上空进行一次下降拐弯，然后往回飞。X-15 飞机这时候并

图 6.2　尼尔·阿姆斯特朗和 X-15 飞机。(NASA 供图)

没有动力(它只是一个机头粗短的滑翔机),也没有太大升力。在他还有些高度的时候抵达平缓的沙漠着陆地带非常关键:

> 在我掉头的时候,并不清楚能否回到爱德华兹。我不是很担心,因为那里还有其他的干湖。我不想进到另一个干湖里去,但如果需要的话,我当然会。(最后)我看出来我能回到爱德华兹,然后就在干湖南部安全着陆了。[8]

第六章
尼尔·阿姆斯特朗与巴兹·奥尔德林:"第一人"

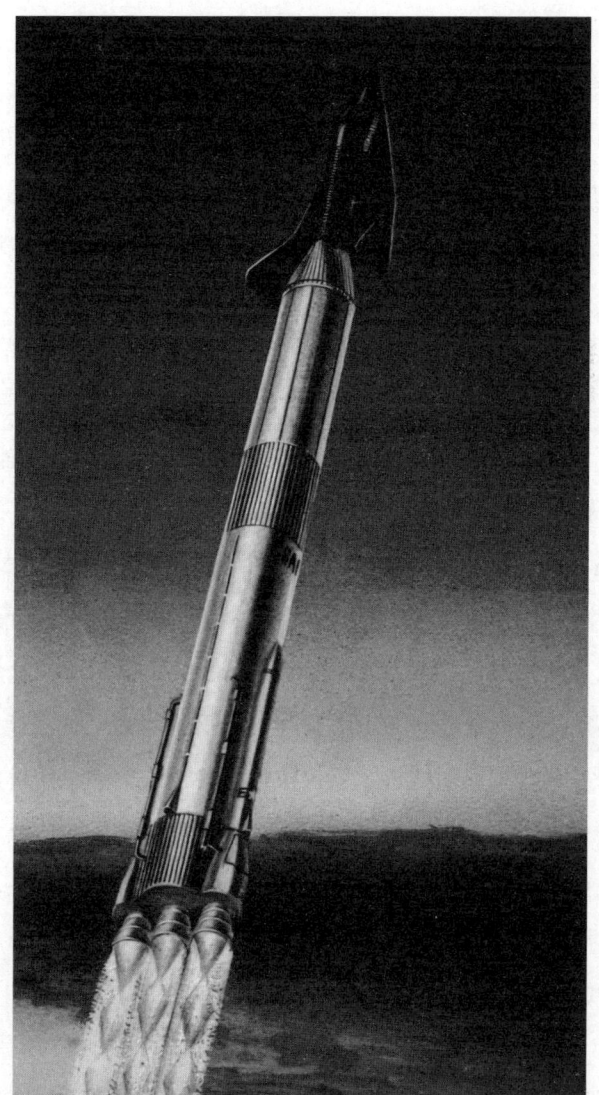

图 6.3 安装在"阿特拉斯"火箭顶部发射的 Dyna-Soar 的艺术效果图。这种火箭只能将它推入亚轨道试飞。(美国空军供图)

飞行测试就是这样。

在他继续驾驶 X-15 的同时，阿姆斯特朗还参加了另外一个空军项目：Dyna-Soar 项目。Dyna-Soar 后来也称为 X-20，将是早期航天飞机类型的飞船。它安装在"泰坦"3 号（发射过"双子座"飞船的火箭的一种更强大的变体）上发射，并由一名宇航员/飞行员在地球轨道上控制。它可能还会有一种改造款，能在狭小的机舱里容纳五人。抵达轨道之后，Dyna-Soar 也会滑行回到爱德华兹空军基地的着陆带，依靠轮子和刹车着陆，很像衍生出它的 X-15。它计划能够重复使用多达十次，是一个纯军事项目，设计目的是布置间谍卫星，并对美国的敌对国家进行轨道级侦察。

Dyna-Soar 在 1957—1963 年都处于开发阶段，最终成本达到 6.6 亿美元左右（相当于现在的 53 亿美元），但它从来没有飞行过——这个项目从来没有超越过模型阶段。在 Dyna-Soar 项目取消之前，阿姆斯特朗必须做一个决定。1961 年 5 月 25 日，在艾伦·谢泼德实现了历史性的十五分钟亚轨道飞行之后仅仅过了几周，美国总统肯尼迪就向美国国会发表了一次全美瞩目的声明。他宣布，美国"应该承诺在这个十年结束前，实现人类登上月球并安全返回地球的目标"。[9] 阿姆斯特朗和其他人都被这次演讲震惊了。

随后，NASA 发出了召唤，将宇航员团队从最初为"水星"计划而选拔的七人进行扩充，增加另外九人参加新的"阿波罗"登月计划。阿姆斯特朗也提交了申请，不过他是在临近截止日期的时候才这么做的，而他的申请在截止日期之后整整过了一周才送达。但是，命中注定，他的一位并不在 NASA 工作的空军同事看到了阿姆斯特朗的名字，悄悄地把他的申请资料从一堆移到了另一堆，让自己的朋友重新得到优先考虑。[10]

决定离开空军内部最热门的 Dyna-Soar 项目对他来说并非易事。"这不是个容易的决定。"阿姆斯特朗后来回忆说，

> 当时我驾驶 X-15。据我所了解或者认为的，如果我继续下去，那么我将会是那个项目的首席飞行员。我还在参与 Dyna-Soar 项目，那还是只"纸飞机"（也就是说，还停留在规划阶段），但也是一种可能。接着，休斯敦有了其他项目，也就是"阿波罗"计划。"双子座"计划那时候还没有非常明确。我并不清楚选哪条路（才是最好的）。[11]

阿姆斯特朗曾见证很多项目的起起落落，许多飞机和项目都规划了又被取消。这让他的选择变得复杂起来：

> 我们把每个这种类型的项目都看作"可能进行，也可能不会"的东西。尽管在一个最终被取消的项目中也能学到很多，但身处一个真正能开花结果的项目中会有更多满足感。我现在还没法告诉你为什么我最终是这样决定的，我觉得自己只是碰巧选中了赢家。[12]

1962年9月，阿姆斯特朗接到了宇航员办公室负责人迪克·斯莱顿打来的让他梦寐以求的电话。当斯莱顿问他是否还想加入这个项目时，阿姆斯特朗马上回答说"想"。不到一个月，他就被招进了新的宇航员班子。他是第一个成为宇航员的民间飞行员（在试飞X-15的时候，从技术层面上来说，他只是NASA的雇员）。

"双子座"计划的训练马上就开始了：没有多少时间可以浪费。"双子座"号是两人座飞船，是从"水星"号过渡到"阿波罗"号的桥梁。它是许多"阿波罗"号宇航员的"训练设备"，这让它成为一个上等的任务。

在驾驶"双子座"太空舱之前，还有课堂准备需要完成。阿姆斯特朗回忆说："NASA觉得新宇航员中很少有人体验过轨道力学的复杂性以及飞机和飞船之间的差异，他们需要一堂快速入门课。"他又补充说："其中有一些对我来说是全新的，但总的来说，我并没有觉得学业负担太重。"[13]

一旦完成了学术课程，宇航员就出发去巡视佛罗里达州和得克萨斯州还在建设中的NASA新设施，并拜访将参与"双子座"计划和"阿波罗"计划的航天合同承包商。每个宇航员都被分派了一个需要他们监督的项目中的专门领域：其中一人会主管宇航服设计的进展，另一人则会关注飞行控制系统，诸如此类。日程紧迫，经常要从佛罗里达飞往休斯敦（那里的载人飞船中心正在建设中），再到亚拉巴马州的亨茨维尔（马歇尔航天飞行中心在那里建造火箭推进器），再去圣路易斯（麦克唐纳飞机制造厂正在那里开始制造新的"双子座"太空舱）。接

第六章

尼尔·阿姆斯特朗与巴兹·奥尔德林:"第一人"

着,他们要前往南加利福尼亚州,那里是航天合同承包商洛克希德、北美航空公司和道格拉斯飞行器公司的所在地。宇航员们在路上的时间远远超过了他们在家里的。阿姆斯特朗就喜欢这样。

巴兹·奥尔德林采取了一条和阿姆斯特朗等其他宇航员大相径庭的道路进入太空界。小爱德温·尤金·奥尔德林于 1930 年 1 月 20 日出生在新泽西州的格伦里奇。(他后来把名字在法律上更改为"巴兹"。这个称呼是他一个姐妹给他起的,她要喊"兄弟"的时候就会叫他"巴兹儿"。)奥尔德林的父亲是一名石油公司的高管,曾在第一次世界大战中服役,担任陆军飞行员,然后成为陆军试飞员学校的助理指挥官,直到他为标准石油公司工作。

在要求甚高的父亲的大力推动下,巴兹·奥尔德林成为一名出色的学生。他和阿姆斯特朗一样,是男童子军的长期成员,还加入了高中橄榄球队。他被海军培训学院安纳波利斯学院录取(据说是由于他父亲的影响),但自己决定去陆军军官培训学院西点军校上学。他于 1947 年入学,于 1951 年以高分毕业,名列全班第三。他从那里加入空军,先在佛罗里达州训练,然后去了内华达州的内利斯空军基地。

奥尔德林在 1952 年被分配到一个战斗机中队,并被派往朝鲜。返回美国之后,他回到内利斯空军基地担任空中射击教官,接着被短暂派往那时候新成立不久的美国空军学院。1956 年,他被派往欧洲,在刚刚被分隔的联邦德国和民主德国附近飞行巡逻。在欧洲服役的时候,奥尔德林第一次遇到了将来会成为宇航员的埃德·怀特,后者将在"双子座"计划中飞行,并完成了美国首次太空行走。(怀特后来在"阿波罗"1号大火中遇难。)三年后,也就是1959年,奥尔德林回到美国,并入读麻省理工学院。

在麻省理工学院期间,奥尔德林在剑桥市的公寓里看了肯尼迪的国会演讲,被响亮的掌声和人们显而易见的热情所打动。就在那之前几天,奥尔德林收到了埃德·怀特的一封信,怀特提到自己打算申请成为一名宇航员。和怀特不同,奥尔德林没有进入过军方的试飞员学

图6.4 巴兹·奥尔德林身穿空军制服。(美国空军供图)

第六章

尼尔·阿姆斯特朗与巴兹·奥尔德林:"第一人"

校,但这是宇航员候选人的一项要求。他有些沮丧,但下定决心要在申请 NASA 宇航员之前先完成在麻省理工学院的博士学业。

"整个国家都被太空计划席卷,我想要成为其中的一部分。"奥尔德林回忆道,"但 NASA 还恪守着它的要求,宇航员要有军方试飞员学校的毕业证书——我的履历里没有。我知道,在肯尼迪所描述的登月计划里,需要宇航员具有试飞员学校灌输给你的那些技能之外的东西,我选择又花了十八个月时间完成了高强度的航天学博士项目,专攻载人轨道交会。"[14]

他于 1963 年获得博士学位。毕业后不久,尽管有试飞员学校的要求,他还是向 NASA 提交了申请。但如他所估计的那样,他被拒绝了。所以他接受了被派往南加利福尼亚州的洛杉矶空军基地,在负责为"双子座"计划规划轨道交会的办公室工作:他总算以某种方式成为这个崭新又令人激动的项目的一部分了。不久后,在他一贯的决心之下(他在学校和军队选择过程中都违背了他那个严肃父亲的意愿就表明这种决心),奥尔德林再一次申请加入 NASA。在他为新的空军工作做准备时,NASA 更改了挑选宇航员的规定。仅仅几个月之后,奥尔德林就从迪克·斯莱顿那里接到了他期待已久的电话。斯莱顿说:"我们绝对希望你成为一名宇航员。"当然,奥尔德林马上就答应了。抵达之后,奥尔德林一头扎进他的专业(这在宇航员中独一无二),为"双子座"计划设计轨道交会方法。

很快,训练就成了所有被指派了飞行任务的宇航员的日常活动的一部分,他们进展迅速。随着训练技术的改进,他们的训练更具有针对性,以实现"双子座"计划和"阿波罗"计划的目标。阿姆斯特朗这样解释他们的训练:他们在寻找"能找到的最佳方法,让我们能在尽可能早的时间内以最快的速度、抱着最大的信心出发",实现登月的目标。[15]

"我觉得训练大约占了我们的时间和精力的三分之一,"[16]阿姆斯特朗说,"三分之一必须用于规划,想明白(能把我们带到目的地去的)技巧和方法。最后三分之一是测试。我们可能在实验室和飞船里花了成千上万小时运行系统测试,有各种各样的事情,看它是否奏效并让我们很好地了解系统。"

奥尔德林也有类似的看法:

> 相比"双子座"计划,"阿波罗"计划的训练活动非常明确地规定了整个任务的内容……每一次"双子座"飞行的训练活动都在很大程度上依赖于前一次飞行。随着大概两三次前续任务,训练有所发展,它们在和机组人员协同一致方面变得很明确。任务规划制定出来了,有舱外活动、交会练习以及怎么样把实验结合起来。[17]

随着训练的进展,首次"双子座"号飞行开始了。头两次任务是对飞行硬件的无人测试,随后是 1965 年 3 月的"双子座"3 号,机组人员是弗吉尔·格里索姆和约翰·扬。"双子座"4 号任务在 6 月接踵而至,由奥尔德林的朋友埃德·怀特完成了美国首次太空行走。"双子

第六章

尼尔·阿姆斯特朗与巴兹·奥尔德林:"第一人"

图 6.5 埃德·怀特在"双子座"4 号飞行期间进行了美国的首次太空行走。(NASA 供图)

座"5 号于 8 月起飞,在轨道上停留了一整周。"双子座"6 号和"双子座"7 号在 1965 年 12 月进行了飞行,标志着太空中的首次近点交会。两艘飞船互相靠近到仅仅几英尺的距离之内,这是轨道上前所未有的近距离操控的例子。"双子座"6 号留在太空中,完成了两周的耐久性任务。

然后，轮到阿姆斯特朗了，他和戴夫·斯科特乘坐"双子座"8号飞行。

训练已经穷尽了20世纪60年代的技术所能做到的一切。阿姆斯特朗回忆说："我们觉得它很好地代表了我们所能预计的……确实，它和我们在飞行中的体验非常相似。根据我们所做的模拟，我的确相信我们不会在对接上有任何麻烦。"[18] 他真是大错特错。

"双子座"8号任务将和一艘无人驾驶的"阿金纳"号对接几次。然后，斯科特将进行一次舱外活动（这是埃德·怀特在"双子座"4号那次舱外活动以来的第一次）：爬到"阿金纳"号，取回一个实验包裹，进行其他一些舱外活动。然后，阿姆斯特朗将脱开和"阿金纳"号的对接，重新交会和对接，利用"阿金纳"号来改变轨道。宇航员将在太空停留三天，在若干其他的实验和机动之后，他们就将回家。

但这只是计划。

"阿金纳"是美国空军的一款火箭上面级，用来把卫星推进轨道，它有一个可以重新启动的小型火箭发动机。NASA将它改用于"双子座"计划，增加了一个对接适配器，可以安置"双子座"太空舱的鼻翼，还添加了交会指示灯并做了其他改动，称为"'双子座-阿金纳'靶标对接器"。但是，"阿金纳"号在实践中被证明是一个麻烦不断的野兽。在"双子座"8号之前的任务中，它就在发射时出现故障，导致飞行活动的重大调整。出于这样或那样的原因，人们不太信任"阿金纳"火箭。

第六章
尼尔·阿姆斯特朗与巴兹·奥尔德林:"第一人"

尽管有这些担心,"双子座"8号任务所用的"阿金纳"号还是在佛罗里达时间1966年3月16日上午10时完美发射。当它成功抵达稳定轨道后,"双子座"8号仅仅在不到两小时后就从附近的卡纳维拉尔角17号发射综合体塔台发射升空。一切似乎按部就班,任务指挥官阿姆斯特朗开始了追赶"阿金纳"号的漫长旅程,准备进行交会和对接。当他开始追逐时,"阿金纳"号在他前面大约1 200英里(1 931.21千米)。

当临近任务的五小时标志点时,他们正在靠近"阿金纳"号,看到它在距离大约76英里(122.31千米)的地方。

当他们更为靠近时,宇航员可以辨认出闪烁的红色指示灯。他们兴奋起来,这从他们和任务控制中心的无线电聊天中可以反映。

> 斯科特:"你还有900英尺(274.32米)……5英尺每秒(1.52米每秒)。"
>
> 阿姆斯特朗:"简直不可思议。不可思议啊!"[19]

接着,几分钟后,

> 阿姆斯特朗:"我们停留在和'阿金纳'号保持大约150英尺(45.72米)的地方。"

在接下来半小时,他们绕着"阿金纳"号机动,评估它的状况:

一切正常。他们下一个动作是和它对接，并接通"双子座"号的计算机控制系统。

阿姆斯特朗以大约 3 英寸每秒（7.62 厘米每秒）的速度移动，把"双子座"太空舱的鼻翼缓缓移进"阿金纳"号的对接环，合上对接插销，确保两艘飞船牢固地连在一起。

阿姆斯特朗说道："飞控中心，我们对接上了。是的，真的很顺利。"

接下来的二十分钟，阿姆斯特朗和斯科特证实了"阿金纳"号和"双子座"太空舱正通过连接器进行正常通信，同时，地面的飞行控制管理员分析了他们自己的读数，证实了宇航员所看到的。一切看似良好："阿金纳"号表现完美。尽管如此，另一位"双子座"宇航员、当天担任太空舱联络员的洛弗尔还是给机组人员发送了一条关于"阿金纳"号的善意提醒。"如果你们遇到麻烦，如果'阿金纳'号的姿态控制系统发狂的话，"他说道，"就发送 400 指令把它关掉，并接管飞船。" 400 指令会关闭"阿金纳"号的飞行计算机，更重要的是它会关闭其机动推进器，把控制权交还给阿姆斯特朗。宇航员感谢了洛弗尔的提醒，不过没有人觉得他们会需要它。

"阿金纳"号的姿态控制系统由若干个分布在箭身周围的微型火箭推进器组成。点燃这些推进器实现小型喷射，可以调整飞船的方向。类似系统从"水星"号之前起就一直在使用，一般被认为是可靠的。但"阿金纳"D 型显得太挑剔了。400 指令是一个计算机代码，能在紧急情况下把它的机动系统关闭。

第六章
尼尔·阿姆斯特朗与巴兹·奥尔德林:"第一人"

几分钟之内,对接着的飞船就陷入了沉默,从一个地面跟踪站飞向另一个。虽然自"水星"号飞行以来已经有了极大改进,但NASA仍旧在全球零星保留了几个跟踪站和轨道上的飞船进行联络。地面控制站所欠缺的,会由一些海上跟踪船所补充。这些射电天线碟的每一个都和下一个衔接着,不过这个系统里还是有缺口,在此期间"双子座"8号会和地面失去联络。

阿姆斯特朗指出,这些缺口中有一个恰好赶上了片刻之内就要成为他这辈子中最狂野的一次驾驶:

> 我们和任务控制中心没有很多联络……你看,墨菲法则说,坏事总是在可能最糟糕的时间发生。在这件事上,我们正处在不会飞越任何跟踪站的那部分轨道上,其间大部分时间我们都失去了无线电联络,而当我们能联系上的时候,是和海上的跟踪船。他们和任务控制中心进行联络并把数据传过去的能力有限。所以我们的通信仅仅是和那些船上的人进行的,而他们在尽最大努力帮忙找出问题。这对他们真的是个挑战,因为在发生紧急情况时,他们得不到什么帮助。[20]

经历了这样一个通信缺口后,重新和一艘跟踪船的无线电建立起联络时,粗糙的无线电信号带来了戴夫·斯科特发出的一条令人震惊的消息。

"我们这里有了严重问题,"斯科特急迫地说,"我们……我们正在这里上下翻滚。我们和'阿金纳'号脱开了。"

在无线电断开期间,一切都乱了套。和"阿金纳"号对接后不久,斯科特几乎是随口和阿姆斯特朗提到他们正在慢慢翻滚:这导致连在一起的"双子座"号和"阿金纳"号开始旋转。阿姆斯特朗试图通过点燃机动推进器来进行补救,但两艘对接在一起的飞船继续偏离轴心飘移。

斯科特回想起洛弗尔关于"阿金纳"号可能失灵时的建议,他将400指令敲入"阿金纳"号连接着的计算机显示器,关闭它的机动系统。"我们一开始怀疑'阿金纳'号是罪魁祸首。"阿姆斯特朗说。[21] "双子座"飞船在这一刻之前一直表现完美,所以他和斯科特自然认定麻烦是出自"阿金纳"号。但旋转还在继续。斯科特再次输入了"阿金纳"号的关闭指令,并检查了电力开关以确保系统是正常运行的。还是不行。

当(旋转)变得很剧烈时,我断定我们不能这样继续下去了,我们必须(和"阿金纳"号)分开。我担心我们可能会失去意识,因为我们的旋转速率已经很高了,我要确保在失去意识之前脱身。[22]

阿姆斯特朗对斯科特说:"我们要脱开,解除对接。"斯科特乐意照做——在他们还来得及的时候离开"阿金纳"号,赶在迅速增加的扭转力让他们无法这么做之前。这是个好主意。"阿金纳"号还注满了爆炸性燃料,如果贮箱裂开了,则可能把他们都炸成碎片。

第六章

尼尔·阿姆斯特朗与巴兹·奥尔德林："第一人"

阿姆斯特朗松开了把两艘飞船拴在一起的对接插销，逐渐后退，可旋转不但没有抑制住，情况反而迅速恶化。几分钟之内，"双子座"太空舱就沿着好几个轴线翻腾（在太空里翻滚腾挪），以接近60圈每分钟的转速。宇航员意识到和"阿金纳"号连接在一起实际上减缓了他们的旋转速度，因为多了"阿金纳"号的重量。现在他们和它脱开了，较轻的"双子座"号旋转得更快了。NASA的工程师后来才确定，是一个推进器的控制器短路了，轨道姿态和机动系统的一个推进器持续点火，并且将一直这么做到燃料耗尽。但那样宇航员早就没命了，除非马上做些什么。

NASA正经历首次严重的飞行紧急情况，而和飞船的通信则越来越混乱。地面上什么也做不了：只能靠机组人员自救了。按照60圈每分钟的转速，阿姆斯特朗和斯科特不仅会很快失去方向（这很危险），还会晕过去，从而无法抑制旋转。太空舱将会加速，直到燃料耗尽。由于太空中没有空气阻力，它会载着两名死去的宇航员继续在轨道上翻滚，直到它最终翻滚着重新进入地球大气层，那将是几周或者几个月之后的事了。

阿姆斯特朗尝试了他在几百小时的模拟训练中所学会的一切手段来稳住太空舱，但无济于事。他建议斯科特试一次：阿姆斯特朗觉得自己可能漏掉了什么。尽管斯科特尽了最大努力，可他也没法稳住太空舱。

阿姆斯特朗用紧张的语气告诉任务控制中心："我们正在打转，我们没法关掉任何东西。继续越来越快地向左滚动。"

太空舱联络员说："收到。"没更多可以说的。飞行控制管理员无助地等待着。随后，又过了让人满头冒汗的几分钟，戴夫·斯科特断断续续的声音回到了无线电中："好了，我们正缓慢恢复对飞船的控制，直接用再入大气层控制系统。"

阿姆斯特朗使用了他所剩下的唯一选择。轨道姿态和机动系统明显出故障了，他把它关掉，并启动了再入大气层控制系统。这是另一组完全分开的推进器，由小得多的燃料贮箱驱动，其设计目的只是为了在再入大气层期间使用，以保持太空舱朝向正确并防止它烧毁或飞到溅落区之外。

随着再入大气层控制系统被激活，任务规则规定他们要马上重返地球：一旦再入大气层控制系统启动，你就无法确保推进器不会泄漏燃料；而如果漏得太多的话，就可能在再入大气层期间危及他们掌握自己轨迹的能力。

当值的飞行控制主任约翰·霍奇宣布任务到此结束，宇航员应该准备再入大气层。但由于他们不是按照预定时间和目标位置再入的，任务控制中心必须计算出太平洋上一个新的着陆区。宇航员最终将溅落在日本冲绳附近。

阿姆斯特朗刚刚和死神擦肩而过，这时候异常冷静，他对斯科特说："冲绳，好吧，我愿意和他们争论几句关于回家的事情，但我不知道该怎么说。"斯科特表示同意。

美国海军必须赶紧派遣船只在合理的时间之内接上他们，不然宇航员可能会被锁在颠簸起伏的太空舱里面，在热带海洋中漂流几个小时。阿姆斯特朗后来带着坏笑评价说,"双子座"号是一艘牢固的飞船,但却是一艘糟糕的小船。

溅落之后不久,一架海军飞机就在太空舱附近投下了潜水员,把漂浮物系上,这样即便太空舱开始进水也不会沉没。但那并没有止住颠簸。两名宇航员都晕船了,少量的呕吐袋很快就用完了。

两个小时后,宇航员换下了被汗水浸湿并带有呕吐痕迹的宇航服,登上一艘海军船只,前往夏威夷。斯科特后来这么说起阿姆斯特朗:

图 6.6 由于被关在颠簸的太空舱里而晕船和呕吐,同时等待着海军回收的阿姆斯特朗和斯科特。(NASA 供图)

"这个家伙太棒了。他太了解这个系统了,所以找到了解决方案。他在极端环境下激活了解决方案……和他一起飞真是我幸运。"[23]

阿姆斯特朗和斯科特前去参加情况说明会,和家人团聚,然后回到训练中,准备"阿波罗"计划接下来的任务。

巴兹·奥尔德林仅仅九个月后就乘坐"双子座"12号进行了他的首次"双子座"号飞行。这是"双子座"号的最后一次飞行,但在舱外活动期间进行太空作业的问题还没有解决。解决这一问题对于"阿波罗"号飞行来说是至关重要的,"双子座"12号将是让一切就绪的最后机会。

他们并不是没有努力过。自从埃德·怀特在1965年6月进行太空行走以来,又有三次"双子座"号飞行中有人曾尝试在舱外活动中执行有用的任务。吉恩·塞尔南在"双子座"9号任务中曾竭尽全力,最终让自己筋疲力尽,等他返回太空舱的时候,已经气喘吁吁,出了很多汗,以至于他的面罩完全被雾气盖住。他要看清楚返回太空舱路径的唯一方式就是用鼻尖擦出一个圈,通过这个小小的透明点看出去。他的脉搏在最高的时候超过了180次每分钟——在地面上就非常危险了,在太空中就更让人揪心。他只在外面停留了两个多小时就叫停了任务,收获甚少。

在"双子座"10号任务中,未来的"阿波罗"11号宇航员迈克尔·柯林斯进行了两次舱外活动。第一次比较谨慎,被称为"站立式舱外活动"。他打开舱门,站在座椅上,进行拍摄实验。那次飞行的晚些时候,当他们追赶上"双子座"8号任务中被弃置的"阿金纳"号并

第六章

尼尔·阿姆斯特朗与巴兹·奥尔德林："第一人"

与其交会（不过并没有对接）后，他进行了第二次更具雄心的太空行走。柯林斯使用一杆手提气动式操作枪（和怀特在"双子座"4号任务中所用的类似），从"双子座"号移动到"阿金纳"号上，取回了一个微陨石实验装置。等到他回到太空舱的时候，也已经筋疲力尽，尤其是"阿金纳"号上面没有扶手可以辅助：它几乎是光溜溜的，爬过去的时候很容易飘开。第二次尝试历时四十分钟左右。

"双子座"11号是该计划的倒数第二次飞行。迪克·戈登进行了两次舱外活动。在戈登的第一次太空行走中，他的首要目的是把一条拴绳系到对接着的"阿金纳"号上，进行一次"被动稳定"实验把两艘飞船分开，看看其中一艘能否让另一艘稳定住。这次舱外活动预定进行两小时，但只进行了大约三十分钟就中止了，因为遇到了如今已经熟悉的问题：太空行走让人力竭。第二次舱外活动是一次"站立式"的，戈登对星星和地球进行了拍照，历时两小时。但在失重状态中开展有用的工作还是没能在"双子座"计划中实现。

回到地球以后，在"双子座"12号的训练中，奥尔德林仔细跟踪了这些活动的结果。他强烈支持进行额外训练，而其他人则不太情愿。奥尔德林用NASA的失重训练飞机进行了无数次飞行。这种飞机被称为"呕吐彗星"，是一种经过改装的喷气式客机，会沿着抛物线弧度向上飞，然后下降，然后再上升，再下降。每次它俯冲的时候，宇航员在（除了有一个带扶手的模拟器完全空荡荡的）乘客区会有一段时间处于失重状态。但这段时间非常短暂，奥尔德林知道它不足以让他掌握分配给自己的艰巨任务。

为了进行更长时间的舱外活动练习,奥尔德林去了当地一所高中,NASA 安排租下了那里的游泳池的一些时段,他们必须绕开水球训练来预约(那时 NASA 尚未有自己的水中训练设施)。NASA 在游泳池的水下最深处放置了一个"双子座-阿金纳"模拟器,奥尔德林在里面花了很多时间。这个模型能模拟"阿金纳"号上新设计的扶手以及"双子座"太空舱的背面。它安装有一个"工具箱"。那是一个小容器,放着几个为宇航员设计的手工活动装置,来测试失重状态下的动手能力。奥尔德林进到水下,穿着为了在游泳池中使用而改装过的"双子座"宇航服。他在那里花几个小时一次又一次地练习每一个动作,直到他几乎闭着眼睛都能操作。他的一些同事觉得他做得有点过头,但这就是奥尔德林的风格:研究一个问题,拿出一套可能的解决方案,对它们进行练习,直到他确定自己已经找到正确的方法。对于飞行中的其他方面也是如此:飞船在轨道上的航行,还有他由于在麻省理工学院的经历而帮助设计的轨道路径,都在纸上用星图进行了练习,直到他确定自己已经彻底了解。

他的练习将带来回报,而且是相当大的回报。

在 11 月 11 日,美国东部时间下午 2 时刚过,作为目标的"阿金纳"号发射升空。随后,在下午 3 时 46 分,机组人员乘坐的"双子座"12 号发射。吉姆·洛弗尔担任飞行指挥官,奥尔德林担任驾驶员,他们开始追赶"阿金纳"号,进行第一次对接。这涉及把数据费劲地输进"双子星"号的飞行计算机,是一个辛苦的过程。虽然基本程序已经通过固线接入系统,但任何可变参数都必须在一个小型数字键盘

第六章
尼尔·阿姆斯特朗与巴兹·奥尔德林:"第一人"

上通过无尽的敲击输进去。

半个小时后,"双子座"号的雷达第一次尝试就发现了"阿金纳"号。奥尔德林向下方发送无线电:"休斯敦,请注意,我们顺利锁定了,255.5 海里(约 473 千米)。"

但是,在这个过程中,雷达停止了工作,让他们无法持续锁定"阿金纳"号,这会让这部分任务轻易作废。但奥尔德林做好了准备:"这种情况的应急方案就是让机组人员查询复杂的交会图——是我帮着开发的——使用'头盖骨电脑 1 号'(人脑)来解读数据,然后用飞船计算机来验证这一切。"奥尔德林后来这样回忆。[24] 他探身从座位底下取出一个六分仪,加上一个计算尺和纸笔,就计算出他觉得"阿金纳"号可能的所在地点以及抵近它所需的轨道。

这个手工制导练习原本预定要在后来才会进行,这仅仅是它在飞行中的第二次应用。此前的尝试并没有那么令人满意,但手工制导是"阿波罗"号准备工作清单上的一项。没有人想因为计算机或雷达失灵而和登月舱一起困在月球轨道上,却找不到指令舱——他们还得靠它回家呢。

根据奥尔德林的计算,他们不仅设法找到了"阿金纳"号并进行了对接,还比以往任何一次飞行都节省燃料。

洛弗尔练习过很多次对接和分离。飞行计划要求使用"阿金纳"号把他们推向一个更高的轨道。但是,这次练习被取消了,因为"阿金纳"号显示其火箭发动机可能出了问题,飞控主任决定放弃这次练习。奥尔德林和洛弗尔带着失望进入就餐和休息时段。

发射后第二十一个小时，奥尔德林首次进行了太空行走——又一次站立式舱外活动，从"双子座"号的舱门中探出来，但并不离开飞船。像之前的其他人一样，奥尔德林进行了拍摄实验，并取回了一个放置在舱门附近的微陨石实验装置。然后，他发现了一个小小的惊喜。

"在第二天晚上的舱外活动期间，我看到自己手套的手指间有蓝色的火花，"他后来说道，"太空显然并不是真空的。它充满着看不见的能量：磁性和沉默的引力之河。太空有一块隐形的布，而我的加压手套的指头正钩住这些纤细的线。"[25] 他完成了指定任务，重新进入飞船，开始了漫长的休息时段。

下一次的舱外活动将让任务圆满成功或者失败。他将在这项计划的最后一次飞行中，努力证明宇航员能够在失重状态下完成常规工作。这关系到很多事情：不仅仅是"阿波罗"计划的未来，还要证明奥尔德林几个月以来紧张而主动的水下训练是可行的，实现"阿波罗"计划目标所需要的是在失重状态下灵活操作。

任务进行到大约第四十三个小时的时候，奥尔德林挂着一条长长的系带从降压后的"双子座"太空舱出来。当他从机舱向外活动的时候，洛弗尔释放着系带。奥尔德林使用为此目的而安装的新扶手，小心地经过太空舱的鼻翼，抵达"阿金纳"号。他缓缓向前方运动，两手交替，准备着以后要用的"重力梯度"实验装置。轻松返回太空舱和洛弗尔交换照相机后，他又回到"双子座"飞船的后端，那里有一个空心的连接环，附带着一个"工具箱"。整个过程他都显得没怎么费劲，可能让一些在他之前的宇航员感到恼火。

第六章
尼尔·阿姆斯特朗与巴兹·奥尔德林:"第一人"

当他抵达"双子座"太空舱的尾部时,奥尔德林把靴子滑进新设计的脚套里面。这会帮助他在没有摩擦力的太空环境里保持正确的朝向。在早先的一些尝试中,其他宇航员尽管做了一定准备并带有特别工具,却还是发现:当他们想用工具把螺丝螺母拧松或上紧时,显得笨手笨脚的。不过,奥尔德林利用他在水下模拟以及"呕吐彗星"号训练期间所获得的经验,以周密的准确性、最小化的运动和扭矩完成了分配的任务。

在舱外活动的剩余时间,他把长长的任务清单检查了一遍,核对了脑中的每一个步骤。然后,他回到舱门处,清理了窗户,在太空中停留两个小时之后,进入太空舱。

虽然每一次舱外活动期间所获得的经验都增进了对太空中工作严酷性的认识,但直到"双子座"12号,经过艰苦的准备工作和预先计划,这项计划才终于万事俱备。这来得恰如其时。

几天之后,他们又进行了一次站立式舱外活动,然后洛弗尔和奥尔德林向计算机输入了再入大气层的代码,朝着大西洋中的百慕大群岛附近溅落。

奥尔德林后来回忆道:"'双子座'计划最终成功了。现在它的所有目标都已经实现。我们准备好进入'阿波罗'计划并征服月球。"[26]

现在是准备"阿波罗"计划以及漫长而艰巨的登月任务的时候了。宇航员们又回到了模拟器里,或被分派为飞行机组人员,或成为机组人员的替补。

然后就发生了"阿波罗"1号火灾(参见第四章)。损失了三名宇航员伙伴,这还是发生在地面上,而不是(被认为危险得多的)飞行中,就更加让人难以接受。"我记得很清楚,"阿姆斯特朗回忆说,"我认识格斯(格里索姆的昵称)很久了。"阿姆斯特朗也是埃德·怀特的亲密朋友。"要知道,我想我更可能接受在飞行中失去一个朋友,在地面测试中失去他们真的很让人伤心。那是对我们自己的一次控诉。我的意思是,(发生这件事是)因为我们没把事情做好。那是加倍的伤害。"27

奥尔德林回忆了原本想营救机组人员的人们所描述的当时场景:"技师们看到整个机舱都被火焰席卷。"埃德·怀特和弗吉尔·格里索姆在舱门门框下方的机舱地板上胡乱躺着。大火已经把他们的太空服材料和舱门附近被熔化的塑料、金属融在一起。罗杰·查菲还躺在他的座椅上,他的捆绑带和氧气软管脱开了。三个人都没了。28

听到这个消息时,奥尔德林只能哀悼他的朋友埃德·怀特,回想几年前的一天,他们两人第一次讨论成为宇航员的可能性:"他那时候多么自信,高大结实,就像每个人所能想象出的典型美国试飞员的样子。现在他走了。格斯也走了。罗杰也走了。"29

不过,虽然"阿波罗"1号事故令人悲痛,但也有积极的后果。NASA监管着设计一款更为安全的飞船,并对其制造承包商——北美航空公司进行了更为严格的控制,以前他们在安全和质量控制方面有所松懈。"我们获得了时间的馈赠,"阿姆斯特朗说,"我们并不想要这个礼物,但它让我们多了好几个月的时间,不仅用来修理飞船,还用来反思我们以前所有的决定、计划和战略。"30

第六章
尼尔·阿姆斯特朗与巴兹·奥尔德林:"第一人"

在 NASA 对火灾进行调查的时候,"阿波罗"计划的训练还在继续着。机组人员投入这些日常工作中去,借以抚慰"阿波罗"1号带来的巨大创伤。

在阿姆斯特朗的回忆中,"阿波罗"计划的训练比以往更加专业了:

> 它坚决以目标为导向。我们尽可能把它细化,而不是像在研究中那样宽泛,因为那时候我们的时间有限,又想要尽快实现目标,所以我们在进行比赛,我们一直很清楚这一点。我们不想以任何方式把自己的注意力转移到并不真正需要担心的事情上去。我们想要专注于所知道的自己必须要做并且要熟练掌握的所有事情。这是和我们刚进入"阿波罗"计划的飞行训练时的主要区别。[31]

尤其是设备也得到了改进。此前,计算机已经用于计算:要用到什么轨道、需要什么具体结果,把这些参数输入驱动模拟器的模拟式电动机械设备(一种源于第二次世界大战时期的训练器)就行。计算机技术在 20 世纪 60 年代大为进步,很大程度上出于太空竞赛的需求,数字设备起到了越来越核心的作用,让模拟活动更加精确、更有应对性。

"在(20世纪)60年代晚期,我们的计算机模拟活动真的非常出色,"阿姆斯特朗说,"它们足以替我们开展大部分工作。有一个古老观念认为，驾驶模拟器往往比驾驶飞船本身更困难。总的来说，的确是这样的。当然在'阿波罗'计划中也确实如此，尤其是登月舱。它比模拟器更容易驾驶，这对我们有好处，因为我们预计的是比实际所发生的更难操纵、更棘手的情况。"³²

随着"阿波罗"号首次飞行的临近，模拟活动也加强了。在尝试让新的硬件飞行之前，必须把所有漏洞都补上。现在的模拟活动中，一头是为机组人员准备的飞船模拟器，另一头是位于休斯敦的满员配备的任务控制中心，还有一排排在中间运行着模拟活动的中介式计算机。这些计算机由模拟飞行主管负责监督，他们会设计一些需要解决的问题，给模拟增加一些复杂性（往往是非常困难的情况），双方必须合作解决。

但并不是所有事情都能通过计算机模拟。驾驶登月舱并降落在月球上，需要的技能不可能仅仅在计算机式驾驶舱里就能获得。出于这个原因，工作人员设计了一个特殊的飞行器。它被称为"登月研究车"，后来又被称为"登月训练车"，不过宇航员们叫它"飞行床架"。它看上去就像是这么一个东西：一个有着细长腿的台子，前面是一个小小的船舱，环绕着一个朝下的强劲喷气式发动机。每个轴线方向都装有小型气体推进器。这个设计巧妙的机器用喷气式发动机把自己推向空中，小型气体推进器则用来进行机动。它会上升到指定的高度，然后喷气式发动机会减速到盘旋状态，模拟地球引力减少六分之五①，

---

① 原文是"模拟地球引力的六分之五"，误。——译者注

也就是月球的引力，由推进器来接管垂直高度上的机动和横向移动。驾驶这个机器困难得让人生畏，NASA 认为太危险了，不止一次考虑要停止使用它：他们不想再损失任何一名宇航员了。

在登月训练车里受训的宇航员是带着警惕和敬仰接近这台机器的。但是，在阿姆斯特朗看来，这是必需的。尽管很危险，他还是说服大家继续使用它。

登月训练车实际上在"阿波罗"计划的训练开始之前很久就设计出来了，并且在 20 世纪 60 年代初期登月舱完成设计之前，就已经在制造中。

阿姆斯特朗后来是这样谈到登月训练车的起源的：

> 我们认定"阿波罗"号将是一个非常复杂的工程，我们应该做的是……制造一个小型设备，一个小巧的单人装置，只用来研究在月球（环境中）飞行的特性和要求——打造一个数据库，以此来造更大的东西，搭载真正的飞船。
>
> 所以，我们实际上设计了这样一个飞行器。它看上去就像一个安在几条腿上的金宝汤罐头，下面有一个装有万向接头的（喷气）发动机。这成了我们发出的制造登月研究车的招标要求中的基本要素。这时候还不知道会有一个登月舱……实际上，登月舱是在登月研究车之后才有的。幸运的是，这个训练设备的特性和大小、转动惯量等和登月舱非常相似。这实在是很巧。[33]

了解到登月舱的特征后,登月研究车就被重新设计,以登月训练车之名初次亮相。阿姆斯特朗说,登月训练车"设计得甚至更像登月舱,这样它会给人直观的感受。实际上,它做到了。我觉得,就我所知,所有飞行员……都认为在他们为登月尝试所做的准备中,它是极其重要的部分"。[34]

他补充说:

> 它比登月舱更难驾驶、更复杂,还要遭遇狂风和气流颠簸等等带来的问题,在月球上其实并没有这些。相比于真实的登月舱,这些系统更加动荡或者说没那么顺畅,推进系统和高度控制系统都是这样。登月舱倒是一个令人愉快的惊喜。[35]

在登月研究车和登月训练车上进行的训练实际上很危险,喷气发动机直接就在宇航员身后轰鸣,飞行器不断处于倒向一边并翻转过来的状态,还可能会发生爆炸。这就像让一个保龄球在扫帚柄上保持平衡,重心又高又不稳,还会随着燃料的急速消耗而转移。狂风会把它推向一边,确保造成不稳定状态。1968年5月6日,在爱德华兹空军基地的一次训练中,所有恶劣条件模拟都让阿姆斯特朗赶上了。他正在大约100英尺(30.48米)的高度飞行——这台机器的最大高度被限制在500英尺(152.4米)左右。在他进行机动时,登月研究车的控制出了问题:推进器忽然失去了燃料,狂风大作。飞行器开始倒向一侧,然后失去了平衡,滑向地面。阿姆斯特朗拼命想恢复控制,但他只有

第六章
尼尔·阿姆斯特朗与巴兹·奥尔德林:"第一人"

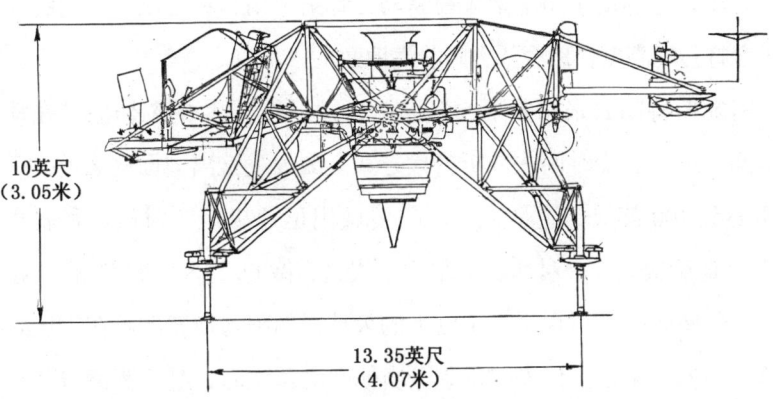

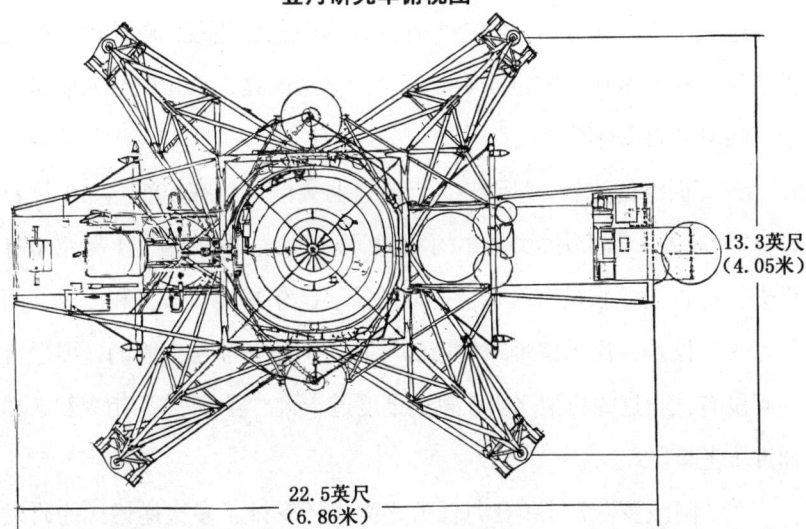

图 6.7 登月研究车示意图。它和后来的登月训练车在外观上几乎相同。中间是喷气发动机,左边是宇航员座舱。(NASA 供图)

寥寥数秒，因为这个高度让他没有足够时间在坠毁前采取措施。就在最后时刻，他启动了由小型火箭驱动的弹射座椅，把自己推送到刚够降落伞打开的高度，然后坠落到沙漠地面上。

阿姆斯特朗后来用典型的轻描淡写式工程学话语描述道："在那一瞬间，没有多少时间去分析替代方案。因为我就离地面这么近，高度还不到 100 英尺。这是又一个需要做出迅速决定的时候。我脱离了。"[36] 他确实是以一种风驰电掣的方式这么做的。登月研究车在几秒钟之后就坠毁了，引爆了一个巨大的火球，而阿姆斯特朗就在不远处降落。他惊魂未定，但安然无恙。当他回到基地时，甚至都懒得和同事们提起这件事。对他来说，这只不过是试飞员生命里的又一天罢了。

这些奇特的飞行器一共造了五台，其中三台坠毁：对任何一种飞机来说，都不是什么前景光明的记录。幸运的是，真正的登月舱是一个高级得多的飞行器。

随着训练的进行，"阿波罗"计划羽翼渐丰。在 1968 年 10 月 11 日，"阿波罗" 7 号从卡纳维拉尔角起飞，进行"阿波罗" 1 号原本打算进行的试飞。乘员有沃尔特·斯基拉、沃尔特·坎宁安和唐·艾西尔。这仅仅是一次围绕地球轨道的飞行，但也是非常大胆的，要登上一艘没有试验过的新型飞船在轨道上度过十天。"阿波罗"指令舱成功通过了考验。

在"阿波罗" 7 号和登月任务之间，还安排了多次递增式的研发飞行。不过由于登月舱进度落后（它太沉了，无法完成任务，工作人员正在进行紧张的减重工作），而肯尼迪十年承诺的最后期限也日渐

第六章
尼尔·阿姆斯特朗与巴兹·奥尔德林:"第一人"

临近,他们必须放弃一些东西。NASA 以一种今天无法想象的速度调整了飞行日程,在"阿波罗"号首航之后仅仅三个月,"阿波罗"8 号就被送往月球轨道。这次飞行中还是没有登月舱,如果飞船的主发动机发生任何问题,三名宇航员——弗兰克·博尔曼、吉姆·洛弗尔和比尔·安德斯可能就会被永远困在月球轨道上。这是一项冒险的任务。幸运的是,一切都进行得很顺利。

当宣布"阿波罗"号在第二次载人飞行(也是"土星"5 号月球火箭的首次载人飞行)就要前往月球的决定时,阿姆斯特朗和其他宇航员都感到相当意外。"土星"5 号也存在着自身的开发问题,最重要的是它的主火箭发动机会在上升时猛烈跳动,他们把这种情况称为"踩高跷"。

阿姆斯特朗觉得让"阿波罗"8 号绕月球轨道飞行的计划"非常大胆":

> 因为"土星"火箭还存在着踩高跷的问题,而"土星"5 号(以前的无人)发射又存在些问题,所以在还没有证明这些问题已经解决的情况下进行下一次发射,上面还有人类机组成员,不仅要进入轨道,还要前往月球,这似乎激进得不可思议。但我们都支持这么干。我们觉得这是个绝妙的机会。如果我们能做成,为什么不去做呢?这会带给我们一次巨大的飞跃……它是个有点复杂的过程,但跨出这一步显示了 NASA 管理层极大的勇气。[37]

阿姆斯特朗和奥尔德林是"阿波罗"8号的替补机组人员。指令舱飞行员迈克尔·柯林斯原本也是，但在他出现了一些健康问题后，就被替换了。1968年12月21日，他们三名替补看着机组人员发射升空，开始前往月球并返回的六天旅程。看着别的宇航员飞行一次自己也在准备着的任务，这从来都不会让人感到轻松，但他们可能有过的任何失望情绪都转瞬即逝。

当"阿波罗"8号绕着月球飞行时，阿姆斯特朗被召集来和迪克·斯莱顿开会。"在'阿波罗'8号飞行期间，我和迪克·斯莱顿会谈了三四次。先是关于我要不要放弃第三次，"指的是第三次月球任务，"然后我们谈了很多关于谁有可能并且适合进入机组，诸如此类的话题。"[38]

继"阿波罗"8号之后，"阿波罗"9号在1969年3月3日发射，进行又一次的地球轨道任务。这次带上了登月舱，这是它首次由机组人员驾驶。在十天时间里，机组人员吉姆·麦克迪维特、戴夫·斯科特和拉斯蒂·施韦卡特让整个联合系统协调一致，彻底测试了对接、脱离、将登月舱的下降级和上升级点火、机动等每一个环节。一切都照计划进行，只有施韦卡特有一点太空病症状。

"阿波罗"10号是登陆月球之前的最后一次测试，在5月18日发射。这还只是前往月球的第二次飞行，并且是首次携带登月舱前往。在为期八天的时间里，一切都得到演练，除了真正的着陆：汤姆·斯塔福德和吉恩·塞尔南驾驶着登月舱下降到离月球表面只有几英里的范围内，然后中止了下降程序，向上飞回轨道，和在指令舱中守候着

第六章
尼尔·阿姆斯特朗与巴兹·奥尔德林:"第一人"

他们的约翰·扬会合。这次任务进行顺利,只有登月舱飞行期间的一小段时间是例外:脱离下降阶段后,机舱载着宇航员随即在上升阶段剧烈旋转,直到宇航员重新控制住它。经查,这只是一个程序问题,而不是硬件的毛病,并没有危及下一次"阿波罗"11号任务。

"阿波罗"11号的训练紧锣密鼓地继续着,离发射只剩下四个月了。"迈克尔·柯林斯把所有时间都花在操控指令舱上,"阿姆斯特朗回忆说,"奥尔德林和我则把大量时间用在操控登月舱上,彻底了解它。当然,接着我们还必须学习那些实验、月球表面科学工作以及在月球上安装设备,所有这类的事情。它很花时间。要我说,我们还想要更多一点时间,但当时间一到,我们只能说:好的,我们准备好出发了。"[39]

在发射前十一天的一次新闻发布会上,阿姆斯特朗、奥尔德林和柯林斯简要地回答了一群记者在最后时刻提出的问题。其中有些问题非常琐碎。例如,他们被问到指令舱是怎样被命名为"哥伦比亚"号的。"哥伦比亚是一个国家象征,"阿姆斯特朗说,"而且,你们都知道,它是儒勒·凡尔纳笔下前往月球的飞船的名字。"[40]

一位记者插话进来问阿姆斯特朗:"(你)已经决定好在你做首次踏上月球这个标志性动作的时候说一些具有历史意义的、值得纪念的话了吗?"[41]

阿姆斯特朗的回答很小心。媒体一直在使劲猜测在另一个世界迈出第一步的第一人会说的第一句话是什么。不管是什么话,都要反映出一个国家十年来所付出的汗水和金钱。在这一紧要关头有许多备选

图 6.8 "阿波罗" 11 号的一次飞行前新闻发布会。从左到右依次为奥尔德林、阿姆斯特朗和柯林斯。(NASA 供图)

的话语。到了这个时候,任何人都知道,NASA 的一个公关团队一直在忙着创作完美的语句,以便能在这个历史性时刻说出来。

但是,结果并非如此。鉴于 NASA 以控制为导向的文化,让人大为意外的是决定权留给了阿姆斯特朗。虽然 NASA 内部到处都在讨论要在月球上说什么,但公关主管朱利安·希尔写的一条备忘录表明:由于伊莎贝拉女王并没有具体指示克里斯托弗·哥伦布在前往新世界的旅途中遇到陆地时该说什么,所以 NASA 也不会告诉阿姆斯特朗在他踏上月球的时候该说什么。这一直是一个敏感话题,但从阿姆斯特朗给记者的回答中并猜不到:"不,我还没有。"点到为止。

第六章
尼尔·阿姆斯特朗与巴兹·奥尔德林:"第一人"

阿姆斯特朗后来说:

已经去世的朱利安·希尔的确以多种方式引导着 NASA 和外部世界的关系。他绝对坚持总部别去指示自己的人该说什么。不仅对宇航员,对任何人都一样。他们让大家说自己想说的话。他们会让大家知道哪里是边界,NASA 的立场是怎样的。此外,就我所知,他们从来没有控制过其他人的公开发言。就飞行机组人员而言,NASA 当然会坚持不去要求他们该说什么,他们的发言就是描述他们所看到的以及他们想要说的。就我所知,从来没有人违反过这条禁令。[42]

阿姆斯特朗所挑选的那些著名的句子又是怎么回事呢?"这并不是我真正关注的东西,只是一种下意识里想到的东西。但你知道,它只是一个很简单的声明,说到了踏上什么东西……它并不是个很复杂的事情。仅此而已。"[43]

最终,一位记者问阿姆斯特朗:"在你看来,'阿波罗'11 号飞行中哪个阶段最危险?"阿姆斯特朗说:"嗯,就像在任何飞行中一样,最让人关注的事情是那些以前没有做过的,那些全新的事情。"他不想卖任何关子。"登月舱的发动机必须运转,让我们从月球表面加速进入月球轨道,当然,服务舱的发动机也必须再次运转,把我们送回地球。"他补充说,"当我们在太空飞行中越走越远时,将会有更多必须能运作的单点系统。"他最后说道:"顺便说一句,我们对那些系统有着很大的信心。"工程师已经发话了。就是这个样子。[44]

但是,实际上阿姆斯特朗隐藏了对一些硬件的担心,尤其是登月舱的上升级发动机。这是一个简单的设备,由航天承包商贝尔空间系统公司设计。这个发动机加注自燃液体,这是一种高活性(也是有毒的)化学制品,接触就会爆炸,连点火器都不需要。发动机由压力管送料,燃料由惰性气体从贮罐中推出。简而言之,你需要做的就是打开阀门。"砰"的一下,你就升上天去了。阿姆斯特朗的担心集中在那两个阀门上。正如20世纪60年代火箭学(乃至今天的火箭学)的很大一部分,很多机械功能是通过小型爆炸来实现的。上升级发动机运行所需要的就是对这些小巧的爆炸物进行一次电击,当它们爆炸时,就会把燃料阀门推开。但阿姆斯特朗想知道:如果电击信号短路了,或者爆炸物没有点燃,该怎么办?他询问了有关用机械手段控制——几个可以人工激活的把手——安装在发动机上的阀门的可能性。得到的答案是不行,这会增加复杂性和重量。贝尔空间系统公司的工程师向NASA保证系统是完全可靠的。最后,阿姆斯特朗不情愿地同意了。

1969年7月16日早晨,阿姆斯特朗、奥尔德林和柯林斯在凌晨4时被首席宇航员兼同事迪克·斯莱顿叫醒。他们睡在肯尼迪航天中心的机组人员宿舍,在飞行前一周的大部分时间里,一直都在进行隔离,以防止任何经空气传播的疾病在首次登月途中缠上机组人员。在例行的飞行前医疗检查之后,他们吃了一顿传统的飞行前宇航员餐:牛排、鸡蛋、烤面包片、果汁和咖啡。

第六章
尼尔·阿姆斯特朗与巴兹·奥尔德林："第一人"

"阿波罗"8号宇航员比尔·安德斯加入斯莱顿和机组人员，与他们共进早餐。接着，大约半小时之后，宇航员上楼穿上宇航服，准备几个小时之后的发射。

不久，一辆NASA的面包车将他们送往8英里（12.87千米）之外的发射台。火箭就矗立在他们面前，在晨光中显得宏伟壮观，笼罩在低温燃料汽化所产生的雾气中。

当宇航员乘坐电梯前往高出地面360英尺（109.73米）的指令舱时，宇航员弗雷德·海斯正在舱内核对长达417项的检查清单。每个开关都必须在正确位置，每个测量仪器和显示器都必须显示正确的读数。

宇航员在发射团队的帮助下进入各自指定的座椅，臃肿的宇航服让他们在太空舱内挨在一起。在前往月球的途中，在失重环境中，太空舱会显得大得多，尤其是当他们脱掉加压服的时候。

在指令舱内，当倒计时接近最后一分钟时，阿姆斯特朗冷静地把手移向中止手柄（装在他座椅扶手上的一个T形开关）。万一在发射过程中出现差错，他要做的就是扭动这个开关，紧急逃逸系统——装在指令舱顶上的一组火箭就会点火，把他们从发生故障的推进器中弹出。这是最后的手段，也是他们并不乐意去想的事情：从来没有人试验过，但却是一个必要的预防措施。就在几个晚上之前，NASA局长汤姆·潘恩告诉阿姆斯特朗："就算不得不中止，我还是能看到你执行下次登月飞行的。别把命丢了。"这是他的说话方式，"如果情况对你不利的话，别等太久才中止。"[45]

与此同时,坐在中间座位的奥尔德林先是转向阿姆斯特朗,又转向柯林斯,咧嘴而笑。经过多年的准备和努力,他们真的要去月球了。

然后,在倒计时到八秒的时候,开始一片轰鸣。

火焰朝发射台下方喷涌而出,向四周翻腾。注满燃料的"土星"火箭还没离开地面,就已经烧掉了 23 吨的煤油和液氧,笼罩在烟雾和蒸气之中。五个巨型火箭发动机积聚着能量——每一个都有 150 万磅(约 680 吨)的推力,火箭被固定臂钳制在原处,不断震动着。

发射现场解说员继续读着最后几秒,并在读秒结束时说:"起飞!我们起飞了,在 32 分的时候。'阿波罗' 11 号起飞了。"[46]

当火箭倾向一侧,和赤道保持一个角度前进时,阿姆斯特朗说:"我们进入翻滚程序了。"他听起来就像是正在向别人报时,非常简洁。

几分钟之后,第一级火箭猛地和第二级分离,坠向下方遥远的大西洋。第二级火箭的五个 J-2 发动机点火,继续把"阿波罗" 11 号推向轨道。火箭继续向轨道飞行,带着三名笑容满面的宇航员行进在载入史册的征途中。

发射后九分钟,S-2 第二级火箭发动机关闭,"土星" 5 号再次分离。S-4B 第三级火箭上的单个 J-2 发动机点火,燃料燃烧了两分多钟,将"阿波罗" 11 号送向正确的轨道。在飞行进行到 11 分 42 秒的时候,第三级火箭关闭,飞船滑进了轨道。

"关闭。"阿姆斯特朗呼叫道。任务控制中心让他们继续准备 S-4B 级发动机的下一次点火,以便让他们离开地球轨道,前往月球。2 小时 44 分钟之后,经过对飞船所有系统的全面检查后,第三级的单个发动

第六章

尼尔·阿姆斯特朗与巴兹·奥尔德林:"第一人"

机最后一次点火,将他们送进地月转移轨道:他们朝月球进发了。

三十多分钟后,柯林斯操控指令舱,和第三级火箭分离。他飞到 S-4B 级的前面,转了 180°,然后慢慢朝着 S-4B 级飞回。登月舱放置在 S-4B 级里面,位于燃料贮箱和火箭发动机顶端,四个侧板已经展开,登月舱安坐在这一级火箭的顶部,腿部折叠,等待被释放。

柯林斯使用测距雷达和一个光学瞄准具实现了对接。这项操作既是一门艺术,又饱含科技成分。他小心地将对接探测器滑入登月舱顶部的接口,合上对接插销。在机组人员去月球之前,它们都不会再松开。

"那并不是我做过最顺利的对接。"柯林斯在完成了这次机动之后说。他觉得在无数次模拟对接训练中,有好几次他都完成得更好。不过,阿姆斯特朗说:"没事,我这边觉得很好。"不到十分钟,他们就给登月舱加压,不到一个小时之后,柯林斯就把登月舱从第三级火箭里拖离出来。

两架航天器向着月球翱翔,阿姆斯特朗通过无线电向任务控制中心汇报了他透过窗户所看到的景象。

休斯敦,我们正在准备登月舱的弹射,没有太多时间和你们谈论我们从窗外看到的景象。迄今为止,我们能看到整个明亮的地球北半球,包括北美洲、北大西洋、欧洲,还有北非。我们可以看到天气很好——到处都很好。加拿大北部的阿萨巴斯卡有一个气旋低压,可能是阿萨巴斯卡地区的东部。格陵兰岛很清晰,好像我们正看着格陵兰岛的冰帽。整个北大西洋都好极了，欧洲和北非看起来也很清晰。美国大部分地区都很清晰。那儿有一个低地——看起来像是有一个锋面从美国中部向北跨过五大湖区，延伸进纽芬兰。[47]

现在，他们能从发射前几个小时起就一直穿着的加压服里钻出来，放松一下。

任务进行到第61个小时，"阿波罗"11号通过了太空中一个被称为"等引力带"的隐形地点。在那里，地球和月球的引力相同。从这时候起，飞船在月球的拖拽下加速前进。几个小时之后，柯林斯将指令-服务舱背面的单个大型发动机点火，它这时候正朝向月球。点燃的发动机将把他们带进月球表面上空大约60英里（96.56千米）处的轨道。在和地球脱离了无线电联络的月球背面还要再进行一次点火，将他们锁定到月球轨道。

当他们飞越月球背面时，奥尔德林对它表面的原始地貌感到惊奇，那边比月球正面要崎岖得多（我们从来没有在地球上看到过那一面）。月球被地球"潮汐锁定"，意味着永远只有一面正对着我们的星球。

"月球背面比我们在地球上所看到的那一面要崎岖得多，"奥尔德林后来说道，"那一面从几百万年前太阳系诞生时起就一直被流星撞击。"[48]

当发动机熄火时，柯林斯说道："嗯，我不知道我们是不是到达了60英里高的地方，但至少我们还没有撞上那个妈妈（指月球）。"奥尔

第六章
尼尔·阿姆斯特朗与巴兹·奥尔德林:"第一人"

图 6.9　图中可见指令舱和登月舱对接在一起,正前往月球途中。(nerthuz © 123RF.com 供图)

德林读着高度表:"快看那个!快看那个! 169.6×60.9 的地方!"柯林斯回答说:"美,美,美,美极了。"49

在发射后大约 95 个小时,阿姆斯特朗和奥尔德林穿戴整齐,进入登月舱,准备登陆月球。

两名宇航员核对完检查清单,向任务控制中心报告说一切准备就绪。与此同时,柯林斯在"哥伦比亚"号指令舱站点替他们捏着一把汗。虽然他没有说出口,但他觉得同伴们成功的概率大概是 50%。不过那只是他心里想的,他嘴里却说:"你们这俩小猫咪在月球上放松点。如果我听到你们气喘吁吁,那我可要跟你们唠叨唠叨了。"50

柯林斯启动按钮,松开了"鹰"号。对接机械装置有一个弹簧,会把它们轻轻地推开。弹簧的推力同每一个其他的机动一样,不管多么轻微,都会被计入登陆的轨道计算中。但未被考虑进去的是两个飞行器之间的通道内仍有一些剩余的空气。当它们分离时，发出了轻轻的"砰"的一下，就好像一个巨大的香槟酒瓶打开了。当时谁也没注意到，但这点额外的推力足以影响到登月舱的速度——当登月舱接近月球表面时，阿姆斯特朗才注意到这一点。

阿姆斯特朗启动了登月舱推进器，驶离"哥伦比亚"号，然后在柯林斯面前缓缓地转动登月舱，让他能对这架登月飞行器进行视觉检查。柯林斯没看到什么问题：登月舱没有损坏，更重要的是四条着陆腿都已经展开并锁定（它们在发射时是向内折叠起来的）。

"我觉得你们有一架看起来很不错的飞行器，'鹰'号，尽管你们其实是上下颠倒的。"柯林斯说道。[51]

阿姆斯特朗回答说："有的人才是上下颠倒了。"

经过全面细致的检查造成的停顿之后，柯林斯说："你们多加小心。"

阿姆斯特朗简单地回答道："回头见。"似乎他只是出门去办公室上一天班。

"鹰"号继续绕轨道飞行了 2 小时 20 分钟，阿姆斯特朗和奥尔德林完成了朝月球表面下降的准备工作。不久后，他们就获准开始下降，当他们启动登月舱的火箭发动机进行减速，开始朝目标着陆区域降落时，阿姆斯特朗注意到那些地标并没有准确排列，它们似乎比窗户上的数字指示器所显示的对应出现的时间提前了两秒。当他们接近崎岖不平的月球表面时，需要花额外工夫寻找一个合适的着陆地点。

阿姆斯特朗和奥尔德林都站在登月舱里准备着陆（早期的几款登

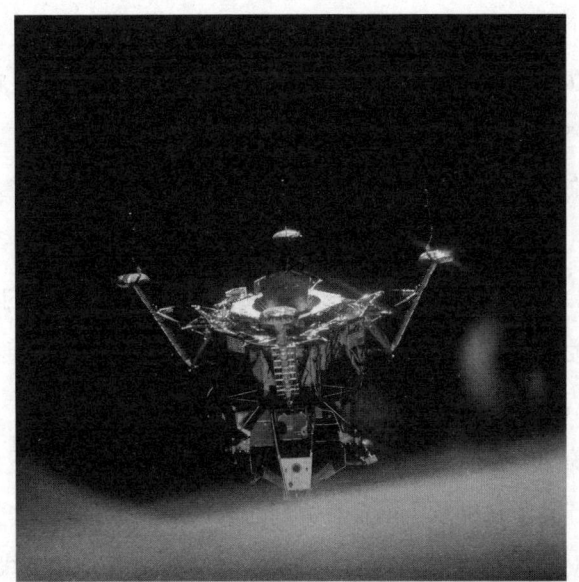

图 6.10 "鹰"号登月舱向月球降落之前。(NASA 供图)

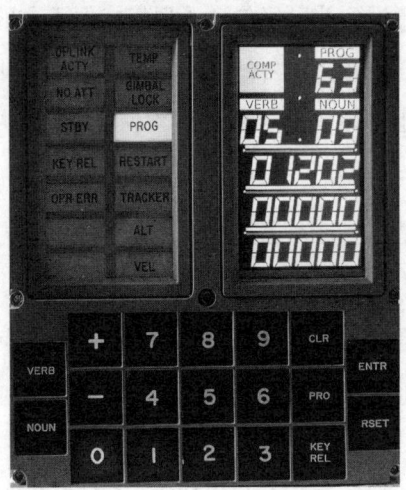

图 6.11 登月舱计算机上的 1201 和 1202 警报模拟。(尼克·豪斯供图)

月舱安装了座椅，但出于重量的考虑，最终把它们都去除了）。当他们刚通过33 000英尺（10.06千米）高度时，一声刺耳的警报响了起来。计算机在警告他们：出问题了。

阿姆斯特朗说："程序警报。"然后说："是'1202'。"奥尔德林重复了一遍，确保休斯敦的飞行控制管理员能听到"1202"。[52]

不一会儿，阿姆斯特朗向任务控制中心说道："给我们提供1202程序警报的解释。"他的声音并不慌乱，没有确凿迹象表明他在担心什么，只是语气有一点紧迫。

任务控制中心指示说，他们仍然可以进行着陆。

随着"鹰"号继续下降，计算机也在断断续续地锁住，并停止显示他们相对于月球表面的距离和速度。计算机随后重新上线，奥尔德林读着各项数据，而阿姆斯特朗则驶近着陆区。

阿姆斯特朗意识到他已经偏离了目标，但下方的地形有多凶险还不得而知。下方变得越来越崎岖不平，他注意力集中，透过登月舱狭小的三角形窗口进行观察，试图寻找一个平坦的地方以落脚。奥尔德林这时候则在操作计算机，不断复述着高度和速度的读数。

雪上加霜的是燃料正在迅速耗尽，而在他们下方掠过的月球表面仍旧崎岖而危险。他将下降速度减慢到使舱体处于盘旋状态，向前方扫视，寻找任何看着平坦光滑的着陆点。地面上任何高出来或陷下去几英尺的不规则地带都会让登月舱翻倒，或至少会让它在返回轨道离开时面临挑战。

经过紧张的片刻之后，奥尔德林说："我看到影子了。"然后，他

第六章
尼尔·阿姆斯特朗与巴兹·奥尔德林:"第一人"

回过头来看着计算机的读数:"高度 250 英尺(76.2 米),下降速度 2.5 英尺每秒(76.2 厘米每秒)……下来得很好。"[53]

"恰好在陨石坑上。"阿姆斯特朗嘟哝道。

"200 英尺(60.96 米),"奥尔德林继续念着,"向下 5.5 英尺每秒(167.64 厘米每秒)……"这是指他们的下降速度。

阿姆斯特朗向前推进。必须在哪里找到一个平坦的地点。他们已经这么接近了。

后来,他回忆道:"有很多担心,靠得很近了,燃料要用完了,我很清楚。但我也知道,如果我能稳住速度和高度,我就可以从一个较好的高度掉下来,也许在月球的低重力情况下是 40 英尺(12.19 米)或更多些,设备会消化很大一部分下坠的力。所以我可能没有像地球上观看的很多人那样担心。"[54] 可能他是没那么担心,但以前他也从未如此专心地飞行。

这时候,燃料已经少到测量仪器都无法再检测到还剩多少,"低等级"指示灯在登月舱和任务控制中心都亮了起来。奥尔德林念道:"100 英尺(30.48 米)……"然后,"5%。"这是估计的剩余燃料。

又过了一分半钟,根据任务规定,他们必须落地,或是按下放弃按钮,结束降落阶段,向上返回轨道。

阿姆斯特朗还必须避免同时进行水平运动和下降——任何横移都可能撕裂着陆腿或造成登月舱倒向一边,让机组人员遭到灭顶之灾。但他还在盘旋并向前飞行,在寻找一个光滑的地点来让着陆器落脚。

他们早就已经放弃识别地标的尝试了。在这么近的距离内,没有

图 6.12 尽管"静海"从轨道上看起来显得很平整,可实际上完全不是这样。在着陆的最后阶段,阿姆斯特朗拼命寻找着一个安全的着落点。(NASA 供图)

任何东西会和地图相吻合。

无线电又吱吱作响:"六十秒。"这是太空舱联络员在告诉他们还剩多少时间落地。阿姆斯特朗和奥尔德林还在月球上方75英尺(22.86米)的高度。机组人员沉默着,全神贯注于着陆事项。接着,

第六章
尼尔·阿姆斯特朗与巴兹·奥尔德林:"第一人"

奥尔德林的声音传来:"30 英尺(9.14 米),下降速度 2.5 英尺每秒(76.2 厘米每秒)。模糊的影子。"

"向前 4 英尺(121.92 厘米),向前 4 英尺,向右移一点。"奥尔德林继续说道。阿姆斯特朗则默不作声。

当任务控制中心宣告"三十秒"时,奥尔德林将视线从计算机读数挪开了一会儿,去检查放弃按钮的位置。他们中的一个可能在几秒钟之内就要用到它。

阿姆斯特朗还在努力让登月舱停止横向飘移,让它保持直立——他已经瞟到了一个着陆点。这时候,他其实看不到它了,因为下降发动机的喷气激起了那些已经不受打扰地沉积了超过十亿年之久的月尘。但他能看到他们投射在尘浪中的影子,这就足够了。"在那种高度,燃料耗尽也无所谓,"他后来说,"因为我们本来就可能会让它停止运作,让登月舱自己掉下去。"[55]

几秒钟之后,奥尔德林说:"接触灯。"登月舱的三个着陆腿下方延伸出的一根 5.5 英尺(167.64 厘米)长的金属杆已经触到了月球表面,触发了仪表板上的一个指示灯。"关机。"阿姆斯特朗说道。奥尔德林接着说:"好的,发动机停止。"这是发射后的第 102 小时 45 分钟 43 秒。

在任务控制中心,太空舱联络员说道:"我们收到你们落地的消息了,'鹰'号。"

接着,来自阿姆斯特朗的声音:"休斯敦,这里是'静海'基地。'鹰'号已经着陆。"

到着陆的时候,燃料贮箱里所剩的燃料估计坚持不了一分钟。真是千钧一发。阿姆斯特朗后来评论道:"我觉得在(1到)10的难度等级中,降落到月球可能是13。"[56]

阿姆斯特朗和奥尔德林迅速复核了一遍紧急起飞清单:如果那个正在悄悄增加登陆发动机内部压力的结了冰的燃料管线接口上的冰塞没有迅速融化的话,他们可能就会用到那个了(参见第四章)。然后,他们有一些私人时间。两个宇航员都为外面的景色赞叹不已:"鹰"号落脚在一个宽阔、平坦的平原,有着不同规模的环形山,四下散落着大大小小的岩石。远处是一些低矮的山脊,大约有20—30英尺(6.10—9.14米)高。阿姆斯特朗松了口气,他们终于安全降落了。

他们都不知道他们实际所处的位置,只知道他们位于此前飞行中从轨道上绘制的地图中一个狭长登陆地带的末端。阿姆斯特朗挖苦似地说:"这下子,那些说我们没法精确辨别出自己在哪里的家伙

图6.13 人类在另一个世界所拍摄的第一张图片。阿姆斯特朗在着陆后不久透过登月舱的窗口拍摄了一系列图片。(NASA 供图)

赢了。"⁵⁷

奥尔德林随后说：

> 它看起来就像是各种形状、角度、颗粒的大集合，几乎每一种岩石你都能找到。颜色……根据你相对于零相位点的不同位置去看而有很大不同。似乎根本没有一个太过笼统的颜色。但是，在近处的很多岩石和大卵石中，有一些看起来似乎是有意思的颜色。⁵⁸

在休斯敦，里屋的地质学家都专注地听着。奥尔德林详细的、几乎是临床诊断般的观察对他们来说无比珍贵。

接下来，还有一些技术性的事务需要完成，随后是一个"休息期"，一次计划中的小睡时间。既然他们已经到达了，休息就显得有些滑稽，但这是在医生的坚持下加进飞行计划的。宇航员们很高兴能休息一下，但现在他们已经在月球上了，没人会有兴趣睡觉。他们想要的是探险。

奥尔德林想花一点时间践行他的信仰。但在之前的"阿波罗"8号飞行中，当机组人员在平安夜朗读了《创世记》的内容后，NASA接到了来自公众的投诉。所以，奥尔德林只是简单说道："这里是登月舱宇航员。我想要借此机会请求每一个听众，无论是谁，无论在哪里，都停下来一会儿，思考一下过去几个小时所发生的事情，并以自己的方式感恩。完毕。"⁵⁹

然后，两人休息并聊了一会儿，在征得任务控制中心的同意后，准备比原计划提前出舱。

几个小时之后，他们开始了穿戴舱外活动服和生命维持背包的漫长程序。他们在着装的时候会检查每一个项目，然后彼此交叉检查。背包被称为"便携式生命维持系统"，又称PLSS包，是20世纪60年代科技所创造的一个奇迹。PLSS包可以支持一个人类在月球表面存活长达数小时，使用氧气和二氧化碳过滤器，还有一个提供饮用水并将宇航员维持在一个舒适温度的供水系统——水会流经缝在内衣里的小管子。在外面，他们的宇航服将暴露在向阳面和背阴面之间大约500华氏度（约260摄氏度）的温差中，所以进行冷却是非常关键的。

这些任务完成之后，宇航员将机舱减压，并准备打开登月舱的前舱门。这看来是一项挑战：尽管已经把空气从登月舱排出，但舱内还残留着足够多的空气，使得向内开的舱门无法移动。他们努力了好几分钟。

"我们想要把门拉开，但它打不开。我们想，好吧，我们想知道我们能不能出去。花了不同寻常的时间，我们才最终认识到，可以继续拉这扇很脆弱的门。而且我们并不想把门弄坏了，让我们在回到上面完成会合等其他一切事情之前的整个任务剩余期间都处在真空之中。"奥尔德林后来说，"我们想要小心一点，别把门弄弯了。但我们确实花了出乎意料的时间来对付那最后的0.01—0.1磅每平方英寸（0.7—7克每平方厘米）的压强，就是那些压力挤压着舱门。"[60]

最终，奥尔德林扒住了舱门的一角，非常轻微地将它弯折，直到

第六章

尼尔·阿姆斯特朗与巴兹·奥尔德林:"第一人"

剩余的空气"嘶"的一声排了出去,舱门向内打开了。一个呈亮灰色和褐色的月球正召唤着他们。

阿姆斯特朗小心操纵着厚重的舱外活动宇航服,手脚并用地爬下来,开始伸出第一只脚。在某一个时刻,他显然碰断了登月舱控制板上一个凸出来的塑料开关——上升发动机的解除保险开关。当时他们没有注意到,但后来会发现这一点。

他们小心翼翼,却还是弄断了一个开关。奥尔德林回忆道:"登月舱的结构很脆弱,任何一个人都可以拿一根铅笔从飞船侧面插进来。"他又补充说:"我们感觉就像两个想在一个童子军的小帐篷里交换位置的后卫。"[61]

奥尔德林和舱门外的阿姆斯特朗交谈着:"可以。朝你的左边移。好了。现在可以了,你已经在平台上站好了。把左脚朝右挪一点点。好了。非常好。向左移。很好。"

阿姆斯特朗爬到舱门外一个被称为"前廊"小平台上,拉起一个提手,打开安装在登月舱侧板上的电视摄像机。任务控制中心的大屏幕上,一个幽灵般的画面取代了原来的静止图像。它一开始是上下颠倒的,但一个跟踪站按动开关,把画面纠正了过来。随后,阿姆斯特朗走下梯子。

在梯子最下面一级,他试验性地向上跳了几下,以确保他们在完成舱外活动之后能够回到登月舱里——梯子最下面一级和月球表面之间还有几英尺的空档。

现在,他站到了支架垫上。激动人心的时刻到来了。

阿姆斯特朗直起身子，说道："现在，我要离开登月舱了。"

他向月球迈出脚步。"这是（个）人的一小步，却是全人类的一大步。"任务控制中心乃至全世界都听到了这句话，估计有五亿人正在全神贯注地看着，许多人都热泪盈眶。这是十年艰苦卓绝、无时无刻的努力之终点，是全美国将近四十万领取各种政府补贴工资的人员通力合作的高潮。在国际上，美国的受欢迎程度正处于第二次世界大战结束以来所未曾见过的顶峰。两名人类登上了月球。

阿姆斯特朗后来指出，他原本想要说、并且以为自己说的是："这是（个）人的一小步。"否则，按他的思维方式来说，这句话就没有意义了。在之后几十年中，许多人，包括研究这个时刻的学者，都曾试图听出传输中的任何遗落或故障是否漏掉了阿姆斯特朗说的"个"，但最后都难有定论。不过，我们在地球上听到的话已经足够振聋发聩。

阿姆斯特朗就站在支架垫上，看着月球表面，他的镀金遮阳板被拉了起来，让他能够看到细节。"表面细密，是粉状的，"他说，"我能用脚尖把它踢松。它以精细的层状粘在我靴子的鞋底和侧面，像是粉末状的木炭。我只能踩进去不到 1 英寸（2.54 厘米）的一小部分，可能是 1 英寸的八分之一，但我能看到靴子在精细的颗粒中留下的脚印和纹路。"[62]

然后，奥尔德林用一根绑成传送带一样的绳子给他递下来一台摄像机。阿姆斯特朗开始对周围摄像拍照。

这在任务控制中心引起一些不解，工作人员不禁去查看舱外活动的时间表、任务清单。抵达月球表面后的第一项工作应该是收集应急

第六章
尼尔·阿姆斯特朗与巴兹·奥尔德林:"第一人"

样品,即阿姆斯特朗所站之处附近的一些月球岩石土壤。如果有某个原因迫使他们不得不赶紧离开,这将是来自登月任务的唯一有形战利品。但任务指挥官阿姆斯特朗觉得由于登月舱朝着漆黑的一面,他想要朝着亮处拍照。休斯敦并不了解这个,就提醒他尽快收集样品。"收到,"阿姆斯特朗回复道,"我打算拍完这组照片就去做。"[63]

他完成了拍照,同时奥尔德林也准备从梯子下来。他和阿姆斯特朗一样小心翼翼地(但没有碰坏登月舱的任何开关)下来了。当他踏出支架垫,转身看到眼前的景色时,惊呆了。

"景色真美啊。"他说道。[64]

"可不是吗?"阿姆斯特朗回答道,"这里的景色太壮观了。"

奥尔德林停了一下,然后说出了所有曾到访过那里的宇航员对月球表面的评价中最让人难以忘怀的诗意语句。它听起来是一个简单的声明。"壮丽的苍凉。"他几乎是梦呓般说道。

阿姆斯特朗则有点话痨一样地说着他所看到的:"这里全都是荒凉的美。它就像美国的高原沙漠。"他对奥尔德林的评语补充道。在后来的一次采访中,他还说:"有许多事情让我感到意外……我们显然那么接近地平线。用靴子踢起来的尘土轨迹让我意外,即使逻辑告诉我那里不应该有任何尘土,我踢的时候不会有灰尘,但我还是感到意外。那里从来没有过一阵尘土。那是在空气里才有的现象。而没有空气的时候,不会有任何一团尘土。"[65]

奥尔德林也对月球土壤的特点感到惊奇。他用靴子尖在月表划着,这个举动让他拍下了摄影史上最著名的照片之一。

> 我马上就对精细的月尘着迷了，这促使我想要把它记录下来，看看会有什么反应。于是我往下踢脚，月尘的反应是不一样的……它会把一小团抛起来，却一点也不会翻腾，因为那里没有空气。它会抛出去，一切似乎会落在基于出发角度和落下角度的半圆处。我觉得，需要记录下这种精细。于是，发挥了一点洞察力，我想拍一张之前和一张之后的，所以我就拍了一张平坦地面的照片，然后我踩下脚去，把脚拿开，又拍了一张照片。对我来说，那看起来太孤单了，但我怎么做到同时有一只脚和鞋印在里面呢？于是我就又把脚放了下去，然后略微把脚挪开一点，这样你就能看到靴子了。[66]

阿姆斯特朗和奥尔德林只有两个多小时来完成首次月球探险——比他们想要做的全部事情需要的时间少得多。后来的月球探险还有两次，然后是三次月球漫步，更携带了一辆电动探月车运送宇航员，拓展他们的探险。但首次任务专门制定得简单了一些，时间非常宝贵，所以他们必须开工了。

首先，他们举行了一个简短的仪式。两人回到登月舱的梯子那里，在着陆器的前腿那里给一块铭牌揭幕。阿姆斯特朗阅读了铭文：

> 对于那些还没有读过这块铭牌的人，我们将介绍一下登月舱前着陆架上的这块牌子。首先，它有两个半球形，每个代表地球

第六章
尼尔·阿姆斯特朗与巴兹·奥尔德林:"第一人"

两个半球中的一个。下面写着:"公元 1969 年 7 月,来自行星地球的人类在这里第一次踏足月球。我们为全人类的和平而来。"它上面还有机组人员以及美国总统的签名。[67]

接着,他们在一个支架上安装了电视摄像机来转播他们的活动,并开始按照列表清单逐项工作。为了最好地利用他们在月球上的时间,编制这个清单可费了不少劲。

奥尔德林设置了一个被称为"太阳风收集器"的实验设备。它的一

图 6.14 阿姆斯特朗和奥尔德林读着登月舱上的献辞铭牌,最后一句是"我们为全人类的和平而来"。(NASA 供图)

个框架上挂着一片薄薄的金属箔,收集来自太阳的离子流。这里没有地球的大气层,并且远远超出了我们的星球具有保护性的磁层范围,这将存下金属暴露在撞击月球的太阳原始能量之下所产生效应的物理记录。

几分钟之后,宇航员们在月球表面竖起一面美国国旗。它由尼龙制成,安装在金属旗杆所铰接的一个横档上。由于月球上没有空气,所以需要这个横档来悬挂旗子。两人尽力把旗杆敲进土里,但还是有点摇晃(后来,在登月舱离开的时候,它会倒在地上)。不过,在月球漫步期间它一直挺立着,这才是最重要的。

又进行了几项活动之后,他们通过来自任务控制中心的联络接到

图6.15 阿姆斯特朗和奥尔德林在月球上插上美国国旗的电视画面。(NASA 供图)

第六章
尼尔·阿姆斯特朗与巴兹·奥尔德林:"第一人"

一个电话——时任美国总统尼克松想要趁他们还在月球上的时候祝贺他们。

"喂,尼尔和巴兹。"尼克松说,

> 我在白宫的总统办公室通过电话和你们谈话,这必然是历来所打过的最有历史性的电话。我简直不知道该怎么表达,我们所有人对你们所做的感到多么骄傲。对每个美国人来说,这绝对是我们生命中最自豪的日子。对世界各地的人来说,我相信他们也会和美国人民一起认识到这是一次多么伟大的壮举。因为你们所做的一切,穹宇已经成为人类世界的一部分。当你们从"静海"和我们说话时,你们激励着我们加倍努力,给地球带来和平和安宁。在整个人类历史上这么宝贵的一刻,让地球上所有人都真正融为一体,一起为你们所做的感到骄傲,一起祈祷你们平安返回地球。[68]

经过一个漫长的停顿,阿姆斯特朗回答道:"谢谢你,总统先生。这对我们来说是莫大的荣幸,我们不仅代表美国来到这里,还代表着所有国家的和平人类,带着兴趣和好奇,还有对未来的展望。我们有幸今天能在这里。"[69]

价值数百万美元的月面活动时间被用于行政办公室的公关需要之后,两人重返工作。

阿姆斯特朗从登月舱走开,去收集更多岩石和月壤。被称为大块样品的岩石和月壤,要从尽可能远离登月舱的地方收集,以避免火箭羽焰流和废气扰动所造成的污染。阿姆斯特朗记得他进行了多次短途跋涉,去寻找具有代表性的样品。就像他在一次任务报告中说的那样:"我可能从阳光下到阴影中来回走了二十趟。我花了长得多的时间,让我可以几乎每一铲都同时挖到坚硬的岩石和基质(月壤)……代价就是我们付出了大约两倍于通常采集大块样品所用的时间。"[70]

一位来自加州理工学院地质学的教授李·西尔弗被招募来给宇航员进行关于地质采样的培训,他对此印象深刻。"从向科学家提供材料的角度来讲,尼尔在短时间内所做到的事情真是棒极了,没有人能说自己在每分钟的产量上超过他。他真的很优秀。"让西尔弗印象深刻的是,阿姆斯特朗实际上打破了任务规定,尽可能去收集最佳样品。"NASA给了他一个非常严格的规定,"西尔弗回忆道,"他们说:'永远不要离开(电视)摄像机的范围。'但尼尔·阿姆斯特朗意识到就在摄像机范围之外,有一圈覆盖着岩石和月尘的环形山,他在那里比在其他任何地方都挖得更深。他有一个很特别的盒子,用来装回优良的样品,上面有一个特殊的封口。有大约七八分钟时间,你看不到尼尔。"[71]

与此同时,奥尔德林准备设立一个被称为"早期阿波罗科学实验包"的实验装置,又称EASEP。它包括一个测量月震(如果有的话)的地震仪,一个月尘探测器,还有一个用来和地球通信的无线电。

当他完成这些后,太空舱联络员告诉他们,他们已经在月球表面待了2小时12分钟,距离计划的舱外活动时间只剩下几分钟。宇航员

第六章
尼尔·阿姆斯特朗与巴兹·奥尔德林:"第一人"

们咕哝着确认收到消息。接着,休斯敦在原定时间之外又增加了额外的 15 分钟,以便让他们尽可能多地完成任务。"好的,听起来不错。"阿姆斯特朗说。

奥尔德林回忆道:"我俩都担心时间表上的下一项能不能完成……我们明白自己正在做的事情的重要性。我感觉好像我们并不孤单——人们在听着、看着我们所做的一切。整个行动期间,我都有一种处于中央舞台的印象。日程安排得很满。"[72]

阿姆斯特朗还在收集更多清单上的岩石和月壤,它们被称为记录样品。这需要对他拾取的每一样东西都进行拍照和记录,当它们被送回地球后,就可以给地质学家提供背景环境。这时候,宇航员们不再在月球上行走或慢慢跳跃。为了完成任务,他们在低重力环境下进行着长距离的大步跑跳。当他们为了按时结束而从一项活动赶紧转到另一项时,靴子把月壤踩得四处乱溅。

阿姆斯特朗在完成地质任务之后,真希望自己了解这个学科的更多知识:"有些(宇航员)有机会和兴趣成为非常好的地质学家。我从来没有把自己放到那个类别里。我很享受地质学,它当然适合用来理解我们在月球表面所看到的,但我们在那儿的时间非常有限。有很多事情要做。如果我是一个更好的地质学家的话,可能就会看到一些重要的却被我错过的东西。真是那样的话,我只有后悔莫及了。"[73] 他又补充说,他觉得后来的机组人员在月球采样的工作上做得更好。但阿姆斯特朗在登月舱外只有两三个小时,他的工作已经极其出色了。

与此同时,奥尔德林开始收集一些岩芯样品。地质学家渴望获得取自月球表面之下的物质样品,越深越好。这就要把一根空心管子敲进月壤中,那会带起月球一些更深层的历史;但这比预料中要难得多,奥尔德林努力想要用地质锤把管子敲得尽可能深。"我希望你能看到,要把这个打进地里有多难,一共大约 5 英寸(12.7 厘米),休斯敦。"[74] 他这样说着,一边继续敲着采样管。为了进到不足 0.5 英尺(15.24 厘米)的深度,他只好把锤子举到头盔上面,以获得足够动能来敲得更深。

"我发现那根本没什么用,没法让它钻得更深,"奥尔德林后来说,"我开始越来越用力地敲打它,设法让它又往地下深入了 2 英寸(5.08 厘米)。我发现,我用了最大力气敲打,然后让扶住管子的手松开时,管子看起来还是会倒。它并没有留在它被敲进去的地方。这就更难办了,因为不能松开手让它自己立着……我在自己觉得最大的安全范围内用力敲着。"[75] 在后来的任务中,即使添加了电动钻机这样的工具,获取岩芯样品还是挑战着所有月球上的"阿波罗"号机组人员。

虽然飞行控制主任批准延长了一小段舱外活动时间,可阿姆斯特朗和奥尔德林还是觉得他们没能完成他们想要的那么多。来自任务控制中心的一条信息再一次提醒他们,时间不多了。"尼尔,这里是休斯敦,"太空舱联络员说道,"希望你们拿到两个岩芯管并完成太阳风实验。两个岩芯管和太阳风。完毕。"这条指示是让他们开始收拾要带回登月舱的东西,并准备好回舱。阿姆斯特朗简单地回答:"收到。"

为了确保忙碌的宇航员收到这条信息,太空舱联络员又加了一句:"巴兹,这里是休斯敦。在你必须开始舱外活动的收尾工作之前,还有

图 6.16 奥尔德林努力把岩芯采样管敲得足够深,去采集月球表面下深处的月壤。(NASA 供图)

大约三分钟时间。完毕。"

在那一刻,阿姆斯特朗还是为他们所完成的工作相对于月球上可进行的各种探索而言显得那么少而备受打击。"留给我们去做那些想做的事情的时间远远不够。在巴兹的窗户外面有一片巨石区,那里的岩石有3—4英尺（91.44—121.92厘米）那么大——很可能是小块的月球基岩。去那里取得一些样品本来会很有意思。我们有着一个五岁男孩进了糖果店的问题。实在是有太多有意思的事情要做了。"[76]

宇航员们心不甘情不愿地开始对探险活动进行收尾工作。他们把采集到的成箱岩石和月壤收集起来，把衣服上的月尘尽量拍掉。然后，奥尔德林走向梯子。

在此期间，迈克尔·柯林斯一直在他们头顶绕轨道飞行，并通过任务控制中心的转发收听着他所能听到的一部分月球漫步的消息，他也进行了一系列实验，并对下方的月球表面进行了拍摄。他曾花了好几个小时试图用飞船上搭载的导航望远镜寻找登月舱的方位，但没有成功，然后他就忙着进行计划中的各项实验活动了。不久，他就该准备在机组人员从月球返回时和登月舱交会了。这项准备工作比人们所能想象的更为复杂：预计了很多意外情况，包括如果登月舱的上升级由于某种原因而无法抵达合适高度进行交会，那么他必须大幅降低他所在的轨道高度，去接他们。

奥尔德林一进登月舱，就让阿姆斯特朗用传送带把月球样品递给他。即使在很低的月球重力环境下，这也有很大挑战性——传送系统不听使唤，它显然从来没有在月球的低重力环境中测试过。当奥尔德林把成箱的岩石和月壤拽进登月舱时，月尘洒得到处都是，还钻进了阿姆斯特朗的衣服和登月舱内部。

样品装载完毕，阿姆斯特朗也爬上梯子。他顺利地爬了进去，在他们打开舱门后仅仅两个半小时多一点，舱门又关上了。"好了，舱门关闭并拴上,确认验证过了。"阿姆斯特朗说。

随着登月舱里的氧气重新加压,两名宇航员轻笑着说,他们的加压服并没有着火。在任务开始的很久以前,康奈尔大学的一位物理学家托马斯·戈尔德曾表示,任何暴露在氧气之中的月尘都可能因为化学反应而起火。他还提出,月球可能被月尘深深地覆盖着,登月舱在着陆后会沉没不见。戈尔德的观点在 NASA 里有一些分量(他从"阿波罗"计划开始前就已经是规划团队的一员),但他的一些观点让其他地质学家和任务规划者难以苟同。结果,没有一种假设是正确的。但是,宇航员们的确注意到,月尘(如今它在登月舱内部铺了薄薄的一层)有一种奇怪的气味,奥尔德林把它比作使用过的火药。

在接下来的十三个小时里,两人就餐、休息,回顾一下他们在外面的探险,并准备返航。奥尔德林从登月舱窗口给下面的作业区拍了一张照片。"休斯敦,这里是'静海'基地。我们的胶片就要用完了。"奥尔德林用完了剩余的几张。

在休息充足之后,他们穿回头盔和手套,把太空服连接到登月舱的生命维持系统,给登月舱减压,重新打开舱门,丢弃了所有完成任务后不需要的东西。便携式生命维持系统背包被扔出去了,照相机也扔了,甚至还有空的食品盒。所有没有用插销固定住并且不是他们上升所必需的东西——50 磅(22.68 千克)收集来的岩石和月壤除外——都被抛弃以减轻负荷。登月舱的底部很快就看上去像是一个高科技垃圾堆。

当舱门关上后,两人再次给机舱加压,准备睡觉,为费时费力的上升进入轨道做准备。阿姆斯特朗很快就进入了梦乡,但奥尔德林离登月舱里声音嘈杂的气泵更近一些,所以只是断断续续地睡了一会儿。

八小时之后,两人开始忙着核对检查清单,准备离开月球。所有清单上没有一项与那个被碰掉的断路器开关有关。它是用来启动上升发动机的,阿姆斯特朗在离开登月舱的时候,他的背包把它撞断了。奥尔德林从舱外活动回来之后注意到了这个问题,并报告给了任务控制中心。忧心忡忡的技师们想出一个变通办法,让机组人员不必使用这个开关就能启动他们下方的火箭。不过,一向心灵手巧的奥尔德林没有采用这个办法,而只是把签字笔的一头塞进被弄破的断路器里,就把它关上了。他们又可以给上升发动机点火了。这个问题花了不到一美元就解决了。

在任务开始 124 小时 21 分钟后,奥尔德林开始倒计时:"九、八、七、六、五、中止阶段,发动机启动,继续。"[77] 阿姆斯特朗将指令键入计算机,他们下方的小型爆炸崩开了氦气罐的阀门,让压缩气体将爆炸性化学物质推进上升发动机以使其工作。相应的爆炸反应发生了。连线切断器剪断了上升级和下降级之间的连接系带,爆破螺栓也分离了。随着上升级飞上天空,两人都松了口气。

当他们上升时,奥尔德林往窗外看了一会儿。"我们出发了。看看那些东西,到处都是。"他这么说的时候,聚酯薄膜的碎片到处飞舞,排气尾流在登月舱的下降级周围把废弃物洒得到处都是,还把美国国旗吹倒了。"看看那个影子。太美了。"

"老鹰展翅了。"阿姆斯特朗再一次带着喜悦说道。

第六章

尼尔·阿姆斯特朗与巴兹·奥尔德林:"第一人"

他们很快就回到了预期中60英里(96.56千米)高的轨道,仅仅过去三个多小时就接近了"哥伦比亚"号。交会在月球背面进行,任务控制中心将不得不等到飞船从月球边缘出现,才能知道是否一切进行得顺利。任务控制中心的广播员说:"这里是'阿波罗'控制中心。飞行地面时间127小时50分。现在离看到'哥伦比亚'号还有不到一分钟。但愿'鹰'号会在几英尺之内一起飞行。根据飞行计划,对接应该在从现在起大约十分钟的时候进行。但是,这件事情由机组人员来决定。我们准备就绪,等待两艘飞船的数据传入的通知。"[78]

对接完成了,柯林斯确认了密封接口,然后打开了两个飞行器之间的舱门。成箱的月球样品、胶片盒和其他随身设备被递给柯林斯,他把它们都塞进"哥伦比亚"号的存储区。两个小时之后,他们最后一次关上了"哥伦比亚"号的舱门,抛弃了登月舱的上升级。它在他们的注视中缓缓飘走。在向休斯敦报告了技术参数之后,柯林斯说道:"它走了。真是个好东西。"[79]

机组人员已经安全回到了"哥伦比亚"号内,柯林斯对他们能否成功返回的担心烟消云散。

又过了五个小时,柯林斯点燃了指令舱的主发动机,离开月球轨道,开始了回家的漫长旅程。现在发动机已经点火(这是送他们回家的最后一个重要里程碑),柯林斯放松下来,说:"是的,我看到地平线了。看来我们在向前进。"[80] 其他人都笑了。"最重要的就是我们在前进。"柯林斯继续说。奥尔德林补充道:"让我们看看……发动机朝着这边,气体从那边排出,因此表明推进器朝着那边。"他们确实朝着正确的方向——家的方向前进。

当他们接近地球时，任务控制中心传来了地质学家所提出来的关于月球样品的问题。"关于已记录的样品容器，我们在电视上看到……在我们看来，为那个容器选择的样品是出于对某些岩石本身的想法或考虑而选择的。我们想知道你们是否能够根据记忆提供关于这些样品的进一步细节，以及从这些样本中提取的材料或其表面环境。完毕。"

阿姆斯特朗回复道：

> 是的，你们记得我最初是从开着电视摄像机的登月舱那一侧开始的，我在月球表面提取了一些岩石样品，还有几个是在地表下——位于登月舱以北 15—20 英尺（4.57—6.10 米）。随后我想到那个区域可能已经被下降发动机的排气清扫得很厉害了，所以我就穿过来，到了登月舱南侧，从我们评论过的狭长双坑周围的地区提取了一些样品，在离那儿更远的地方又提取了几个，还想在那段短短的时间内，尽可能多地拾取我视线所及的不同种类的岩石。之前，当我们在登月舱周围漫步时，我还看到了一些其他的样品，我曾经希望能拿回来并放进编目的样品中，但我没有拿那些。在我们进入任务汇报后，我会详细点评的。[81]

任务控制中心确认收到回复，似乎很满意，就等着样品运回休斯敦的月球接收实验室。距离再入大气层只有几个小时了。

在再入大气层之前，柯林斯将服务舱（动力和推进装置）从指令

第六章
尼尔·阿姆斯特朗与巴兹·奥尔德林:"第一人"

舱分离,仅仅让太空舱本身返回地球。几分钟之内就要再入大气层了。

"哥伦比亚"号在7月24日扎进了地球大气层。隔热罩的温度超过5 000华氏度(约2 760摄氏度),变得焦黑。从月球返回、再入大气层的速度要比从地球轨道返回时高得多,以致温度更高。这仅仅是以月球速度回家的第三艘飞船,任务控制中心的紧张气氛显而易见。返回中的飞船被冲进大气层时所产生的等离子云所吞没,无法和地面进行联络。

驻守在太平洋上的回收舰的水手们扫视着天空,寻找用来减缓"哥伦比亚"号下降速度的三个降落伞。任务控制中心里的所有眼睛则都盯着大屏幕上的视频,那里显示着海军传来的电视图像。时间一分一分缓缓地溜走……

几分钟之后,降落伞出现了。接着,经过两三次向附近的"大黄蜂"号航空母舰进行技术传输之后,阿姆斯特朗说:"喂,'大黄蜂'号,这里是'阿波罗'11号,听到你了,又大声又清楚。"

"哥伦比亚"号掉进了太平洋,在发射后的第195小时溅落,离"大黄蜂"号13英里(20.92千米)远。几分钟之内,直升机就放下了海军潜水员,把漂浮设备系到太空舱上。

"哥伦比亚"号稳定之后,回收直升机在上方盘旋。舱门打开,宇航员们很快就穿上了送进去的三套生物防护服。生物医学界曾有些人担心机组人员可能会携带来自月球的危险生命体,为了缓解这种担心,宇航员将被隔离大约三周时间。

当他们回到"大黄蜂"号时,三人直接从直升机走向一辆改装过的气流牌旅行拖车。它被密封了起来,而他们开始了对自由的漫长等待。他们登船后,得到了尼克松的探望,后者隔着玻璃和他们聊了一会儿。几天之内,他们就被送回休斯敦,一个更大型的隔离设施等在那里,还有他们的家人。他们把时间用在汇报任务和撰写飞行后报告上,以此进行放松。

机组人员在会见媒体之前,乐得利用这段时间舒缓任务压力,而媒体想要和登月英雄们进行面对面采访的愿望几乎变得歇斯底里。虽然他们都对这次经历进行了思考,但奥尔德林特别怀旧。他们快要结束隔离时,他在收看录像带录制的有关这次任务的新闻报道。从第三人称、从地球的角度来看有些奇怪,他曾经登上月球,站在它的中心,却奇怪地感到事不关己。奥尔德林后来说,这是他第一次真切体会到他们所做的事情带来的情绪上的影响。有一刻,他转向了阿姆斯特朗,后者正沉默地看着屏幕,奥尔德林说道:"尼尔,我们怀念一切。"[82] 阿姆斯特朗只是笑了笑。

三周隔离的最后一站是在休斯敦的月球接收实验室里度过的,他们采集的月球样品也在那里。之后,宇航员们投入了家人和朋友的怀抱。位于亚特兰大的美国疾控中心的官员正式解除了他们的隔离。

8月13日,宇航员开始了他们回来之后的第一次出行——游行、会面、问候以及正式晚宴,都在纽约、芝加哥和洛杉矶等待着他们。在纽约,五彩纸屑填满了他们所乘坐的克莱斯勒敞篷车;在洛杉矶,宇航员和家人们在世纪广场酒店跟尼克松、尼克松的妻子帕特、当时的加利福尼亚州州长罗纳德·里根、50名国会议员以及来自83个国家

第六章
尼尔·阿姆斯特朗与巴兹·奥尔德林:"第一人"

和地区的代表共进晚餐。

接着,宇航员们启程开始一次历时 45 天、访问 25 个国家的旅行。在每一站,他们都受到了游行、正式晚宴以及其他活动为形式的欢迎:全世界像美国一样着迷于这三个不可思议的英雄。一切马上变得既激动人心又让人精疲力尽。虽然他们知道自己回来时会有一些热闹,但没有人准备好会有如此大张旗鼓的欢庆迎面而来。另外还有无穷无尽的公关活动的副作用,它让每个人都无法完成返回地球后的最终心理过渡,还得再等上几个月才算完事。

最终,在两个多月的活动之后,他们每个人都可以回到休斯敦的

图 6.17　1969 年 8 月 13 日,纽约市为庆祝"阿波罗"11 号而举办的一次游行,队伍正穿过百老汇大街。(NASA 供图)

家中，为未来做打算。虽然他们都知道他们三个没有谁会再次飞入太空，但他们的前途出人意料地大相径庭。

尼尔·阿姆斯特朗在"阿波罗"11 号飞行之前很久就决定这将是他在 NASA 的最后一次任务。他已经在太空方面的训练和工作中度过了很多年，足够了。他觉得是时候站到一边、把机会留给其他宇航员了：他有慷慨的精神。阿姆斯特朗也受够了成为公众关注的中心。

不到两年后，他接受了一个职位，成为辛辛那提大学航空工程方面的教授。他乐于接受学术生活那种安宁的默默无闻，并避开新闻界。辛辛那提大学的代表阿尔·屈特纳写道，阿姆斯特朗说自己只想被当作一个普通人看待。[83] 该大学教授罗恩·休斯敦说："尼尔仅仅把自己看作一个普通人……他完全明白登月是许多人长期努力工作的结果。尼尔不想给人留下他是靠自己做到这件事情的印象。"[84]

关于他的职业生涯，阿姆斯特朗曾说过："我为自己的职业成就感到极大自豪……科学讲的是'那是什么'，工程讲的是'能做到什么'。"[85] 他于 2012 年因心血管手术并发症去世。

对于他参与太空计划的那些岁月，尤其是"阿波罗"计划的那短短十年，阿姆斯特朗是这么说的："我觉得主要是出于人的责任感。我们的注意力并不会持续很长时间……我们很难做到高瞻远瞩。我们常常是以'当下'为导向的。"他又补充说："我觉得我们会一直在太空中，但做一些新的事情所花费的时间要比提议者预计得更久，并且在有些情况下，还需要一些我们无法控制也无法预计的外部因素或力量来决定事情到底能不能做成。不管怎样，回过头来看，我们真的非常庆幸能活在历史上这样一个短暂的瞬间,我们改变了人类如何看待自己以及人可以变成什么样、可以去哪里的认知。"[86]

迈克尔·柯林斯的性格比阿姆斯特朗外向,但他也不想出风头。离开 NASA 之后,他在美国国务院待了一年,随后就接受了一个岗位,担任史密森学会下属的美国国家航空航天博物馆主任。他主管着该博物馆的大规模扩建工程,使其于 1976 年美国建国二百周年的时候开放。在 1980 年,他离开了史密森学会,进入商界。柯林斯如今已经退休,他在生活中非常健谈,爱画水彩,并出席一些精心挑选过的太空主题活动。

图 6.18　尼尔·阿姆斯特朗和约翰·格伦一起庆祝格伦的"水星"号飞行五十周年。(NASA/ 比尔·英戈尔斯供图)

关于未来的太空探索，柯林斯从月球返回几个月之后，在一次美国国会联席会议上的讲话中说：

> 在"阿波罗"11号飞行期间，在地球和月球之间的持续阳光下，我们有必要通过缓缓转动来控制飞船的温度，就像转动一只烧烤架上的烤鸡。随着我们的转动，地球和月球交替出现在我们的窗口。我们有自己的选择。我们可以朝着月球看，朝着火星看，朝着我们在太空里的未来——新印度群岛看，或者，我们也可以回头看地球。我们的家园，它在被人类占据的一千多年来一直问题重重。
>
> 我们两边都看。我们两方面都看到了。我觉得这也是我们的国家必须要做的。
>
> 我们既不能忽略"新印度群岛"的财富，也不能无视我们的城市、我们的公民或我们的社会迫切需要解决的现实问题。我们不能从一个充满贫困、歧视或动荡的跳板上发起星际探索。但我们也不能干等着地球上每一个问题都得先到解决……
>
> 人类总是去往他们所能去的地方。就那么简单。他们会继续推进他们的疆域，不管那会把他们从家乡带到多么遥远的地方。

巴兹·奥尔德林的人生轨迹与前两位非常不同，起起落落。那些了解他的人说，他自那次任务之后变得有些沉默寡言，在对未来的规划方面有困难。奥尔德林坚信美国的未来在太空，他到今天还是这么认为的：他觉得美国人并没有充分发挥潜力。这是他经常写作和演讲的一个主题。他也是太空竞赛时代的宇航员中少数几个在"阿波罗"计划结束之后不断鼓动一个更宏伟的计划、强调人类探索火星和开展国际合作的人之一。

奥尔德林后来成为一个媒体人物，出现在各种节目中。从1972年的电视综艺节目《卡萝尔·伯内特秀》到2012年的情景喜剧《生活大爆炸》，他总共有超过150次的媒体露面。美国国家航空航天博物馆太空史方面的前馆员罗杰·劳尼厄斯说："他没有停止。如果他想的话，他能停下。"但他并没有。他加入了大量委员会，也是许多专业组织的成员，致力于推动航天事业。

阿姆斯特朗在关于前方的道路、需要怎么做才能实现等方面也有自己的看法。在回顾"阿波罗"计划的国家承诺以及怎样在未来实现这类计划时，他说：

> 我只能把（我们的成功）归功于项目中的每个人，每个在工作台上制造的人、每个装配工、每个检查员、每个安装测试的人、每个扭动扳手的人等等。男人或女人，每个人都可以说："如果这里有任何东西出错了，那不会是我的过错，因为我已经把我的这部分做得比分内的更好了。"当有成千上万人都把工作完成得比他们分内更好一点，业绩就会有所提高。这是我们能把整件事情做成的唯一原因。[87]

图 6.19 2012 年 8 月,迈克尔·柯林斯和巴兹·奥尔德林在尼尔·阿姆斯特朗的追悼会上交谈。(NASA 供图)

在展望未来时,他说:

神秘……是我们生活中必不可少的因素。神秘创造了好奇,而好奇是人类求知欲的基础。谁知道在我们的生命中会有什么奥秘被解开,又有什么新的谜题会挑战新生代呢?

科学并不精于预言。我们对明年预计得太多,而对下个十年预计得太少。民主的巨大好处之一就是应对挑战。在太空的成功让我们希望这份力量能被用来……解决我们星球上的很多问题。[88]

第七章

皮特·康拉德：
飞上天的粗鲁水手

"老天的圣诞节!"

"该死的……"

"嗬嗬嗬!"

"老天啊……"

"哦,看在上帝的分上!"

"糟糕!"

"呔嗬!"

图7.1 小查尔斯·"皮特"·康拉德在"阿波罗"12号飞行后大约一年。他是NASA最成功的,当然也是最让人开心的宇航员之一。(NASA供图)

1973年,当皮特·康拉德作为美国最新的"天空实验室"首批机组人员指挥官飞往这个空间站的时候,至少有两个担心在他脑海中挥之不去。第一个也是最重要的担心是修理受损的太阳能面板的任务,太阳能面板在"天空实验室"的剧烈发射中被挂住了:一块面板完全消失,另一块没有按设计的那样展开。第二件事情要轻微得多,但肯定也在他头脑里,就是管住自己的嘴。康拉德是一名海军军人，是水手，也是海军飞行员，后来则是技术高超的试飞员。用词文雅跟他不沾边，说得直白一点就是他长了一张臭嘴。

他也是 NASA 最好的宇航员之一。在太空时代的狂野岁月中，一切凭本事说话。

但 NASA 也需要保持形象。一是整体组织的形象，一是理应超凡脱俗的宇航员形象。惹出事端时，NASA 的公关人员要全力来洗白，而语言粗鲁在他们的担心中并不是最糟糕的，还有其他一些身体上的鲁莽行为（许多"阿波罗"计划宇航员的婚姻在他们名声大噪之后并没有维持多久）。但康拉德是个例外：虽然他作为一个宇航员的生活方式和行为完全保持在可接受的范围之内，但他经常口无遮拦，他的很多用语和身体器官之间的关联远远超过普通粗俗字眼。远远超过。

在 1973 年飞往"天空实验室"之前，康拉德曾在"双子座"计划中飞行（两次任务），并乘坐"阿波罗"12 号在月球登陆（踏足月球的第三个人类）。他在这些任务中表现出色。当他飞行时，言谈相对和气。但"天空实验室"是个全新的项目：首批机组人员要在太空停留一个月（总共会有三批机组人员，每一批都比前一批停留的时间更长），它是后登月时代的一个优选任务。但等待着首批机组人员的是一个问题重重的空间站。哪怕对一个在试飞员圈子里就以巧舌如簧著称的人，不忍满嘴脏话的可能性也是极大的。但 NASA 官员把他们的期望告诉了康拉德，而他也极好地遵守了。你可以想象，当飞行中出现各种状况时，他的脑子里在想些什么。1973 年的听众肯定期待从宇航

第七章
皮特·康拉德：飞上天的粗鲁水手

员嘴里听到的是老少咸宜的玩笑话。

当然，其他人也曾说过一些过分的话，最著名的可能发生在"阿波罗"10号飞行期间。这次任务是"阿波罗"11号登月之前的最后一次试验飞行，要和登月舱一起近距离飞越月球表面，但不着陆。指挥官是汤姆·斯塔福德，登月舱飞行员是吉恩·塞尔南（他后来将乘坐"阿波罗"17号登陆月球）。当两人飞越月球，将登月舱的上升级与下降级分离并返回指令舱时，登月舱出现了暂时的失控打转，宇航员拼命想重新控制航向。任务专线中听到了一些破口大骂的脏话。这让他们在回来后被训了话。不管机组人员是不是处于生命危险中，NASA都不希望他们的临终遗言弄脏了地球上听众的耳朵。

所以，当康拉德被任命前往"天空实验室"的首次任务时，很多人都在担心他是否语言得体。

"天空实验室"是美国的第一个空间站。这个绕轨道飞行的实验室装配在一个经过改装的"土星"5号火箭的上面级里面，于1973年5月发射。但是，几乎马上就出现了各种问题。发射期间就出了麻烦，虽然"天空实验室"之后进入了一个说得过去的轨道，但它产生的电力只达到了正常运转所需的一部分。不到几个小时，任务控制中心就明白了故障的原因：空间站两侧的两个大型太阳能板没能供电。后来他们意识到，一个面板完全折断了，而另一个卡在了空间站侧面，被火箭上升时扭曲的金属碎片卡住了。康拉德和他的机组人员——科学飞行员乔·克尔温和指令舱飞行员保罗·韦茨去修理这个受损的空间站。他们马上就开始准备这次抢修任务。

NASA 找不到更好的人选来领导这次具有挑战性的任务。虽然康拉德在"天空实验室"的问题浮现之前很久就已经被选中（机组人员已经为这次任务训练了一年多），可当空间站真有麻烦了，挑选康拉德作为指挥官似乎就更加显得歪打正着。他永远乐观、无比热情、非常聪明、极其渴望成功，每一个和他一起飞行的机组人员都喜爱这位优秀的宇航员。总而言之，他天生就是一个领袖。但是，如果你在看到他第一眼时没有意识到这一点，那并不是你的错。

康拉德的头秃得像个鸡蛋一样，身高 5 英尺 6 英寸（1.68 米），和好莱坞式的英俊差了十万八千里。他的门牙之间还有条缝，在老远的房间另一头都能看到，而由于他无边无际的幽默，人们经常会看到它……这通常以其他人被取乐为代价。

可仅凭外表或是他时常爆发的尖酸幽默来评判皮特·康拉德，就有点武断了……你可能还要领教他的毒舌来为这种武断付出代价。因为他既才华横溢、勤奋努力、激情四射，又对他的机组同事、朋友和家人无比忠诚。

康拉德原名小查尔斯·康拉德，1930 年 6 月 2 日出生于宾夕法尼亚州费城。虽然在他长大成人后才遇到他的有些人可能以为他出身寒微，但实际上他家早年境况不错，在银行业和房地产业获利颇丰。但像很多人一样，大萧条摧毁了家族财富，最终迫使他们搬离豪宅，搬到一个由一位舅舅资助的马车房里。他的父亲之后不久就离家出走了。

通常被称为"皮特"的小查尔斯一往无前。他是一个有行动力的孩子。家用电器经常会消失，再出现时已经被拆散检查过又重新拼到

第七章
皮特·康拉德：飞上天的粗鲁水手

一起了——有时候居然还能用。在白天，他沉迷于到小伙子的脚力所及之处进行各种探险，寻找一些能够让初生牛犊冒险的项目，比如看看自己能从多高的轮胎秋千上跳下来，直到落地时他摔伤了脚踝。总之，他在大萧条时代的美国度过了一个诺曼·洛克威尔所绘插画中那样的童年。

到了十五六岁的时候，皮特已经在距离费城大约20英里（32.19千米）的保利的一个地方机场找到一份工作。但康拉德不要工资，而是将工资兑换成飞行时间和基础指导。他还学习了轻型飞机机械学，这一背景让他对飞行和工程学方面的热情有增无减。

他和曾经拥有一定社会地位和影响力的费城家庭中大多数年轻人一样，被送往哈弗福德学校念书。想要出人头地，这里就是"合适的地方"。不幸的是，除了天性叛逆，他还有阅读障碍，学业对他来说是个挑战。他到了十一年级就被开除了。

他的单亲母亲毫不气馁，没有放弃自己的儿子，她把他送到了纽约上城的达罗学校。那里采用一种不同的学习方式，这适合他与众不同的学习能力，他在那里突飞猛进。在复读了十一年级的大部分课程之后，他于1949年毕业。虽然体型矮小，却已经是学校橄榄球队的队长。

他在达罗学校表现优异，被普林斯顿大学录取并获得了美国后备军官训练队奖学金。康拉德在普林斯顿大学学习航空工程，继续他在飞行方面的兴趣，还获得了仪表等级的轻型飞机执照。毕业时，他被委任为美国海军少尉。一年之后，他成了一名战斗机飞行员，在航空母舰上度过了好几年，并成为一名飞行教练。

然而，康拉德有着更宏伟的目标，并不想局限于在越来越快的飞机上与危险打交道。他申请了马里兰州帕图森特河的海军试飞员学校并被录取，和未来的宇航员沃尔特·斯基拉、吉姆·洛弗尔等人成了同学。他在1958年毕业，成了一名试飞员，并晋升为上尉。

这一年吉兆连连：NASA在同一年成立。这个新机构几乎马上就开始搜罗首批宇航员，其结果就是最终广为人知的"水星七杰"。要求：四十岁以下，本科学位或同等学力，1 500小时飞行时间，有驾驶喷气式飞机资格，接受过试飞员训练，身高不高于5英尺11英寸（1.80米），体重小于180磅（81.64千克）。康拉德在各个方面都合格，和其他五百多人一起被这个激动人心的新项目录取。任命是装在一个有"绝密"标记的信封里送来给他的——对一个寻求刺激的空中骑士来说，还有什么比这更让人兴奋的吗？他当然有兴趣。他和其他入选者投入了这个把男人从男孩中挑选出来、把最优者和极优秀者区别开来的过程。总之，选出的那些人成了汤姆·沃尔夫那本影响深远的关于早期太空时代的图书的书名——"太空先锋"。

六十九名最终入围者被挑选出来，康拉德也是其中之一。他和剩下的候选人一起被送去进行全面的身体和心理等方面的检测。

检测的一部分在新墨西哥州的洛夫莱斯诊所进行。这个测试因为沃尔夫的那本书以及1983年那部大体上根据这本书创作的电影而名声大噪。虽然这部电影很夸张，但总体上反映了这些宇航员候选人在这家新的航天医疗诊所里经受的折腾。经历检测的大多数试飞员都勉强

第七章
皮特·康拉德：飞上天的粗鲁水手

服从了：他们太想飞进太空，情愿勇敢地接受医生所做的一切检测。有一些人，比如约翰·格伦，对这些检测很拥护，而康拉德则显然不是。

测试非常极端，又不够人性化。医疗行业中没有人真正知道太空飞行有多严酷，所以他们觉得能够造成人类所有可能反应的任何手段都被用上了。宇航员候选人的头会被绑在椅子上，一只耳朵里面被灌进冰水，然后医生测量眼睛的动作。这一切到底是怎么回事？在另一个折磨人的环节中，一个长长的针头会扎进他们的大拇指肌肉中并通电，让他们的手攥紧和摆动，而结果则被仔细地（也是默默地）记录下来。医生甚至把这些人送到洗手间，让他们手持采样管，提供精液样品。这些都非常羞辱人，但大权在握的"恶人"们似乎一点也不关心他们所评估的这些"东西"。

没有人享受这个过程，只有少数几人泰然处之，而康拉德则明确表示不认可它的价值，态度可能比其他人更为激烈。于是他遭到了报复，可能正是这点让他付出了失去首批宇航员席位的代价。

他的第一个反抗举动是装饰他的粪便样品。他们想马上要两份粪便样品，但取样过程压力重重，不巧又赶上康拉德的消化系统状态不佳。尽管实验室团队一再催促，他还是花了好几天时间才排出了一个小小的粪团。他不仅仅将它投进了采样杯里，还绕着它系上了一根小小的红丝带，并带着他那标志性的露出牙缝的笑容，将它交给工作人员。他们并不觉得好玩，或正如沃尔夫所说的那样："洛夫莱斯工作人员看着这个系着丝带的小球球，又看了看康拉德……似乎他是医学进步开路车的挡风玻璃上的一个虫子。"[1] 在通往征服太空的未来道路上，这并不是个前途光明的开始。

不久之后，应选人员被送往俄亥俄州代顿市的赖特-帕特森空军基地，接受心理测试。体检已经很极端了，但学员中很多人（全都是试飞员）觉得这次的检测更是瞎胡闹。医生是试飞员通常要避开的人，他们会以旁人觉得很荒唐的理由让一名飞行员停飞；脑科医生，或者叫"精神病学家"，才是最糟糕的，他们将让康拉德进行太空飞行的第一次机会遭遇滑铁卢。

去除感觉、测试在高空气压的压迫之下的反应，以及那些最稀奇古怪的书面小问题都是这种测试的一部分。其他测试还包括各种关于承担风险的面试等，你必须很小心地回答这些问题，显得相对正常（或对一名试飞员来说被认为是"正常"的一切答案）。重要的日子来临了，每个宇航员候选人都拿到一张白纸，被询问他们看到了什么。这是一次自由联想测试，设计来探测受试者思维的内在特征。有些人说："一大片白雪。"也有人很理性地说："一张白纸。"康拉德的回答呢？"但它颠倒了呀……"[2] 这给他的想象力加了 10 分，但在合作方面是 0 分。医生把那张纸倒过来检查了一会儿以后，知道自己上当了。这种情况还在继续着，恶作剧一个接一个地发生。

不久后，康拉德回到马里兰州的家中，收到了 NASA 的来信："感谢你的兴趣，但你没有入选。"他最终获悉，他的评估里说他"不适合长时间飞行"。[3] 就这样吧。康拉德返回了航空母舰的岗位，继续按照他被训练的那样驾驶喷气式飞机。不过，那并没有持续多久。

第七章
皮特·康拉德：飞上天的粗鲁水手

"水星"计划这时候已经开足马力，进展顺利。NASA 最终拥有了自己的"太空人"，可以和苏联在尤里·加加林身上获得的成功相媲美，小小的"水星"太空舱里还会有更多宇航员。但自从肯尼迪宣布美国的目标是在那个十年结束之前进行载人登月，七名宇航员显然已经不够了。大门对宇航员二班打开了。

这时候，康拉德正在加利福尼亚州南部的米拉玛海军航空站飞进飞出，测试一个全新的航空母舰夜间飞行系统。这是最危险，也是最让人头疼的飞行种类之一。首位"水星"号载人飞行的英雄、把美国带回太空竞赛的艾伦·谢泼德亲自联系了康拉德，鼓励他申请成为一名宇航员。

他又一次加入了测试挑战赛，不过这次他表现得好一些。测试的伤害性也远远不及当初。如今医生知道一个比较健康的人就能够在严酷的太空飞行中生存下来。康拉德这次入选了。1962 年，他和其他八名新人一起被编入现役。

由于康拉德在两次宇航员申请期间的飞行小时数累积，现在他有超过 6 500 小时飞行时长，这在竞争梦寐以求的太空飞行任务的名额时，是件好事情。没过多久，他就被分派了"双子座" 5 号的一个重要席位，这才只是这个新计划的第三次载人飞行。他的指挥官是戈登·库珀，最初的"水星"计划宇航员之一，也是他们所有人中最可能比康拉德更自信的人。

"双子座"计划是"阿波罗"计划的关键试验场，每一次任务都是为了积累下一次在太空中的经验。"双子座"计划有多个目标：需要在

"阿波罗"号能够飞行之前的仅仅十次飞行中完成许多测试，包括长时间太空飞行、和另一艘飞船进行交会和对接、舱外活动期间在太空中作业。"双子座"5号是为了测试长时间太空飞行：不只是在轨道上待一两天，而是整整七天，足以碾压此前苏联在轨道上的纪录。次要目标还包括和"双子座"飞船中弹出的一个小型分离舱进行交会，使用燃料电池而不是蓄电池供电。燃料电池是让氢气和氧气结合产生电力的装置，还没有在载人太空飞行中测试过。它们将在给"阿波罗"飞船供电方面至关重要，因为蓄电池无法在可能长达两周时间的飞行中坚持那么久，太阳能板又不足以先进到能满足"阿波罗"飞船的能源需求。

1965年8月21日，库珀和康拉德被关进了"双子座"太空舱中，等待仅仅几个小时之后就要进行的发射升空。库珀抬起护目镜，转向仅仅2—3英尺（60.96—91.44厘米）之外的康拉德。"你准备好了吗，菜鸟？"他问道。这是康拉德的首次太空飞行。康拉德尽力显得害怕极了，说："我不知道，戈登……"库珀盯着一直在尽可能演戏的康拉德，咧嘴傻笑起来，说："我懂的。给这个□□养的点火，让我们去兜兜风！"4

接近美国东部时间早晨9时，搭载在"泰坦"2号推进器上的火箭发射升空。"泰坦"推进器是为携带核武器而开发的，它是一种洲际弹道导弹。因此，它最初并不是设计用来运载人类的。然而，这两个人被拴在狭小的"双子座"太空舱里，搭载于"泰坦"2号的顶端。自从"泰坦"被选中用于"双子座"计划后，它就已经是"载人级别的"，

第七章
皮特·康拉德：飞上天的粗鲁水手

图 7.2　康拉德在"出水训练"中，也就是在溅落后从"双子座"训练模拟器中出舱。（NASA 供图）

意味着一切能用来使其安全运送人类的手段都已经实施。但这型导弹还存在一个问题，这个问题还会在"土星"5 号火箭上再次显现。这就是"纵向耦合振动"。简单说，就是火箭的两个一级发动机在点火时会出现脉动，足以在发射时产生一些超重力。核武器并不在乎八倍的重力（这是预计在爆发时产生的最大重力），但柔软湿润的人体则可能会被这种拍打伤害到。

这可是太空竞赛，是美国和苏联之间为争夺太空而进行的激烈较量。虽然有风险，但"双子座"机组人员还是搭乘"泰坦"升空了，现在轮到戈登·库珀和皮特·康拉德飞行了。"泰坦"的确发生了一些纵向耦合振动，足以让宇航员视线模糊、说话困难，但此外，其影响还是可控的。这个问题后来通过对发动机进行了一个小改动而得以解决，"双子座"5号是最后一次遭受纵向耦合振动影响的"双子座"飞行。几分钟之后，他们进入了轨道。NASA的首次长时间任务——旨在模拟飞往月球并返回的飞行正式开始进行。

第一个实验包括尝试一次模拟交会。要做到这点，后来的飞行中会发射一枚"阿金纳"火箭，"双子座"号机组人员将与其交会并对接。但在首次测试中，"双子座"5号在其背部携带了一个被称为"交会评估分离舱"的小型设备。把它弹射出去，让它从"双子座"太空舱缓缓飘走，而库珀和康拉德则准备追上它并进行交会。这是首次让两个飞行器在轨道上配对的测试，就像"阿波罗"飞船在短短几年后将要做的那样。

接着，任务中的第一次故障发生了，这时候飞行才刚进行了四个多小时。飞船的一个燃料电池（这是试验中新的供电系统）压强下降，从预计的850磅每平方英寸（59.76千克每平方厘米）降到仅仅65磅每平方英寸（4.57千克每平方厘米）。指挥官库珀决定关闭燃料电池，让飞船仅仅依靠蓄电池的电力（这些电力只能维持几个小时）。这迫使他们放弃了交会测试。

随后在地面进行的评估让NASA工程师判定：再次激活这些燃料电池是安全的。于是，宇航员照做了，用更大的电荷进行测试。虽然不再进行交会实验，但他们至少可以把任务继续下去——只依靠蓄电池则会迫使飞行在第一天就结束。

第七章
皮特·康拉德：飞上天的粗鲁水手

但是，他们仍然在低于峰值电力容量的情况下运行。电力降低后，太空舱变得很冷，机组人员在指定的休息期难以入睡，经常醒着。"双子座"太空舱的空间刚刚能容纳两个不到5英尺11英寸（1.80米）的人肩并肩挨着坐，他们的头盔就在舱门下方几英寸。这就像坐在一部袖珍型跑车里（没有窗子可以摇下来呼吸新鲜空气），一连好几天。宇航员的腿塞进了仪表板下方的狭小空间里，甚至都没法伸开。这是让人感到最不舒服的地方。相比之下，登上一架现代客机的经济舱飞行都显得像是住进了希尔顿酒店。

与此同时，拥有轨道力学博士学位的宇航员同事巴兹·奥尔德林想出了另外一个尝试轨道交会的办法。在他的指导下，第三天的时候，机组人员尝试和太空中预先指定的一个点交会。那只是一个空空如也的理论上的点。他们成功了，然后回来接着哆嗦了好几个小时，狭小的太空舱则继续绕着地球轨道飞行。

在第五天，他们检测到操作系统出现了一个故障。任务控制中心等机构的工程师提出了一些可能的原因，但认定问题可能会变糟糕，于是他们将操作减少到最低程度。结果是一系列涉及飞船的操作和姿态改变的实验都被取消了，库珀和康拉德开始承受"双子座"计划的噩梦：无聊。康拉德后来说，这"简直就是我做过最艰难的事情"。[5]

无论如何，他们都还要参与其他一些杂务。首要事项是拍摄星星和地球，他们沉着地完成了这个任务。他们还进行了多项医学实验，其中一项是让康拉德把充气带绕在腿上，在狭窄的驾驶舱内并不容易，但总比干坐着强。

在任务中的某个时刻,他们没能抓住一袋冷冻干虾,小小的粉红色虾仁开始在机舱内漂浮。库珀和康拉德做了一切他们能做的事情想要兜住这些散发着味道的小碎块,但直到任务的最后阶段,舱内还是漂浮着虾仁的细小颗粒和粉红色碎末,甚至进了他们的肺里。

到了任务尾声,电力和消耗品的问题更大了。在最后的轨道飞行中,他们无法进行操控,只能任太空舱漂流。他们掠过了地球,然后是满天星辰,接着又是地球——成了一个永无止境、缓缓转动的彩色万花筒。然后是黑暗,或者在地球的黑夜这一面时,是黑和更黑的交

图 7.3 康拉德在等待持续了很长时间的"双子座"5 号任务结束。因为供电低于预期水平,所以他和戈登·库珀在轨道上的多数时间都在打哆嗦并努力睡觉。(NASA 供图)

第七章
皮特·康拉德：飞上天的粗鲁水手

替。这让人心烦意乱，所以库珀最终把窗户给遮上了。这样，至少他们可以不用每隔片刻就忍受明亮阳光的扫射。

在被关进"双子座"飞船将近191个小时之后，回家的时间到了。库珀启动了第二组机动推进器（将把他们活着带回家的系统），并开始点火发动减速火箭。他手动控制再入大气层，在此期间，通过改变太空舱的朝向，来测试其在提升和滑行方面的变化。这是本次任务中最后的实验。接着，他们就扎进太平洋，等着海军直升机和潜水员把他们从那个待了一周多时间、被虾仁污染而散发着气味的小屋里释放出来。

当太空舱在浮标中上下颠簸时，库珀和康拉德聊了起来，想决定他们是打开舱门，还是就等着海军潜水员来把他们弄出去。库珀问："你怎么想的，皮特？"康拉德回答说："这里一定有130华氏度（约54摄氏度），戈登，我都汗流浃背了。"就在那时候，传来了一名潜水员敲打舱门的声音，宣告他的到来。"我不能再在这里多待一分钟了，"康拉德说，"快把这□□养的打开。"[6]

当他们抵达"尚普兰湖"号航空母舰时，海军船员簇拥着他们，掌声雷动。在摄像机前，康拉德露出了他招牌式的淘气笑容，拧了一下库珀的鼻子，把他吓了一跳。康拉德为这次任务感到自豪，但他后来指出，在太空舱里的这一周就像待在一个飞翔的"垃圾桶"里。[7]

无论如何，两人证明了人类可以在太空中长时间安全驻留，久到足以前往月球并返回。他们还证明了交会是可行的。这项任务还有一个回报，他们把长时间太空飞行的纪录从苏联那边拿了回来。他们设法克服了设备故障和失灵，再次显示了人工控制的用处。这些成就想必会让康拉德印象深刻吧？

他后来这样回忆太空舱里的那段时间："罗曼史很快就结束了。"他说，"我的膝盖开始折磨我……我很疼，不想待在那里面。如果他们早说我得在那里待上超过八天，我相信我会发疯的。"[8] 在那个远去的年代中，潇洒的飞行员的浪漫和出生入死不过如此。

虽然任务如此具有挑战性，但康拉德还是又进行了一次"双子座"飞行，这一次是在"双子座"11号担任指挥官。这是该计划的倒数第二次飞行。这时已经在紧锣密鼓地准备完成这些任务，以证明完成"阿波罗"计划所需要的一切都是可行的。康拉德以他一贯的风趣进行了这次任务，而这次他将和一个亲密的朋友迪克·戈登一起飞行。康拉德和戈登多年前就在帕图克森特河的海军试飞员学校相识，一见如故。他们一起驾驶喷气式战斗机，一起喝酒，为同一个愚蠢笑话而发笑。他们就像亲兄弟一样。戈登第一次向NASA提出申请的时候也没有入选，不过在康拉德的鼓励下，他再次申请成为"双子座"计划的一员。当他问康拉德为什么自己要费这个力气时（他在初次被拒之后，心里酸溜溜的），康拉德说："因为你想我呀。"[9]

"双子座"11号将再次测试舱外活动（太空行走），以证明宇航员能够在失重状态下进行有效工作。他们在游泳池里训练，练习加重到中性浮力的情况。当时，"双子座"的舱外活动进展并不顺利：宇航员有的热过头，有的在进行作业时飘开了。在太空舱外完成哪怕最简单的工作，基本上都会有麻烦。这时候，"阿金纳"号在飞行，"双子座"

第七章
皮特·康拉德：飞上天的粗鲁水手

太空舱将和它对接，一名宇航员将离开"双子座"飞船，两手交替使用爬向"阿金纳"号，并取回实验装置，仅仅是为了证明他们能够到达那里。这在反复试验中基本是成功的，NASA 想要用一些更为复杂的任务来扩大成果。这将是戈登的工作，而康拉德则坐在太空舱里，看着他的朋友进行指定任务。

进出"双子座"比人们想象的要困难。太空舱很狭窄，舱门更小。进舱和出舱都简直像是柔术表演。而且，如果进行太空行走的宇航员在飞船外出现问题了，那怎么办？他可能会在太空中发病，或没法使用呼吸器，或吐在衣服里面，继而被飘浮的呕吐物噎住。这些可怕的情况，加上医生设想的其他十几种情况，可能会让太空行走者无法回到太空舱里。这时候指挥官应该怎么做呢？简单的答案（并且对其他宇航员来说也是显而易见的），就是其他人会去帮助他……但那并不是 NASA 的计划。

在任务开始前不久，康拉德被叫去首席宇航员迪克·斯莱顿的办公室。康拉德到了之后，看到将担任这次任务飞行控制主任的吉恩·克兰兹也在那里。一定有要紧事。

斯莱顿开场说他们想要讨论一下舱外活动。他说这比较"棘手"，可能比他们以为的更有挑战性。

"哦，迪克正在泳池里踢腿呢。他会做得很棒的。"康拉德回答道。

但斯莱顿和克兰兹并不赞赏康拉德这么简略的回答。他们担心的是指挥官的生存以及任务能否完成。当两人概述着如果戈登因为某种原因无法回到太空舱里，康拉德应该采取什么程序时，康拉德在一边听着，几乎不能相信自己所听到的。"如果迪克不能回到飞船里，那么你只能把他留下。"斯莱顿说。

这实在让康拉德震惊。把一个人丢下，尤其是他亲爱的朋友戈登，他无法想象。

克兰兹接过了谈话："决不能发生，零可能性，你们两个人同时都在飞船外面的情况。我们要清楚这一点，对吧，皮特？"[10]飞行工具包里将会有一套手剪，这样康拉德就能够减断他在世上最要好的朋友身上所系的空气管和拴绳，看着他飘走，迅速窒息，而康拉德则要关上舱门，准备独自返回地球。杀死自己除了妻子的最好同伴，孤身一人返回。康拉德同意了，但他并不确定在这种情况下自己真的会做什么。他离开会谈时多少有些震惊，他把这些场景抛在脑后，回去训练了。

"双子座"11 号在 1966 年 9 月 12 日发射。这时候的常规操作是让一艘"阿金纳"号目标载具比"双子座"号早几个小时先行发射，使他们有个进行交会的对象。"阿金纳"号驶入轨道，功能正常。对即将开始进行的交会和对接来说，一切看起来都很好。

康拉德在太空舱抵达轨道后不久就接管了控制，他们开始追逐"阿金纳"号。这是首次在第一圈绕轨飞行时就进行这样的尝试。在以前的任务中，都要先飞行一阵，再开始追逐"阿金纳"号。但在这次飞行中，他们在发射后一个半小时之内就对接上了。康拉德接着脱开了"阿金纳"号的对接接合器，把这个程序又重复了四遍。交会和对接变得不足为奇，这正是 NASA 所希望的。

机组人员接着又在准备另一项"第一"：他们要将"阿金纳"号的

第七章

皮特·康拉德：飞上天的粗鲁水手

火箭发动机点火，把他们送到载人飞船所到过的最高轨道——地球上方 853 英里（1 372.78 千米）。在抵达这个创纪录的高度之后（这项人类绕轨纪录今天仍然未被打破），他们再次将"阿金纳"号点火，回到 184 英里（296.12 千米）的高度，准备让戈登进行舱外活动。进行一次成功的太空行走的压力很大。

在发射后的第二天，戈登进行了两次舱外活动中的第一次。这原定是两个小时的短途活动，他将离开"双子座"号，移动到"阿金纳"号上，用放在"阿金纳"号上的一根 100 英尺（30.48 米）长的拴绳系住太空舱，并进行其他任务。他把拴绳系上了，但和以前的"双子座"舱外活动一样，太空舱外的这段时间也让他筋疲力尽。他气喘吁吁，心率提高到超过 150 次每分钟，并且汗如雨下，面罩也起了雾。康拉德担心起来，痛苦地意识到那些可怕的拴绳剪子就躺在仪表盘下面。

"你怎么样，迪克宝贝儿？"他在无线电里说道，试图让自己听上去很冷静。

"我没事。"迪克喘着气说道。

康拉德又考虑了一会儿，然后就行使权力，命令戈登回来，这才仅仅过去半小时。

"我要结束它了。回这里来，我们找个地方喝啤酒去……"康拉德一直用着这样友好的语气，不过戈登领会了消息，努力返回太空舱，身上还系着让情况变得非常复杂的、像蛇一般弯曲的粗笨拴绳。它到处都是，很难卷起来盘上。局面千钧一发。

虽然舱外活动只取得了部分成功，但他们设法和通过那根 100 英尺长的拴绳所连接的"阿金纳"号分离,并进行了两三个试验。第一个是看看"阿金纳"号如果在被拴住的时候向"下"朝着地球,是否能保持稳定——它做到了。第二个试验是让连接在一起的飞船(有点像一把大刀)加速旋转,制造出一点人造重力。这也取得了部分成功。在两个试验中,运动的拴绳交错纠缠,导致两个航天器都跌跌撞撞,这是没有预料到的,也很麻烦。他们很快就将拴绳解开,脱离了"阿金纳"号。

戈登的第二次舱外活动仅仅是一次"站立式"太空行走——只是打开舱门并把脚踏在"双子座"号的座椅上,站在太空里。这并不累人,实际上,戈登觉得很轻松。他给地球以及群星中的目标拍了一些照片,过了两个小时,他坐回到飞船里。

在他们离开地球后不到三天,康拉德和戈登就再入大气层,并溅落在距离美国属地关岛附近预计地点只有大约 1.5 英里(2.41 千米)的地方。这是首次完全由机载计算机执行的再入大气层。这次任务十分成功——除去又一次让人丧气的舱外活动。它为"双子座"号的最后一次飞行打下了基础。在那次飞行中,巴兹·奥尔德林在经过无数个小时的水下和失重飞机中的练习后,进行了一次完美的舱外活动。到"双子座"12 号任务结束时,该计划已经实现了几乎所有设定目标,为"阿波罗"计划扫清了道路。执行首次飞行的将是"阿波罗"7 号,它在 1967 年进行了轨道测试飞行,随后是几次对"阿波罗"号硬件的无人测试。但康拉德没有加入那次标志性任务,他有其他职责需要履行,所有加入"阿波罗"计划的宇航员都要这么做。他们定期到美国

第七章
皮特·康拉德：飞上天的粗鲁水手

图 7.4 康拉德和迪克·戈登在"双子座"11 号溅落之后。（NASA 供图）

国土另一边的海岸，访问多个 NASA 合同承包商，监理飞船及其相关硬件的特定系统和子系统。

到了 1966 年末，康拉德被指派为首次"阿波罗"号飞行的后备机组人员。这次飞行是为了测试整个登月系统，包括"阿波罗"太空舱及其推进和生命维持单元在内的指令舱和服务舱，还有登月舱。这项任务以 1969 年"阿波罗"9 号的成功飞行而大功告成，但三年之前就已经展开了。但是，情况比这个略为复杂一些：登月舱的开发大大落后于进度。登月舱是历来同类设备中的第一个，要让它完美运转极具挑战性。它也大大超出了实现登月任务所要求的重量限制。虽然登月舱已经造了很久，但 NASA 还是花了好几个月让它变得小巧一些。由于这种种原因，"阿波罗"8号在1968年12月的飞行中并没有携带登月舱。它绕着月球轨道飞行，但显然并没有在月球上着陆。不管怎样，1969年3月发射了"阿波罗"9号，由首发机组人员担纲，所以康拉德在这次任务中的服务仅限于替补。他被指派了下一次任务空缺的席位，担任"阿波罗"12号指挥官。

值得注意的是，有推测认为，如果"阿波罗"8号没有那么早飞行的话（它计划是登月舱在地球轨道上的测试），那么通常机组人员的轮换时间表可能会让康拉德乘坐"阿波罗"11号成为登上月球的第一人。但负责机组人员分配的首席宇航员迪克·斯莱顿在做决定时很谨慎。无论如何，就算康拉德对这一变动感到失望，他也并没有声张。他只是为能成为其中一分子而感到兴奋。此外，他的月球漫步将比尼尔·阿姆斯特朗和巴兹·奥尔德林在"阿波罗"11号任务中所进行的要久得多，在范围上也更广。

当阿姆斯特朗和奥尔德林进行首次登月时，康拉德和他的机组人员正在紧锣密鼓地为"阿波罗"12号准备着。他像每一个能收看电视或收听广播的人那样，怀着极大的兴趣跟进事态的进展。一切都成功了，这太妙了。然后，他回去接着为自己仅仅四个月之后就要进行的飞行而训练。

他的机组人员是一个精挑细选出来的三人组。自飞行学校和"双子星"11号以来的老朋友迪克·戈登被任命为他的指令舱飞行员，第三人是新人艾伦·比恩。比恩和戈登一起作为第三组宇航员被NASA征召，不过他俩并无其他相似之处。戈登有点像康拉德那样粗犷，而

第七章
皮特·康拉德：飞上天的粗鲁水手

比恩的性格更为沉稳安静。不过，后者也是海军飞行员同仁，并且是一名杰出的试飞员。尽管具有这些资格，他在被选中执行"阿波罗"12号飞行之前，还是一直被指派从事普遍被认为死气沉沉的任务：在休斯敦办公室为登月计划的后续任务"阿波罗应用计划"做规划。这个办公室制订了许多计划，包括月球表面的长期任务以及移动式月球栖息地，不过最终得到执行的只有后来的"天空实验室"空间站。这样的分配让人丧气，比恩觉得它顶多是次重要的工作，不过他仍旧全力以赴。康拉德注意到了比恩的努力。康拉德在海军试飞员学校第一次遇到自己的学生比恩。虽然比恩并不太像康拉德和戈登等人那样是天生"技术精湛的飞行员"，但他很努力，非常努力。比恩还经常说出自己的想法，哪怕这么说在政治上并不明智。出于这些原因，康拉德给了这个新人宇航员一次机会。

在为"阿波罗"12号挑选第三名成员的时候，斯莱顿问康拉德想要选谁，后者回答想要比恩。但斯莱顿对这个主意并不感兴趣，反而让他选另一个名叫C.C.威廉姆斯的人，那人也同样够格。康拉德接受了这个决定，他也觉得威廉姆斯不错，这个方案可行。但威廉姆斯在1967年因飞机失事而去世，而比恩仍旧是康拉德的首选，康拉德最终得到了自己想要的机组成员。

"阿波罗"12号的训练对模拟飞行主管来说是一件新鲜事。他们制造了越来越复杂的、几乎不可能的场景来考验宇航员，在模拟飞行中引入了各种失灵情况，直到模拟器里的飞船坠毁并起火。很多宇航员对此怨声载道，暗自诅咒了模拟飞行主管无数遍。但"阿波罗"12号的机组人员并没有这么干。实际上，康拉德的机组成员并不像模拟飞行主管自 NASA 开始为登月计划快马加鞭以来所见过的任何人。这个机组的成员以和蔼的方式处理一切事情。

如果你关注"阿波罗"11 号机组人员的训练，可能会听到奥尔德林和阿姆斯特朗在争论是否要放弃一次看起来不妙的模拟登陆。柯林斯可能会插入一些缓和气氛的建议，而阿姆斯特朗会坚忍不拔地完成自己那摊子事。这些人都是经历过他们被分配的任务的专业飞行员，会通力合作向模拟飞行主管证明自己。其他的机组人员表现类似，但对在训练中折磨他们的人表示抗议时会更加喧闹些。

不过，"阿波罗"12 号的机组人员可不这样。这些家伙与众不同：他们就像亲兄弟一样。

不管模拟飞行主管的预期有多复杂乃至不公平（并且经常不切实际），康拉德和戈登都以无尽的勇气和幽默来跟他们共事，其中点缀着康拉德的俏皮话。比恩比他的同伴要安静些，但他也一直很乐观，并且一如既往地竭尽全力。当任务临近时，他们三人似乎变得更加密不可分。这在"阿波罗"计划里是很独特的：这个机组真的相亲相爱。

气氛越来越紧张，发射日期日益临近，除了训练、吃饭和睡觉，做其他事情的时间所剩无几。但作为前往月球的下一次飞行的指挥官，康拉德仍被要求参加在"阿波罗"11 号历史性的首次登月之后诸多新闻发布会中的几次。一位意大利记者即兴问康拉德，他踏上月球时打算说什么——她确信 NASA 一定已经拟好了台词。毕竟，谁会想到像尼尔·阿姆斯特朗这种看似无趣的人会说出"这是（个）人的一小

第七章
皮特·康拉德：飞上天的粗鲁水手

步，却是全人类的一大步"……[11]康拉德提醒她说，这其实是阿姆斯特朗的个人行为，而他的头一句话将由他自己选择。"那取决于我，亲爱的。"他带着标志性的诡笑说道。她一开始并不相信他的话。于是康拉德说道："那我告诉你。你和我现在就在这里决定我踏上月球时要说什么。"[12]他当场即兴发表了一段简练的声明，显然让她目瞪口呆，但还是不相信。所以他和她赌500美元（相当于2019年的3 500美元）自己真会那么说，她接受了这次打赌。

接下来仍是紧张的训练。硬件设备一切就绪，机组人员也是。随着"阿波罗"11号的成功，人们信心十足。转眼间，就到了出发的时刻。

1969年11月14日，三名机组人员早早起床，吃了一顿残留物含量较低的早餐（显而易见，没人喜欢在太空里上厕所），穿上太空服，行驶了8英里（12.87千米）前往发射台。"土星"5号火箭在黎明前的亮色中散发着微光。当时下着小雨，这在卡纳维拉尔角并不罕见：在佛罗里达的这个地区，天气可能会迅速变化。低温燃料从火箭中蒸发，沿着机身制造出白色蒸气的羽流。三人蹒跚着下了巴士，来到升降机，上升大约360英尺（109.73米）抵达火箭顶部，指令舱在那里等待着他们。一位宇航员同事已经核对了一遍检查清单，确保在发射时所有开关都在正确的位置上、所有仪表都能显示正确的读数。他退出太空舱，让三名穿着臃肿加压服的宇航员进去就位。康拉德坐进左侧为指挥官保留的座椅。戈登坐在中间的位子上，比恩在右边。他们入座完毕，等待起飞。

发射控制广播员杰克·金持续着他的新闻推送会话:"这里是'阿波罗-土星'发射控制中心,倒计时 18 分 40 秒,开始计数。现在倒计时还在进行,虽然现在已经到了紧要关头,但还是没有低于发射的最低要求……"他指的是卡纳维拉尔角风云变幻的天气。

天气照旧,但勉强够让倒计时继续。无论如何,当倒计时结束时,他们就起飞了。发射就和模拟时一样,仅仅持续了大约四十秒。

图 7.5　士气高昂的"阿波罗"12 号机组人员,从左至右依次为康拉德、戈登和比恩。(NASA 供图)

第七章
皮特·康拉德：飞上天的粗鲁水手

美国总统理查德·尼克松在看台上见证着他从前的政治对手约翰·肯尼迪的太空计划成为现实，脸上露出了大大的笑容。

康拉德的声音传回任务控制中心："这是个投出和滚动的项目，这个宝贝真的在动。"然后又说，"这是一次可爱的起飞……一点都不坏。"[13]

接着，飞行进行了大约四十秒的时候，无线电通信开始变得嘈杂和断断续续。在休斯敦的任务控制中心，屏幕上的读数变得杂乱起来。

康拉德感觉飞船猛地顿了一下，但火箭还在往上推进。

"那该死的是什么？"他问道，说话也不那么干净了。

"有一大堆东西……"戈登说道。

"收到。我们有一大堆东西失灵了……"康拉德说，他指的是断路器突然被触发了，"什么都没有了。出了什么事？"

在任务控制中心，杰瑞·格里芬正作为一名"阿波罗"号飞行控制主任首次当班。他在新岗位上的第一天就很糟糕。

康拉德的声音平静而坚定，在静电传输中清脆作响："好的，我们刚刚失去了平台功能。我不知道这里出了什么事，但我们所有的东西都失灵了。"那个"平台"是他们航行的制导系统，它忽然罢工了。

康拉德读着一长串故障清单的同时控制面板上的警示灯闪个不停，他们以前从来没遇到过这种情况，哪怕在最糟糕的模拟中都没有。"我这儿有三个燃料电池灯、一个交流电总线灯。一个燃料电池断开了，交流电总线 1 和 2 过载，主要总线 A 和 B 断开……"

似乎整个"阿波罗"太空舱突然失灵了。但在一个控制台前，有个名叫约翰·亚伦的电气工程师觉得他也许知道发生了什么事。他在一次电气设备调试中遇到过这种情况。他说:"飞船,这里是电气工程联络员。试试把 SCE 调到 AUX。"太空舱联络员转达了这个建议。那边停顿了一会儿。

康拉德说:"FCE 调到 AUX,那该死的是什么东西?"太空舱联络员纠正说:"把 SCE 调到 AUX。"然后,艾伦·比恩发话了:"嗯,我想我知道那是什么……"他扳动了正确的开关。警示灯都熄灭了,任务控制中心的显示器也都恢复了正常,显然是哪里出了岔子。

第一级火箭脱落了,康拉德说:"我不确定发生了什么事……我不确定我们是不是被闪电劈了。"

的确是这样。恶劣的天气加上巨型火箭穿越电荷云的效应,导致闪电击中了"土星"5号,而且不止一次,是两次。指令舱里的大多数断路器都跳闸了。不过幸运的是"土星"5号设计中带有一个大型次级计算机,安装在他们下方几十英尺处的火箭层级连接环里。在他们查找问题时,是它让火箭飞得又直又准。

三人马上就重置了断路器,让一切恢复正常。康拉德紧张地笑起来。"这算是比较好的一次模拟,信我吧。"他说着,然后又笑了一下,"好了,我们这边都在对着这些灯发笑。我们都在说,亮了这么多灯,我们可解读不了……"接着是更多笑声。

总之,在这整个紧急情况中,皮特·康拉德做了两件非凡之事。首先,他并没有拧动放弃手柄,只是紧紧握着它。在真正的紧急情况下,他可能会转动这个手柄,将逃逸系统点火,把他们从"土星"5号迅速带离，让他们降到安全地带。但他并没有那么做，他一直等到问题解决。

不过，也许更引人注目的是，宇航员一次也没有喷过粗言秽语。毕竟，全世界都在听着，甚至还有尼克松。

"那什么的上帝啊……"康拉德笑着说。类似这样的事件以前可能会引爆康拉德的脏话汽油桶，不过这次他没有咒骂。相反，机组人员就这次事故开始闲聊说笑，而火箭带着他们继续飞往轨道。这个小型"兄弟连"化解了任务中的第一次问题。这可不是最后一次。

五天之后，他们抵达月球轨道，仔细检查了登月舱。康拉德和比恩下降前往月球表面，而戈登独自绕着月球轨道开始漫长的守候。"阿波罗"11号曾经千钧一发，出于多个原因，阿姆斯特朗超出了原定着陆地点几英里，落地时剩余燃料远不够再支持一分钟。康拉德决心不再重蹈覆辙，他和任务规划人员一起工作，确保他能实现精确着陆。他们对准了"风暴洋"，NASA的"勘测者"3号机器人于1967年曾在此着陆。康拉德像阿姆斯特朗所做过的那样，在下降的早期阶段让计算机控制飞行。这个微小的36千字节部件够让他们前往月球并返回，但也就刚刚够。不过，计算机在阿姆斯特朗登陆时曾出现故障，康拉德和他的机组同伴比恩都很清楚这一点。

他们下方的区域被称为"知海"，不过任务规划人员喜欢称它为"皮特的停车场"。

登月舱以机腿着地的姿态飞行，并启动其单个火箭发动机减慢速度，让他们朝着月球下降。接着，他们执行了一个被称为"倒车"的指令，让自己直立，窗户朝前。

康拉德几乎尖叫起来："嘿，就是那儿。就是那儿。老兄！就在路中间啊。"他看到了名为"雪人"的环形山，知道他们已经接近目标。他接管了对登月舱的控制，操纵着手动控制器，进行微小调整以开始降落。他继续以文明的腔调说话，不过在他回来后的一次技术报告中，他以更具个人特色的唠叨说，一开始它看起来就像是一幅黑白绘画，他什么也认不出来。"我不知道我在该死的什么地方！我往外看，不知道我在该死的什么地方。我看了看（计算机），然后获得了数据。我回去看这些数字，然后知道了我在哪里。"这个粗鲁的水手又回来了。

在大约3 500英尺（1 066.8米）高度时，休斯敦发来无线电："'无畏'号，这里是休斯敦。去着陆吧。""无畏"号是登月舱的呼叫代号。康拉德作出了回答，然后回到了一个孩子进到糖果店里的状态："美妙极了……我真不敢相信！"比恩一直是个冷静的家伙，回应说："你的高度是2 000英尺（609.6米）……"

到了400英尺（121.92米）的时候，康拉德完全接管了着陆的控制权。这时候，比恩也兴奋起来："嘿！快看那个环形山。就在它该在的方位。嘿！你真美啊。10%……""10%"是指剩余的燃料量。是着陆的时候了，比恩说："继续下降，皮特。"

片刻之后，一个指示灯亮了起来，让他们知道自己距离月球表面只有几英尺。在脚撑放下之前，康拉德关掉了发动机开关，正如他们在训练中做的那样。登月舱在月球的低重力环境下（大约是地球的16%）快速下降了最后几英尺，康拉德记得自己开口说："哦，该死

第七章
皮特·康拉德：飞上天的粗鲁水手

的——"不过着陆瞬间的重击打断了他。

他们到月球上了。这仅仅是第二次载人航天器抵达这里。他们到达的时候，油量已经低到和"阿波罗"11号所剩下的大致相当的地步，不过他们完美地抵达了目标。着陆点很平整，他们处于"勘测者"3号的步行范围之内——大约600英尺（182.88米），他们计划去看看它。他们关掉了一系列开关，以确保在月球停留期间登月舱的安全，然后收到了头顶正绕着轨道飞行的指令舱"扬基快帆"号中戈登的来电。

"'无畏'号，这里是来自'扬基快帆'号的祝贺。"戈登说道。康拉德回答说："谢谢你，先生，我们三十二小时后见。"

接着，康拉德再次从窗户看出去，咧开嘴笑了。"哥们儿，我等不及想要出去，看看那个。"比恩闲扯了几句，说："看看地平线上那些大岩石，皮特。天啊！这真是一个好地方。看那边。"康拉德有点恍恍惚惚地回答："是啊。"

大约五小时之后，他们准备从登月舱出去，开始月球探险。现在是赢下和那位意大利记者的赌约的时候了。最好相信她正在看着。康拉德真的会说几个月前他在新闻发布会上当场编出来的话吗？

在任务运行的第4天19小时16分钟，康拉德走出舱门，同伴比恩给他提供引导，就像奥尔德林给阿姆斯特朗提供引导一样。康拉德在舷梯的顶部停了一下，俯瞰着大约30英尺（9.14米）外他们称为"勘测者环形山"的地方。

康拉德说："嘿，我要告诉你我们停在了什么东西的边上……"比恩问道："是什么？""我们在'勘测者环形山'前面大约25英尺（7.62

米)。"两人都笑了。

康拉德到达了梯子的最低一级,从高处跳到月球表面。登月舱腿部比它们在着陆前要缩小很多,梯子必须足够短,以免减震机械(可以被压缩的铝制减震器)将登月舱压低到超出预计时把梯子折断。这意味着最低一级要位于月球表面上方几英尺。这对身高 5 英尺 11 英寸(1.80 米)的阿姆斯特朗来说都有些意外;对身高 5 英尺 6 英寸(1.68 米)的康拉德来说,就感觉太遥远了。所以,当他踏上月球时……

"啊哈。好家伙,这对尼尔来说可能是一小步,对我来说可是老远。"更多笑声。他赢了赌局,不过他从未去索要赌注。

比恩很快就跟随他下了梯子,接下来的四个小时,他们探索了月球。康拉德在做这些的时候一直保持着语言上的克制,不断用一些打点擦边球的俏皮话来掩饰。他在工作的时候喜欢喃喃自语,听不清楚他在说什么。没法分辨,只听到"当哩个当,当哩个当"。

没过几分钟,比恩就抓起了月球上第一台彩色电视摄像机("阿波罗"11 号用的是低分辨率的黑白款),并开始朝一个不错的地点踱步过去,把它架设好。不幸的是,他们并没有受过摄像机方面的训练:它还没有准备好,所以他们简直像在操作一块木头,比恩对镜头也不够小心。他停了一秒钟,将摄像机转向没有大气层遮挡的炙热的太阳。里面的新式摄像管设计小巧,对强光极为敏感。太阳马上烧坏了摄像管内部的感光涂层,摄像机死机了。"阿波罗"12 号任务成了一场广播剧。

比恩有些惭愧。不过还有工作要完成,康拉德让他别为那个担心。

第七章

皮特·康拉德：飞上天的粗鲁水手

图 7.6　艾伦·比恩从登月舱的梯子上下来。（NASA 供图）

他们要遵守时间表。他们展开了工作，设置实验并收集样品。康拉德不时会停下来发笑，地面上的管理员无法确定他在想些什么。但是，他的后备机组成员非常了解。这两位月球漫步者有着耍宝天性，他们不像"阿波罗"11号那些老派的机组人员，所以其他宇航员知道这些家伙喜欢开玩笑。他们的后备机组成员、后来驾驶"阿波罗"15号的戴夫·斯科特和吉姆·欧文从《花花公子》杂志上剪下图片,粘在康拉德和比恩佩戴在太空服袖口上的检查小清单上。每隔几页,康拉德要翻过一张卡片查看接下来的一些任务时就会发现一张1969年"七月小姐"搔首弄姿的照片。这让他们大笑不已,似乎任何事情都能让他们发笑。

在设置好一面美国国旗和实验包并完成了岩石和月壤样品采集之后,他们回到登月舱内,又累又脏,不过兴致勃勃。他们关上了登月舱,重新加压,脱下太空服。他们计划在第二次月球漫步之前进餐和睡眠,不过蜷缩在月球表面狭小脆弱的飞船里,睡觉对两人来说似乎都是反常的行为。康拉德浅浅地睡着了,而比恩则有些焦躁,最后才合了一会儿眼——直到一台冷却泵噪声大作。两人都惊醒过来,意识到一切正常后就想接着睡。但两人都无法再次入睡。雪上加霜的是,康拉德的太空服调整不当,陷进了他的肩膀。两人起来将它重新调整,花了大半个小时。康拉德最终给休斯敦致电,建议让他们早一些开始进行第二次舱外活动。医生们有些不情愿地同意了,批准了宇航员的要求。这时离他们结束登月舱外的首次活动已经过了十三个小时。

第二次舱外活动也持续近四个小时,有很多事情要做。康拉德和比恩探索了登月舱附近的一连串环形山。它们简直就是上帝自己的地质钻孔,环形山内那些被形成它们的撞击物抛得四处散落的古老岩石和月壤可能对评估月球的年龄和形成很有价值。

不久,两人就离了登月舱很远,都气喘吁吁的。在某一时刻,康拉德说:"休斯敦,我要告诉你们我打算做什么。我打算来一次EMU休

第七章
皮特·康拉德：飞上天的粗鲁水手

息。你怎么样，艾伦？"比恩回答说："好的。"不过这并不是技术谈话，EMU 休息是一个代码词语。EMU 又称舱外移动部件，是一个安装在他们的太空服前面的控制盒，用来控制生命维持包。但不需要核对什么，康拉德只是想让任务控制中心知道他们两人需要暂时休息一下。正像他在飞行后的汇报中说的那样："我们有一种代码。他们不想说'你们看起来很累'，然后整个世界都会觉得'他们在月球上都见鬼的快晕倒了'。"康拉德得到了休息，然后再次动身，仍气喘吁吁。整个过程中，康拉德都哼哼唧唧的。

第二次外出的一个更为引人注目的部分是他们出发前往"勘测者"3 号的所在。这个机器人探测器于 1967 年在月球着陆，科学家想看看暴露在月球环境中两年时间会对它有什么影响。二人跋涉 600 英尺（182.88 米），到了那个机器旁。康拉德用一对断线钳从毫无反应的机器人身上取下了一个摄像机。虽然这有点难度，但他还是做到了，并把这个细长的家伙放进一个袋子里，准备带回地球。

两名冒险家结束了工作日，返回登月舱。他们将很快离开月球表面，但在动身前还有很多事情要做。他们必须载上所有收集到的样品，扔掉不需要的物件来减少重量，并为登月舱的起飞做准备。接着，比恩开始孜孜不倦地检查各项设置，准备两三个小时后就要进行的升空。康拉德注意到他检查了好几遍，就说："比恩，你在担心发动机吗？"比恩简单地回答："是的。"康拉德笑了，告诉他别担心，它不会有问题的，就算它出了问题——"我们就会成为太空计划的第一座永久纪念碑啊！"比恩对这话一点也笑不出来。

还好一切顺利，几个小时之后他们就朝着同伴戈登返回了。两艘飞船完成了月球轨道上的交会，戈登打开了舱门。同伴们安然无恙让他兴奋不已。不过，他们可说不上整洁，甚至不能说是有点脏……他们是一身狼藉。

他提醒他们把灰尘留在整洁干净的指令舱外面。实际上，他可能一直有点担心那些月尘和月壤会影响到里面的开关和空气流通系统：有一点沙砾飘到不合适的地方，都可能会导致真真切切的问题。他冲着对接通道大喊："你们别把我的干净飞船弄得一团糟！"康拉德一贯持绅士风度，决定服从戈登。不久后，他和比恩赤身裸体地飘进了戈登的太空舱——一丝不挂。现在轮到谁发笑了？

康拉德一边伸直四肢，一边说："把这个拍下来。如果现在发生了不幸事件，那么我们都完蛋了。一千年以后有人发现了我们，就像这样。他们会得出什么结论？"[14]

戈登回敬道："结论是我是一个病态而孤独的人。我为了保留一些隐私而遇到很多麻烦，付出很多代价。"

回家之旅波澜不惊，就是话太多。你实在没法让这些家伙闭嘴，但休斯敦容忍了。本次任务又获得了成功，哪怕摄像机烧坏了，哪怕还有其他一些小麻烦。三人离开地球十天之后，溅落在太平洋的温暖海水中。宇航员被捞起来后，先飞到了帕果帕果，然后是夏威夷，一路返回休斯敦。"阿波罗"12号任务就此载入史册。

考验还没有完全结束。出于对宇航员从月球带回生物污染物的担心，他们从太空舱出来之前都穿上了防护服，被留在一个隔离部门——

第七章
皮特·康拉德：飞上天的粗鲁水手

图 7.7　康拉德手持"勘测者"3 号的电视摄像机。他从那架机器人探测器上把它剪下来并带回了登月舱。（NASA 供图）

同一辆改装过的密封的气流牌拖车（曾收容过"阿波罗"11 号的机组人员），直到他们被转到更大的房间里。他们这样过了整整三周，最终重见天日，面对公众，没有因为在月球上的折腾而受到影响。经过了一连串新闻发布会和 NASA 的公关活动（和"阿波罗"11 号机组人员所经历的相去甚远，但仍然很累人），他们三人回来准备下一步的工作。

戈登留在了训练中，他希望能再一次参加"阿波罗"飞行任务，但再也没能实现——最后三次"阿波罗"飞行都被取消了。他在1972年进入私营领域。

康拉德和比恩转向了"天空实验室"计划。这是比恩在"阿波罗应用计划"的旧岗位上唯一有所成果的项目。NASA把"阿波罗"18号、19号和20号取消后所剩余的硬件加以利用，从而把"土星"5号的第三级改造成一个空间站。"天空实验室"由多余的火箭部件制成，但无损于该项目的精良。它是举世瞩目的。自该计划在1968年开始得到认真考虑以来，康拉德一直在关注"天空实验室"，想着加入。事情往往就是这样，他如愿以偿地成为访问这个空间站点首批机组人员的指挥官。比恩追随着他，担任访问"天空实验室"的第二批机组人员的指挥官。

"天空实验室"几乎有83英尺（25.3米）长，直径22英尺（6.71米）。康拉德曾在"阿波罗"指令舱里生活了几乎两周，那之前还在狭小的"双子座"太空舱待过一周，所以"天空实验室"对他来说就像太空中的希尔顿酒店。它的内部空间有12750立方英尺（约361立方米），实在是宽敞无比，也是项目组在预算有限的情况下精心设置的。尽管"阿波罗"计划之后NASA预算遭到削减，资金一直很紧张，但NASA获得了知名工业设计师雷蒙德·洛伊为其服务。他曾设计有流线型火车头、最早的可口可乐售卖机以及世界上一些最有名的标识（例如壳牌、艾森克美孚石油、环球航空公司）。洛伊设计的"天空实验室"内部让这样一个特定用途的空间站尽可能具有吸引力，并适宜机组人员使用。"天空实验室"是康拉德所能指望的最佳职业

第七章

皮特·康拉德：飞上天的粗鲁水手

收官任务。

"天空实验室"在 1973 年 5 月 14 日发射，马上就遇到了麻烦。在发射时，折叠在空间站侧面两个像翅膀一样的巨型太阳能面板受损。一个微流星罩——一片薄薄的金属片外壳被撕开。在一侧，太阳能面板和它一起脱离，飘落到大西洋里；另一侧，太阳能面板还在，但被紧紧卡在空间站的侧面。没有它们的话，"天空实验室"只有安装在前面的一块规模小得多的太阳能面板组件来供电，而它只能提供一丁点能源。没有更多电力的话，搭载的冷却系统就无法运作，那么，"天空实验室"会被强烈的阳光笼罩，将慢慢被烤成轨道上的一大块垃圾。

皮特·康拉德、保罗·韦茨和乔·克尔温是原定入驻空间站的首批机组人员。在康拉德的"阿波罗"任务之后不久，他们一直在为此训练。他们预计在"天空实验室"后一天出发，朝它飞过去，飘进空间站里面，并工作一个月。但任务控制中心想弄清楚"天空实验室"的那些靠不住的能源和温度读数意味着什么，所以三名机组人员只能站在一边看着事态发展。工程师很快就意识到发生了什么，开始设计解决和修理方案。5 月 25 日，康拉德和机组人员在经过修理程序方面的仓促培训之后，终于出发去和"天空实验室"会合并开工。

康拉德在接近受损的空间站时，马上就发现事情显然不对劲。他一直密切参与"天空实验室"的设计和制造，对它的了解程度堪比一个实际动手操作的工程师。但在此之前，他只有 NASA 工程师的一些间接推论以及一些模糊的望远镜照片可供参考。现在，他能近距离看到"天空实验室"：它真是一团糟。

尽管空间站有明显的损伤，康拉德还是保持着高昂的情绪。他轻快地说："天空实验室，呔嗬！"一边和韦茨、克尔温靠近几乎失灵的空间站。还有一大堆工作在等着，但至少他们到了。康拉德并不以耐心著称，早就急不可耐地想被发射上来了。

他们驾驶"阿波罗"太空舱绕着空间站飞行，康拉德对受损情况进行了评估。他证实有一块太阳能面板已经脱落，另一块和受损的金属流星罩缠在一起。

宇航员绕着"天空实验室"飞行，描述着自己的所见，并发回了电视图像。他们还临时和空间站对接，并在一个小时后脱开，想看看能做些什么，并把剩下的太阳能面板展开。他们必须想办法把太阳能面板上的金属片残骸清除掉，寄希望于铰链完好无缺。这样的话，太阳能面板还能够像设计的那样展开并扣牢。康拉德把飞船驶到接近面板的一个点位，韦茨打开指令舱的舱门，站起来想要把缠绕物解开，与此同时，克尔温抓着他的腿部。当韦茨又拉又拽时，康拉德竭尽全力不让"阿波罗"飞船撞上"天空实验室"的侧面。这是千钧一发的时刻，他觉得很危险。尽管他一直以一个狂热的宇航员著称，但他深知，"阿波罗"飞船的任何损伤都可能让任务当场毁于一旦。这一努力收效甚微，沮丧的机组人员在发射后第27小时再次进行对接。他们试了八次，最终只能再次进入过热的空间站，安顿下来休息一下，哪怕里面的温度很高。他们都累坏了。

第二天，宇航员进行了部分修理工作，设置了一个大罩子，遮住了部分空间站，让温度多少降低了一些。他们称它为遮阳伞，通过一

第七章
皮特·康拉德：飞上天的粗鲁水手

个遥控的小型气闸将它展开。但空间站还需要那个被卡住的太阳能面板工作，才能完成任务。

康拉德、韦茨和克尔温在接下来的一周半时间里凭借不足的电力运行着空间站，充分利用一些边缘条件。同时，NASA 在想该怎么办。任务控制中心已经上传了他们觉得能完成任务的程序性说明，最后的打印件有 15 英尺（4.57 米）长——说明性指令太多了。在详细研究了这个清单之后，康拉德和克尔温穿戴整齐，穿过一扇舱门离开了"天空实验室"，开始尝试修理。

虽然这个程序已经在地球上的中性浮力水箱中得到了彻底演练，但在"天空实验室"外部进行实地攀爬比以前想象的更有挑战性。它就像"双子座"飞行中那些舱外活动期间所遭遇到的挫折，外面只有极少的把手和握点——他们以前从来没预料到要进行这种修理。不过两名宇航员凑合着设法到达了被卡住的太阳能面板。

他们随身带着一根长杆，顶端带有一个切割工具。这是 NASA 从西南贝尔电话公司获得的一个改装过的树枝修剪器。经过一番努力，康拉德和克尔温设法将长杆的头部靠上了一根钩住太阳能面板远端的铝带。然后，康拉德用这根杆子，两手交叉使用，倾尽全力爬到那一端。他用系在自己身后的一根绳子系住那个远端，接着回到克尔温那边，后者一直努力想在空间站光溜溜的外部的另一端找个地方打个结。就在那时候，杆子顶部的修剪器猛地动了一下，把铝带剪断了，金属罩突然掉了，面板松开了——还有康拉德。杆子悬空飘浮，康拉德也一样。这可能会演变成一场噩梦，康拉德在一块锋利的金属薄片边上飘浮。他的拴绳可能会被缠住，金属片可能割破他的太空服，任务可能就此终结，留下一名死亡的宇航员挂在拴绳的那一头。不过，康拉德一如既往地一笑置之，安全地回到了"天空实验室"。他在大部分时间都沉默寡言，只除了另外两人把自己拉回空间站的时候，他发出一声欢呼："哈哈，完工了！"[15]

现在，太阳能面板能展开一部分了，但还是有些卡住，没能产生电流。不过，两端都有绳子系住，解决就有望了。康拉德没有和休斯敦进行详细磋商，就指示克尔温和他一起蹲在绳子下面，把它举在他们臃肿的太空服上面。两人同时站了起来，将绳子从"天空实验室"拽走，把太阳能面板拉开。它展开了，按照设计的那样在 90° 角位置扣住。当面板扣住后，绳子绷紧了，而康拉德又一次翻到了天上，挂在拴绳上面。这次克尔温也和他一样。

他们重新回到"天空实验室"，康拉德在和任务控制中心通话时，说这真是一个美妙的时刻。

休斯敦的太空舱联络员发起了现场直播："既然有你在这里，我们对太阳能电池阵系统的面板打开方式有个疑问。我们想知道它们是跳出来就到了所在的地方，还是跳出来然后慢慢伸展开的。"

康拉德大笑起来："我很抱歉你提了这个问题。我在用所有力气举着它，脸没有朝它看。当它释放的时候，乔也在用全部力气举着。我们两个人都飞了起来。等到我们控制住自己，下来再次到飞船某个地方后，你瞧，SAS 面板（SAS 是太阳能面板的技术名称——太阳能电池阵系统）已经展开并且锁定了。所以我没法回答你这个问题。等到我们安顿好并看它的时候,那些面板已经打开到能有多远就有多远了。"他没有问修理期间无线电聊天的官方文字记录里有多少个"此处删除咒骂语言",反正任务控制中心也没有告诉他。

"天空实验室"内部的温度降低到正常水平,剩下的这个大型太阳能面板所增加的电量让他们能继续实现任务最后两个星期所计划的目标。

"天空实验室"很宽敞,有了足够的电力让它工作,相对而言就很舒适。现在,机组人员能够开展早该进行的实验、运动、就餐和睡眠,正如他们所希望的那样。宇航员们在空间站上拍摄的电影里,能看到康拉德在圆柱形的站舱内跑来跑去、大笑,并在里面飘浮而过的时候

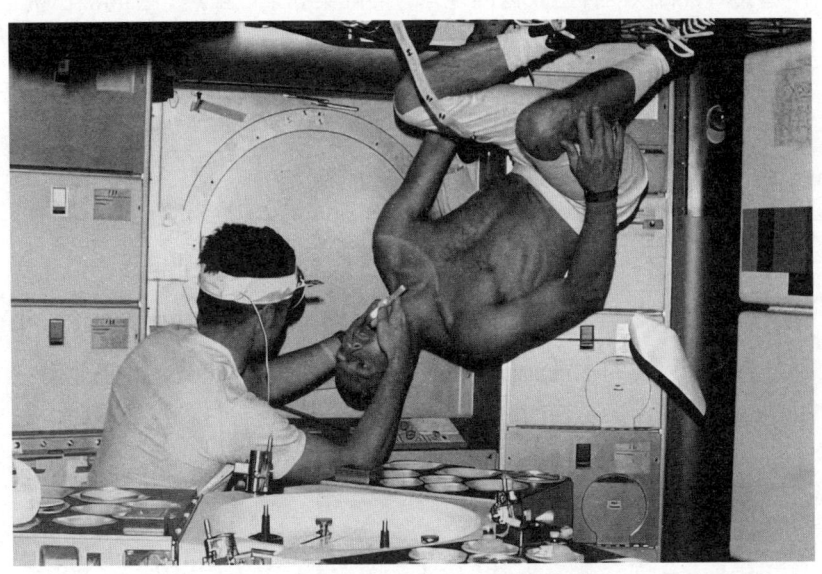

图 7.8　乔·克尔温在给康拉德检查牙齿,包括牙缝等等。(NASA 供图)

上下翻腾。这看起来像是逗乐和游戏,但392个小时的实验过程带来了大量极好的科学知识。他们进行了许多医学实验,发回了用"天空实验室"的太阳望远镜所拍摄的29 000张太阳照片,还在太空总共度过了28天,让美国的原纪录又翻了一倍。

康拉德感觉虽然"阿波罗"登月意义重大,但"天空实验室"是他职业生涯的顶点。从"天空实验室"任务返回后不久,他就从NASA和海军退役,找了份担任美国电视和通信公司副总裁的工作。三年后,他转到麦克唐纳-道格拉斯公司———家大型航天航空工业合同商,在其商用飞机部门工作。在20世纪90年代,他开始参与该公司的DC-X"三角洲快帆"项目,这是一款实验性单级入轨航天器,能像火箭一样起飞,然后以同样方式返回地球,着陆架朝下。虽然"三角洲快帆"项目没能实现任何商业用途就被冻结封存,但它引领了如今SpaceX公司在"猎鹰"9号可回收火箭上所使用的一些技术。

康拉德在商业化太空飞行理念方面是个先行者。在美国公共电视网的一次电视访谈中,他被问到关于普通人进入太空和登上月球的可能性时,他这样回答:"等到太空开始变成能赚钱的商业世界,你就会看到那样的事情。"[16]他继续说:"大家都忘了老克里斯托弗·哥伦布并不是为了全人类的福祉而横渡大西洋的。他是为了赚钱,并且他由一个想要赚钱的政府支持……我们必须让商业世界真正运转,并且把那些进入轨道的成本降下来。"悲哀的是,他没能活到见证这些在21世纪的第二个十年开花结果。

康拉德于1999年7月8日因为摩托车事故去世。即使在晚年,他

第七章
皮特·康拉德：飞上天的粗鲁水手

图 7.9 麦克唐纳-道格拉斯公司的 DC-X "三角洲快帆"的效果图。(NASA/马歇尔航天飞行中心供图)

也喜欢迅速移动的东西，并保持着对摩托车的热爱。车祸发生时，他正在加利福尼亚州奥哈伊以中等速度行驶，但摩托车失控了。他的妻子南希正骑着另一辆摩托车，赶过来守在他身边，直到急救人员把他送往医院，他在那里伤重不治。她伤心欲绝，但知道他此生无憾。

正如南希·康拉德早先在1996年一次《洛杉矶时报》的采访中所说的："这家伙任何一天在十分钟内干的事比大多数人在十年内干的还要多……他面前有很多馅饼，而他会把手指伸到每一个的里面，看能不能找出一个李子来。他是一个十足的探险家。"[17]

在康拉德的追思会上，尼尔·阿姆斯特朗差点控制不住他很少流露的情绪，补充说："我不确定他此刻正在干什么，但我猜想他正在讲一些往日的故事……皮特是我所认识的最好的人。他对我就像兄弟一样"。[18]

康拉德的墓志铭概括了他的一生。在他的名字和生卒年月下面，他的墓志铭简单写着："一个独特的人。"他的确如此。

第八章

太空新时代的英雄们

我们在前面章节里读到的仅仅是人类首次向地球外扩张的重要组成部分中的少量样品。他们是那些了不起的人中的一部分，正是他们迈出了第一步，进入了这片最后的、最伟大的疆域。那是一个处于我们世界之外的广阔领域，同时在太空中和地球上给人类带来了无尽财富。人类的下一次伟大扩张即将到来，并且会很快，因为我们正处于一个太空探索新时代的风口浪尖。

当你阅读本书的时候，在全世界的无数地方，新一代的工程师、科学家、商人、投资者、电焊工、技师正为了迈出伟大的下一步而孜孜不倦地工作。航天飞行不再像20世纪60年代那样只是两个超级大国的专属领域，其驱动力量也不再是地缘政治的大博弈，那一度是第一个太空时代的核心。出于种种原因，比如我们的地球家园被人口过剩和过度工业化所危害、把太空本身作为一项资源进行开发所提供的新兴商业机会，新的尝试正在各地以各种方式进行着，这在第一个太空时代是无法想象的。当然，强大而又鼓舞人心的计划将继续得到政府的驱动，现在不仅是美国和俄罗斯，还有中国、日本、印度和一些欧洲国家不断加入。不过，在有远见的亿万富翁和普通公民的共同推动下，私营企业参与航天事业正在大多数发达国家兴起，并且正缓慢而不可阻挡地蔓延到工业化程度相对低的国家。20世纪把人类送上月球的竞赛完成了大量的繁重工作（这个过程定义并开发了载人前往地球轨道以及更远地方的基础技术），大小企业都在利用21世纪的新技术进行后续步骤：为全人类的利益开发太阳系。

这些企业中，最有目共睹的例子正是美国亿万富翁、企业家埃隆·马斯克和杰夫·贝索斯。马斯克的美国太空探索技术公司（SpaceX）正在制造新型而强大的火箭，已经攫取了全球发射市场的大部分份额，目前正在装配历史上最大型的火箭星舰以把大批货物和大群乘客运往月球和火星。贝索斯每年把10亿美元的个人财富投资给自己的火箭公司蓝色起源，用来设计和制造火箭。其火箭执行的任务或输送富有游客进行亚轨道旅行，或作为推进器把巨大有效载荷运到太空，或作为着陆器把有效载荷运到月球并返回，从而实现更伟大的探险。两家公司都将完成这些壮举，将给太空企业带来巨大加速。这确实是航天飞行的全新时代。

小型企业紧随其后。理查德·布兰森的维珍银河公司准备搭载游客进行短途太空旅行，前往近地轨道，并以前所未有的价格和不断增加的频次发射卫星和其他太空货物进入轨道。总部设立于美国和新西兰的火箭实验室（Rocket lab）正在试射小型火箭，携带越来越小的有效载荷，而这些小型有效载荷很快会主导我们的轨道运行。其他一些位于美国、俄罗斯和中国的公司也正努力效仿并突飞猛进。

但是，火箭只是这个航天新时代的一个方面。还有一些公司，大

第八章
太空新时代的英雄们

多数是由私人投资的小公司，正在制造3D打印机。这些打印机可以使用运输到轨道上的原材料，甚至以后还能使用小行星和月球上的资源，打印出机器和建筑以开辟最后的边疆。新的软件公司正在全球涌现，利用从卫星获得的数据来改进和简化人类的各项事业，从农业到货运，再到零售（例如塔吉特百货和沃尔玛公司使用卫星图像来统计竞争对手停车场的购物人数）。新的投资公司已经崭露头角，把来自全世界投资者的资金输送给航天相关的企业。这类投资已经扩大到每年数百亿美元，并且还在增长。

这个趋势已经超出了赚钱的范畴。在美国地外文明搜索研究所的启发之下，俄罗斯亿万富翁尤里·米尔纳承诺自掏腰包1亿美元投进他的"突破"计划——一个纯科学性的活动，用来发现可能存在的地外智慧生物。其他以科学和探险为动力的类似工作也可能跟上来。

在大学实验室以及世界各地的车库工作间里，学生和年轻企业家正在制造新一代的微型航天器，能在近地轨道以及更远处发挥广泛的作用。如今手机里的微处理器就能完成20世纪60年代需要一屋子计算机才能做的同样事情，这帮了他们不少。甚至还有一些编程马拉松赛在悄悄进行着，一大群年轻程序员集结在一起为未来写代码，而不图经济回报。

今天的年轻人进入了这个新市场，他们受过良好教育，有干劲又迫不及待，将继续为他们这一代人开拓太空疆域。他们来自不同国家，有着不同背景，但他们有一个共同的目标，就是把开发太空所获得的回报带给自己的祖国。

所有这些努力都依赖于新一代投入的头脑，以推动人类向太空扩张。我们需要大量来自各行各业的人士，并且有越来越多航天领域的高薪工作会雇用他们。在这些人中将诞生航天飞行的新偶像。有些人将名利双收（研究表明，首位万亿级别的富翁可能会从航天业务板块中诞生），其他人不会那么高调地辛勤工作，满足于自己所从事工作的知识，他们为此所驱动，并满怀激情。

他们将是太空新时代的领导者，他们的才华和奉献精神将改变我们每一个人的生活。

为航天飞行事业的新英雄们干杯！

注 释

第一章 尤里·加加林：第一位太空侠

1. Boris Alexeev, *Unified Non-Local Theory of Transport Processes: Generalized Boltzmann Physical Kinetics* (Amsterdam: Elsevier, 2004), p.164.
2. Diana Falzone, "7 Hollywood Stars Who Are Completely Out of Touch with Reality," Fox News, February 1, 2017, https://www.foxnews.com/entertainment/7-hollywood-stars-who-are-completely-out-of-touch-with-reality.
3. Francis French and Colin Burgess, *Into That Silent Sea: Trailblazers of the Space Era, 1961–1965* (Lincoln: University of Nebraska Press, 2007), p.2.
4. Ibid., p.11.
5. "The Flight of Vostok 1," *50 Years of Humans in Space*, European Space Agency, March 21, 2011, https://www.esa.int/About_Us/Welcome_to_ESA/ESA_history/50_years_of_humans_in_space/The_flight_of_Vostok_1.
6. Ibid.
7. Ibid.
8. French and Burgess, *Into That Silent Sea*, p.24.
9. Colin Stuart, *How to Live in Space: Everything You Need to Know for the Not-So-Distant Future* (Washington, DC: Smithsonian Books, 2018).
10. Stuart Williams, "Russia Marks 50 Years Since Gagarin Triumph," Phys.org, April 7, 2011, https://phys.org/news/2011-04-russia-years-gagarin-triumph.html.
11. French and Burgess, *Into That Silent Sea*, p.26.
12. Williams, "Russia Marks 50 Years Since Gagarin Triumph."
13. 虽然 UFO 一词意为"不明飞行物"，但在这起事件中，有人猜测是某种外星实体作祟。

第二章　约翰·格伦：一尘不染的海军陆战队士兵

1. John Glenn, *John Glenn: A Memoir*, with Nick Taylor (New York: Bantam Books, 1999), p.135.
2. Ibid., p.5.
3. Ibid., p.11.
4. Ibid.
5. Ibid., p.36.
6. Ibid., p.37.
7. Ibid., p.135.
8. Ibid., pp.233–344.
9. Glenn, *John Glenn*, p.179.
10. Glenn, interview by Thomas, April 21, 2008, pp.4–5.
11. Ibid.
12. Glenn, *John Glenn*, pp.182–183.
13. Ibid., pp.183, 184.
14. Glenn, interview by Thomas, April 21, 2008, p.7.
15. Ibid., pp.7–8.
16. Ibid., pp.8–9.
17. Samples of MMPI questions from https://antipolygraph.org/cgi-bin/forums/YaBB.pl?num=1109032158.
18. Glenn, *John Glenn*, p.189.
19. Glenn, interview by Thomas, April 21, 2008, pp.18, 19.
20. "Press Conference: Mercury Astronaut Team," transcript, NASA, April 9, 1959, https://www.nasa.gov/pdf/147556main_presscon.pdf.
21. Ibid.
22. Ibid.
23. Glenn, interview by Thomas, April 21, 2008, p.29.
24. Ibid., pp.29–30.
25. Ibid., pp.31–32.
26. Ibid., p.32.
27. John F. Kennedy, "Address to Joint Session of Congress, May 25, 1961," *John F. Kennedy Presidential Library and Museum*, https://www.jfklibrary.org/learn/about-jfk/historic-speeches/address-to-joint-session-of-congress-may-25-1961.

28. Glenn, *John Glenn*.

29. Ibid., p.258.

30. Mercury 7 Archives, NASA Kennedy Space Center Telescience and Internet Systems Lab, https://science.ksc.nasa.gov/history/mercury/ma-6/sounds/.

31. John H. Glenn Jr., interview by Jeffrey W. Thomas, John Glenn Archives, Ohio State University, May 23, 2008, p.22, https://kb.osu.edu/bitstream/handle/1811/79328/OCA-JohnGlenn-Session19-transcript.pdf?sequence=1&isAllowed=y.

32. John Saavedra, "The Mystery of the 'Fireflies' That Swarmed John Glenn's Spaceship," *The Space Page*, https://www.ranker.com/list/john-glenn-orbital-firefly-mystery/john-saavedra.

33. Ibid.

34. Glenn, interview by Thomas, May 23, 2008, p.31.

35. Ibid., p.29.

36. Associated Press. "Apollo 11: How America Won the Race to the Moon." Diversion Books, 2016.

37. Ibid., p.43.

38. Glenn, *John Glenn*, p.284.

39. Ibid., p.472.

40. Tara Gray, "John H. Glenn, Jr.," *40th Anniversary of the Mercury 7*, NASA History Office, https://history.nasa.gov/40thmerc7/glenn.htm.

41. John Glenn, *John Glenn: A Memoir*, with Nick Taylor(New York: Bantam Books, 1999).

第三章　瓦莲京娜·捷列什科娃：飞翔的海鸥

1. Valentina Tereshkova, as quoted in *Into That Silent Sea: Trailblazers of the Space Era*, 1961–1965, by Francis French and Colin Burgess (Lincoln: University of Nebraska Press, 2007), p.298.

2. Valentina Tereshkova, *The First Lady of Space: In Her Own Words* (Bethesda, MD: SpaceHistory101.com Press, 2015), p.23.

3. French and Burgess, *Into That Silent Sea*, p.317.

4. Tereshkova, *First Lady of Space*, pp.30–31.

5. Mark Wade, "Tereshkova, Valentina Vladimirovna," *Encyclopedia Astronautica*, http://www.astronautix.com/t/tereshkova.html.

6. James E. Oberg, *Red Star in Orbit: The Inside Story of Soviet Failures and Triumphs in Space* (New York: Random House, 1981), p.69.

7. Tereshkova, *First Lady of Space*, p.40.
8. Ibid., p.41.
9. Oberg, *Red Star in Orbit*, p.68.
10. Tereshkova, *First Lady of Space*, p.42.
11. Oberg, *Red Star in Orbit*, p.69.
12. James Oberg, "Does Mars Need Women? Russians Say No," NBC News, February 11, 2005, http://www.nbcnews.com/id/6955149/ns/technology_and_science-space/t/does-mars-need-women-russians-say-no/#.XDYZu1VKhpg.
13. Ben Evans, *Escaping the Bonds of Earth: The Fifties and the Sixties* (Berlin: Springer, 2010), p.57.
14. Robin McKie, "Valentina Tereshkova, 76, First Woman in Space, Seeks One-Way Ticket to Mars," *Guardian*, September 17, 2013, https://www.theguardian.com/science/2013/sep/17/mars-one-way-ticket.
15. Tereshkova, *First Lady of Space*, p.10.

第四章　吉恩·克兰兹：永不言败

1. Colin Pesyna, "Lessons in Manliness from Gene Kranz," guest post on *The Art of Manliness* (blog), by Brett and Kate McKay, July 20, 2009, https://www.artofmanliness.com/articles/lessons-in-manliness-from-gene-kranz/.
2. Gene Kranz, *Failure Is Not an Option: Mission Control from Mercury to Apollo 13 and Beyond* (New York: Simon & Schuster, 2001), pp.102–103.
3. "Gene Kranz Talks about His High School Term Paper," YouTube video, 1:23, originally aired on *InnerVIEWS with Ernie Manouse*, posted by douglas martin, September 11, 2016, https://www.youtube.com/watch?time_continue=83&v=jFk0gNTIpbw.
4. Kranz, *Failure Is Not an Option*, p.20.
5. Ibid., p.21.
6. Ibid., pp.234–235.
7. Ibid., p.38.
8. Ibid., pp.56–57.
9. Ibid., p.59.
10. Ibid., p.73.
11. Ibid., p.92.
12. Ibid., p.147.

13. Eugene F. Kranz, interview by Rebecca Wright, Carol Butler, and Sasha Tarrant, Johnson Space Center Oral History Project, January 8, 1999, in *Before This Decade Is Out ...: Personal Reflections on the Apollo Program*, ed. Glen E. Swanson (Washington, DC: NASA History Office, 1999), p.123.
14. Ibid., p.124.
15. Ibid., pp.124–125.
16. Pesyna, "Lessons in Manliness from Gene Kranz."
17. Michael Cabbage, "40 Years Later, Recalling the Lessons of Apollo 1," *Los Angeles Times*, January 28, 2007, http://articles.latimes.com/2007/jan/28/nation/na-apollo28.
18. Kranz, interview by Wright, Butler, and Tarrant, p.131.
19. Andrew Chaikin, *A Man on the Moon: The Voyages of the Apollo Astronauts* (New York: Penguin Books, 1998), p.280.
20. Ibid., pp.134–135.
21. Ibid., p.136.
22. Ibid., pp.136–137.
23. Ibid., p.137.
24. Ibid., p.139.
25. Ibid., p.141.
26. Ibid., pp.141–142.
27. Ibid., p.142.
28. Ibid., p.144.
29. Ibid.
30. James R. Hansen, *First Man: The Life of Neil Armstrong* (New York: Simon & Schuster, 2005), p.463.
31. Ibid., p.151.
32. Ibid., p.148.
33. Ibid., p.151.
34. Gene Kranz, interview by the author, October 30, 2005.
35. Kranz, *Failure Is Not an Option*, pp.283–284.
36. Kranz, interview by the author.
37. "Apollo 11 Lunar Descent Flight Director's Loop HD," YouTube video, 16:25, posted by Austin 1987 VCR, August 10, 2014, https://www.youtube.com/watch?v=QKdKBILTUK4&t=7s, at 6:09.
38. Kranz, interview by the author.

39. Kranz, interview by Wright, Butler, and Tarrant, p.157.
40. Eric M. Jones, ed., "The First Lunar Landing," *Apollo 11 Lunar Surface Journal*, NASA Historical Archives, 1995, last revised May 10, 2018, https://www.hq.nasa.gov/alsj/a11/a11.landing.html.
41. Kranz, interview by Wright, Butler, and Tarrant, p.159.
42. Kranz, *Failure Is Not an Option*, p.289.
43. Kranz, interview by Wright, Butler, and Tarrant, pp.160–161.
44. Charlie Duke, interview by the author, November 2, 2005.
45. Kranz, interview by Wright, Butler, and Tarrant, p.161.
46. Ibid., pp.162–163.
47. Ibid., p.163.
48. Gene Kranz, interview by Roy Neal, Johnson Space Center Oral History Project, April 28, 1999, available online at https://www.c-span.org/video/?292341-2/gene-kranz-oral-history-interview-part-2&start=494, 8:23–9:49.
49. Ibid., 14:49–14:52, 16:00–16:04.
50. Ibid., 16:40–17:31.
51. Ibid., 18:00, 19:24–19:35, 21:50–22:10.
52. Ibid., 24:25–25:00, 25:09–25:18.
53. Ibid., 25:29–26:23.
54. Ibid., 34:26–35:18.
55. Ibid., 38:39–39:08.
56. Ibid., 39:08–39:35.
57. Ibid., 40:10–40:28.
58. Ibid., 43:04–43:25.
59. Ibid., 43:48–44:20.
60. Ibid., 45:47–46:17.
61. Ibid., 48:43–48:54.
62. Ibid., 57:48–58:04.
63. Ibid., 58:05–59:15.

第五章　玛格丽特·汉密尔顿：第一位软件工程师

1. Eric M. Jones, ed., "The First Lunar Landing," *Apollo 11 Lunar Surface Journal*, NASA Historical Archives, 1995, last revised May 10, 2018, https://www.hq.nasa.gov/alsj/a11/a11.landing.html, 102:28:08.

2. Gene Kranz, interview by the author, March 2005.
3. Ibid.
4. David Leonhardt, "John Tukey, 85, Statistician; Coined the Word 'Software,'" *New York Times*, July 28, 2000, https://www.nytimes.com/2000/07/28/us/john-tukey-85-statistician-coined-the-word-software.html.
5. "Margaret Hamilton, NASA's First Software Engineer," *Makers*, https://www.makers.com/profiles/596e0f42bea17725160a95c1/596d12168c08e024562f9b9b, 00:55–1:16.
6. Hans Dieter Hellige, "Actors, Visions, and Developments in the History of Computer Communications" (paper presented at the Symposium "Technohistory of Electrical Information Technology," Munich, Germany, December 1990).
7. Margaret Hamilton, Apollo Guidance Computer History Project, First Conference, July 27, 2001, https://authors.library.caltech.edu/5456/1/hrst.mit.edu/hrs/apollo/public/conference1/hamilton-intro.htm.
8. Lori M. Cameron, "What to Know about the Scientist Who Invented the Term 'Software Engineering,'" *IEEE Software*, June 8, 2018, https://publications.computer.org/software-magazine/2018/06/08/margaret-hamilton-software-engineering-pioneer-apollo-11/.
9. Ibid.
10. Hamilton, Apollo Guidance Computer History Project.
11. Adam Fabio, "Margaret Hamilton Takes Software Engineering to the Moon and Beyond" *Hackaday*, April 10, 2008, https://hackaday.com/2018/04/10/margaret-hamilton-takes-software-engineering-to-the-moon-and-beyond/.
12. Robert McMillan, "Her Code Got Humans on the Moon—and Invented Software Itself," *WIRED*, October 13, 2015, https://www.wired.com/2015/10/margaret-hamilton-nasa-apollo/.
13. Fabio, "Margaret Hamilton."
14. Hamilton, Apollo Guidance Computer History Project.
15. Fabio, "Margaret Hamilton."
16. Dag Spicer, "2017 CHM Fellow Margaret Hamilton," video, Computer History Museum, April 27, 2017, https://www.computerhistory.org/atchm/2017-chm-fellow-margaret-hamilton/, 4:25–4:48.
17. McMillan, "Her Code Got Humans on the Moon."
18. Spicer, "2017 CHM Fellow Margaret Hamilton," 5:16–6:02.

第六章　尼尔·阿姆斯特朗与巴兹·奥尔德林："第一人"

1. Neil A. Armstrong, interview by Stephen Ambrose and Douglas Brinkley, NASA Johnson Space Center

Oral History Project, September 19, 2001, https://www.nasa.gov/pdf/62281main_armstrong_oralhistory.pdf, p.3.

2. Ibid., p.4.
3. Ibid., p.8.
4. Ibid., pp.26–27.
5. Ibid., p.27.
6. Ibid.
7. Ibid., pp.32–33.
8. Ibid., p.33.
9. John F. Kennedy, "Excerpt from the 'Special Message to the Congress on Urgent National Needs,'" May 25, 1961, NASA History, May 24, 2004, https://www.nasa.gov/vision/space/features/jfk_speech_text.html.
10. James R. Hansen, *First Man: The Life of Neil A. Armstrong* (New York: Simon & Schuster, 2005), p.195.
11. Armstrong, interview by Ambrose and Brinkley, p.39.
12. Ibid., pp.39–40.
13. Hansen, *First Man*, p.221.
14. Buzz Aldrin and Malcolm McConnell, *Men from Earth* (New York: Bantam Books, 1989), p.69.
15. Armstrong, interview by Ambrose and Brinkley, p.43.
16. Ibid.
17. Edwin "Buzz" Aldrin, interview by Robert Merrifield, NASA Johnson Space Center Oral History Project, University of Houston–Clear Lake, July 7, 1970, https://uhcl-ir.tdl.org/handle/10657.1/847, p.3.
18. Armstrong, interview by Ambrose and Brinkley, p.53.
19. This and subsequent air-to-ground transmissions: "Gemini VIII Composite Air-to-Ground and Onboard Voice Tape Transcription," NASA Johnson Space Center History Portal, https://www.jsc.nasa.gov/history/mission_trans/gemini8.htm.
20. Armstrong, interview by Ambrose and Brinkley, pp.55–56.
21. Ibid., p.53.
22. Ibid., p.54.
23. "First Man on the Moon," *NOVA*, season 41, episode 23, directed by Duncan Copp and Christopher Riley, aired November 29, 2014, on PBS, https://www.pbs.org/wgbh/nova/video/first-man-on-the-moon/.
24. Aldrin and McConnell, *Men from Earth*, pp.153–154.

25. Ibid., p.157.
26. Ibid., p.159.
27. Armstrong, interview by Ambrose and Brinkley, p.59.
28. Aldrin and McConnell, *Men from Earth*, p.165.
29. Ibid., p.166.
30. Armstrong, interview by Ambrose and Brinkley, p.60.
31. Ibid., p.61.
32. Ibid., p.44.
33. Ibid., p.69.
34. Ibid.
35. Ibid., p.70.
36. Ibid.
37. Ibid., p.62.
38. Ibid., p.64.
39. Ibid., pp.70–71.
40. Hansen, *First Man*, p.392.
41. Ibid., p.393.
42. Armstrong, interview by Ambrose and Brinkley, p.81.
43. Ibid.
44. Hansen, *First Man*, pp.396–397.
45. Buzz Aldrin, *Magnificent Desolation: The Long Journey Home from the Moon*, with Ken Abraham (London: Bloomsbury, 2009), p.16.
46. W. David Woods, Kenneth D. MacTaggart, and Frank O'Brien, eds., "Day 1: Launch," *Apollo 11 Flight Journal*, https://history.nasa.gov/afj/ap11fj/01launch.html.
47. W. David Woods, Kenneth D. MacTaggart, and Frank O'Brien, eds., "Day 1: Transposition, Docking, and Extraction," *Apollo 11 Flight Journal*, https://history.nasa.gov/afj/ap11fj/03tde.html, 004:52:19.
48. Aldrin and McConnell, *Men from Earth*, p.233.
49. W. David Woods, Kenneth D. MacTaggart, and Frank O'Brien, eds., "Day 4: Entering Lunar Orbit," *Apollo 11 Flight Journal*, https://history.nasa.gov/afj/ap11fj/11day4-loi1.html, 075:59:08–075:59:15.
50. W. David Woods, Kenneth D. MacTaggart, and Frank O'Brien, eds., "Day 5: Undocking and the Descent Orbit," *Apollo 11 Flight Journal*, https://history.nasa.gov/afj/ap11fj/15day5-undock-doi.html, 099:46:21.

51. Ibid., 100:37:31–100:38:56.
52. Eric M. Jones, ed., "The First Lunar Landing," *Apollo 11 Lunar Surface Journal*, https://www.hq.nasa.gov/alsj/a11/a11.landing.html, 102:38:26–102:38:42.
53. Ibid., 102:44:04–102:44:26.
54. Armstrong, interview by Ambrose and Brinkley, p.83.
55. Neil Armstrong, commentary, in "First Lunar Landing," *Apollo 11 Lunar Surface Journal*, at 102:45:32.
56. Armstrong, interview by Ambrose and Brinkley, p.86.
57. Eric M. Jones, ed., "Post-Landing Activities," *Apollo 11 Lunar Surface Journal*, https://www.hq.nasa.gov/alsj/a11/a11.postland.html, 103:02:03.
58. Ibid., 102:56:02.
59. Ibid., 105:25:38.
60. Buzz Aldrin, interview by the author, October 2005.
61. Hansen, *First Man*, p.489.
62. Eric M. Jones, ed., "One Small Step," *Apollo 11 Lunar Surface Journal*, https://www.hq.nasa.gov/alsj/a11/a11.step.html, 109:24:48.
63. Ibid., 109:32:26.
64. Ibid., 109:43:16–109:43:24.
65. Armstrong, interview by Ambrose and Brinkley, p.84.
66. Aldrin, interview by the author.
67. Jones, "One Small Step," 109:52:40.
68. Eric M. Jones, ed., "Mobility and Photography," *Apollo 11 Lunar Surface Journal*, https://www.hq.nasa.gov/alsj/a11/a11.mobility.html, 110:16:30.
69. Ibid., 110:17:44.
70. "The Apollo 11 Technical Crew Debriefing, July 31, 1969," *Apollo 11 Lunar Surface Journal*, https://www.hq.nasa.gov/alsj/a11/a11tcdb.html.
71. Lee Silver, in "Mobility and Photography," ed. Jones, at 110:27:20.
72. Aldrin, interview by the author.
73. Armstrong, interview by Ambrose and Brinkley, p.74.
74. Eric M. Jones, ed., "EASEP Deployment and Closeout," *Apollo 11 Lunar Surface Journal*, https://www.hq.nasa.gov/alsj/a11/a11.clsout.html, 111:15:13.
75. "Apollo 11 Technical Crew Debriefing."

76. "Apollo 11 Post Flight Press Conference, 16 September 1969," transcript, part 3, *Apollo 11 Lunar Surface Journal*, https://history.nasa.gov/ap11ann/FirstLunarLanding/ch-4.html.
77. Eric M. Jones, ed., "The Return to Orbit," *Apollo 11 Lunar Surface Journal*, https://www.hq.nasa.gov/alsj/a11/a11.launch.html, 124:21:54.
78. W. David Woods, Kenneth D. MacTaggart, and Frank O'Brien, eds., "Day 6: Rendezvous and Docking," *Apollo 11 Flight Journal*, https://history.nasa.gov/afj/ap11fj/19day6-rendezvs-dock.html, at 127:50:11.
79. W. David Woods, Kenneth D. MacTaggart, and Frank O'Brien, eds., "Day 6: Boarding Columbia and LM Jettison," *Apollo 11 Flight Journal*, https://history.nasa.gov/afj/ap11fj/20day6-reboard-lmjett.html, 130:11:05.
80. David M. Harland, *The First Men on the Moon: The Story of Apollo 11* (Berlin: Springer-Praxis, 2007), p.311.
81. W. David Woods, Kenneth D. MacTaggart, and Frank O'Brien, eds., "Day 7: Leaving the Lunar Sphere of Influence," *Apollo 11 Flight Journal*, https://history.nasa.gov/afj/ap11fj/22day7-leave-lsi.html, 151:39:56.
82. Hansen, *First Man*, p.1.
83. Deborah Rieselman, "Neil Armstrong: 'Mr. Average Guy,'" *UC Magazine*, https://magazine.uc.edu/editors_picks/recent_features/armstrong/average.html.
84. Deborah Rieselman, "Farewell Neil Armstrong: UC's Most Famous, Humble Professor," *UC Magazine*, April 2013, https://magazine.uc.edu/issues/0413/Armstrong.html.
85. Hansen, *First Man*, p.602.
86. Armstrong, interview by Ambrose and Brinkley, p.92.
87. Armstrong, interview by Ambrose and Brinkley, p.79.
88. "Joint Meeting of the Two Houses of Congress."

第七章　皮特·康拉德：飞上天的粗鲁水手

1. Tom Wolfe, *The Right Stuff* (New York: Farrar, Straus and Giroux, 1979), p.71.
2. Nancy Conrad and Howard A. Klausner, *Rocketman: Astronaut Pete Conrad's Incredible Ride to the Moon and Beyond* (New York: New American Library, 2005), p.116.
3. Wolfe, *Right Stuff*, p.84.
4. Conrad and Klausner, *Rocketman*, p.139.
5. Mark Wade, "Gemini 5," *Encyclopedia Astronautica*, http://www.astronautix.com/g/gemini5.html.
6. Conrad and Klausner, *Rocketman*, p.146.

7. Susan Howlett, "Lunar Rover," *Los Angeles Times*, February 11, 1996, http://articles.latimes.com/1996-02-11/news/ls-35175_1_lunar-surface.
8. Conrad and Klausner, *Rocketman*, p.140.
9. Ibid., p.148.
10. Ibid., p.149.
11. 阿姆斯特朗始终称他当时想说的是"个人",而且坚信自己确实这么说了。当时的录音表明并非如此,但无论如何应当遵从他本人的意愿。
12. Conrad and Klausner, *Rocketman*, p.175.
13. 这段话以及以下所有关于飞行和月表作业的引文均出自 NASA's *Apollo 12 Lunar Surface Journal*, https://www.hq.nasa.gov/alsj/a12/a12.html.
14. Conrad and Klausner, *Rocketman*, p.183.
15. Ibid., p.193.
16. "To the Moon: Pete Conrad," *NOVA*, July 13, 1999, http://www.pbs.org/wgbh/nova/tothemoon/conrad.html.
17. Howlett, "Lunar Rover."
18. Francis French and Colin Burgess, *In the Shadow of the Moon: A Challenging Journey to Tranquility, 1965–1969* (Lincoln: University of Nebraska Press, 2007), p.138.